*Lass mir mein Geheimnis!* ●

● *Ursula Nuber,* Jahrgang 1954, ist Diplompsychologin und seit 1996 stellvertretende Chefredakteurin der Zeitschrift *Psychologie Heute.* Sie ist verheiratet und arbeitet in freier Praxis als psychologische Beraterin und Paartherapeutin in der Nähe von Heidelberg. Kontakt: www.ursula-nuber.de.

Ursula Nuber

# Lass mir mein Geheimnis!

## Warum es guttut, nicht alles preiszugeben

Campus Verlag
Frankfurt/New York

Bibliografische Information der Deutschen Nationalbibliothek:
Die Deutsche Nationalbibliothek verzeichnet diese Publikation in der
Deutschen Nationalbibliografie. Detaillierte bibliografische Daten
sind im Internet über http://dnb.d-nb.de abrufbar.
⬤ ISBN 978-3-593-38234-0

Umschlaggestaltung: R.M.E, Roland Eschlbeck und Ruth Botzenhardt
Umschlagmotiv: © Mauritius Images
Satz: Fotosatz L. Huhn, Linsengericht
Druck und Bindung: Freiburger Graphische Betriebe, Freiburg
Gedruckt auf säurefreiem und chlorfrei gebleichtem Papier.
Printed in Germany

Besuchen Sie uns im Internet: www.campus.de

*Jeder von uns hat viele Geschichten, die wir ohne wei-
teres anderen mitteilen. Es handelt sich um Erinnerungen,
die wir in unterschiedlichen Zusammenhängen immer wieder erzählen. Durch sie definieren und gestalten wir unser
Selbst in der Öffentlichkeit. Andere Geschichten sind nur
für einen bestimmten Personenkreis gedacht, zum Beispiel
für Familienangehörige und gute Freunde, wobei die Mitteilung dieser Geschichten einen Wendepunkt in einer Ehe,
einer Beziehung, einer Freundschaft markiert. Man wird
vertrauter, verletzlicher und offener gegenüber dem anderen,
und die Reaktionen derer, die uns zuhören, beeinflussen
unser Selbstgefühl. Wieder andere Geschichten bleiben im
geheimsten Winkel des Herzens verborgen, das sind Geschichten, die wir noch keiner Menschenseele erzählt haben.*

*Evan Imber-Black*

# Inhalt

# Vorwort

*Geheimnisse haben einen schlechten Ruf. Wer etwas geheim hält, hat etwas zu verbergen. Und das kann nichts Gutes sein, denn sonst könnte er doch offen sprechen.*

*Geheimnisse sind schädlich. Sie quälen den Geheimnisträger, und sie verstören die Menschen, die ihm nahestehen und zu denen er nicht ehrlich sein kann oder will.*

*Geheimnisse sind meist nur durch Lügen vor der Entdeckung zu bewahren. Lügen aber sind unmoralisch.*

*Deshalb: Geheimnisse müssen gelüftet werden. Wer sein Geheimnis beichtet, fühlt sich danach erleichtert. Er kann nun sich und den anderen Menschen in seiner Umgebung wieder in die Augen sehen.*

So oder so ähnlich denken und argumentieren die meisten Menschen, wenn sie mit dem Thema »Geheimnis« konfrontiert werden. Die wenigsten können es gutheißen, wenn andere etwas Wichtiges für sich behalten wollen. Kein Wunder, hören wir doch von klein auf Sätze wie »Du sollst nicht lügen«, »Lügen haben kurze Beine«, »Ich sehe es dir an der Nasenspitze an, wenn Du mir etwas verheimlichst« oder – die absolut wirkungsvollste Einschüchterungsmethode – »Der liebe Gott sieht alles«. Zudem bekommen wir ebenfalls bereits als Kinder mit, dass geheimnisvolle Menschen »seltsam« sind. Weil man spürt, dass sie etwas verbergen, glaubt man, ihnen nicht trauen zu können. Wer ein Geheimnis aus sich und seinem Leben macht, wird argwöhnisch beäugt: Welchen Grund hat er für seine Zurückhaltung? Hat er etwas angestellt? Wahrscheinlich, denn ein guter Mensch hat nichts zu verbergen; er kann sich in die Karten schauen lassen, sie sind nicht getürkt.

Diese kritische Haltung dem Geheimnis gegenüber wird auch von der Wissenschaft gestützt. Zahlreiche psychologische Untersuchungen und Fallstudien belegen überzeugend: Zurückgehaltenes Wissen kann eine unselige Wirkung auf die Geheimnisträger und sogar auf die Personen haben, die gar nichts vom Geheimnis wissen. Wer etwas Wichtiges für sich behält, stülpt seinem und dem Leben anderer unter Umständen eine Glasglocke über, unter der sich nur schwer atmen lässt.

Ein Geheimnis scheint also nichts Gutes zu sein. Seltsam nur, dass jeder von uns eines hat. Wer jetzt spontan erwidern möchte: »Ich aber nicht!«, sollte einen Moment nachdenken. Es ist nicht immer eine große Sache – wie etwa eine außereheliche Beziehung oder ein kriminelles Delikt oder eine bizarre Leidenschaft –, die man besser für sich behält. Sehr viel häufiger sind es nur Meinungen, Gedanken, Wünsche, Pläne, Sehnsüchte, Schamgefühle oder Ängste, die man anderen nicht mitteilen will. Nicht immer ist einem dann bewusst, dass es sich dabei auch um Geheimnisse handelt. Einen Menschen ganz ohne eine verborgene Seite gibt es höchstwahrscheinlich gar nicht. Wir leben mit Geheimnissen, Tag für Tag. Natürlich kennen wir die Geheimnisse anderer nur in Ausnahmefällen, aber wir können davon ausgehen, dass jeder Mensch, den wir kennen, etwas verbirgt. Geheimnisse sind allgegenwärtig. In gewisser Hinsicht, meint der französische Psychoanalytiker Serge Tisseron, »ist alles geheim. Die Gedanken, die uns in den Sinn kommen und über die wir mit niemandem reden, unsere Phantastereien und Träumereien, das Intimleben eines Liebes- und Ehepaares, das komplizierte Beziehungsgeflecht innerhalb einer Familie, das unser Privatleben ausmacht, Gefühle, die wir für andere empfinden und die wir nicht öffentlich zur Schau stellen wollen ... Es gibt viele Arten von Geheimnissen, an die wir uns so gewöhnt haben, dass sie uns als selbstverständlich erscheinen.«

Die Vorstellung, dass die Menschen in unserer nächsten Umgebung – unser Partner, unsere Freunde und Freundinnen, unsere Kinder – Seiten haben, die wir nicht kennen, ist nicht unbedingt schön.

Gedanken wie »Ich werde betrogen«, »Man belügt mich«, »Ich erfahre nicht die Wahrheit« drängen sich spontan auf und führen zu der kritischen Frage: »Kann ich dem anderen dann überhaupt noch trauen?« Wir werden misstrauisch, fühlen uns ausgeschlossen. Es berührt uns unangenehm, wenn wir davon ausgehen müssen, dass Menschen, die wir gut kennen, etwas vor uns verbergen. Diese Reaktion ist verständlich: Wenn wir hören oder auch nur vermuten: »Da hat jemand ein Geheimnis!«, assoziieren wir damit meist, dass etwas aus böser Absicht geheim gehalten und Schlimmes im Schilde geführt wird. Unser Unbehagen rührt aus dem erwähnten schlechten Image von Geheimnissen. Wir kennen meist nur ihre Schattenseite. Wenig bekannt dagegen sind die positiven, hilfreichen Aspekte, die Geheimhaltung auch haben kann.

Geheimnis ist nicht gleich Geheimnis. Neben den schwarzen Schafen unter den Geheimnissen, die im Leben aller davon Betroffenen schlimme Schäden anrichten können, gibt es die große Herde der »weißen Geheimnisse«. Diese richten nicht nur keinen Schaden an, sie sind für uns von existenzieller Bedeutung. Sie sind unverzichtbar für unser Wohlbefinden und unsere seelische Stabilität. Vieles, was wir verschweigen (oder verschweigen sollten), ist von großer Bedeutung für unsere Entwicklung, unsere Autonomie und unser Selbstbestimmungsrecht:

Wenn wir nichts für uns behalten dürften und könnten, wären wir anderen, ihren Vorstellungen, Manipulationen, Wünschen und Bedürfnissen völlig schutzlos ausgeliefert. Wenn andere in uns lesen könnten wie in einem offenen Buch, dann könnten wir keine Gefühlsregung, keinen Wunsch, keinen Plan vor fremder Neugierde schützen. Ohne Geheimnisse würden wir auf der öffentlichen Bühne stehen wie in unseren schlimmsten Albträumen: nackt und ungeschützt. Wenn wir keine Geheimnisse haben könnten, wären wir mehr Marionetten denn selbstständige Persönlichkeiten. Geheimnisse schützen unseren Lebensraum vor dem Zutritt Unbefugter, und sie dienen uns auch als soziales Schmiermittel. Das soziale Miteinander würde nicht mehr funktionieren, wenn es keine Geheimnisse geben dürfte. Die absolute Wahrheit wäre unerträglich.

Positive Geheimnisse sind ein faszinierendes Phänomen, dessen Bedeutung nicht unterschätzt werden darf. Wir brauchen Geheimnisse. Ja, wir haben sogar ein Recht darauf.

Das gilt für alle Menschen, in ganz besonderer Weise trifft es aber auf Frauen zu. Mehr noch als Männer scheinen sie davon zu profitieren, wenn sie bestimmte Bereiche ihres Lebens für sich behalten oder nur besonders Ausgewählten Zutritt dazu gewähren. Frauen neigen dazu, sich anderen zu »grenzenlos« zu präsentieren. Bereitwillig zeigen sie ihr Innerstes, bereitwillig lassen sie Einblicke in ihre Gedanken und Gefühle zu. Das ist nicht immer und in jeder Situation von Vorteil. So manches Ziel wird von Frauen nicht erreicht, weil sie anderen Menschen die Erlaubnis gegeben haben, in ihr Leben einzugreifen. Durch wohlwollende oder weniger wohlwollende Ratschläge, durch Entmutigung, durch Eifersucht oder falsch verstandene Fürsorge lassen sie sich nicht selten von ihren Vorhaben und Wünschen abbringen. Zudem bleibt Frauen oft kein Raum für sich selbst. Privatsphäre ist für das weibliche Geschlecht oft ein Fremdwort: Partner, Kinder, Freundinnen und Freunde, die alten Eltern, der Beruf – Anforderungen und Erwartungen von vielen Seiten lassen wenig Zeit für Eigenes. Wenn Frauen lernen, dass sie nicht alles gleich an die große Glocke hängen müssen, dass weniger Offenheit mehr Unabhängigkeit bedeutet, dann können sie sich Freiräume schaffen, in denen sie ihre Balance wiederfinden, Pläne entwickeln und Ziele verwirklichen können. Gerade für Frauen ist es daher oft sinnvoll, mithilfe von Geheimnissen einen Gartenzaun um ihr Lebensgrundstück zu ziehen und, derart geschützt, die eigenen Pflanzen und Blumen zum Wachsen zu bringen.

In diesem Buch gilt den »weißen Geheimnissen« die Aufmerksamkeit. Und den Menschen, die solche Geheimnisse wahren. Sie stehen im Mittelpunkt der Betrachtung. Zu kurz kommen, das sei an dieser Stelle bereits eingeräumt, die Opfer von Geheimnissen. Sie werden möglicherweise manchmal empört sein über das Verständnis, das Geheimnisträgern hier entgegengebracht wird. Auf ihre schwierige Situation geht das Schlusskapitel ein. Aber auch Geheimnisopfer können von den folgenden Ausführungen profitieren. Nicht zuletzt deshalb, weil sie möglicherweise feststellen, dass auch sie ein Geheimnis haben – oder haben sollten.

Als ich beschloss, ein Buch über Geheimnisse zu schreiben, stand ich vor einem Problem: Geheimnisse sind geheim. Das liegt in der Natur der Sache. Natürlich hätte ich abstrakt über Geheimhaltung schreiben können, doch ohne die realen Geheimnisse realer Menschen wäre das eine blutleere Angelegenheit geblieben. Was also tun? Freunde und Bekannte fragen? Dies ist nur bedingt erfolgreich: Wer verrät schon eigene Geheimnisse? Und die Geheimnisse, die man von anderen oder vom Hörensagen weiß, sind mit Vorsicht zu genießen. Aus langen Zugfahrten wusste ich, dass manchmal Fremde die intimsten Dinge von sich preisgeben, weil sie den Gesprächspartner nie wieder sehen werden. In der geschützten Anonymität lockern sich die Zungen. Und nicht selten werden dabei Geheimnisse veröffentlicht. Wenn ich also wissen wollte, welche Geheimnisse andere Menschen haben, musste ich die Anonymität suchen. Eine Anzeige, die ich im Zuge meiner Recherchen Anfang 2006 in einer überregionalen Tageszeitung und in dem Wissensmagazin *Psychologie Heute* aufgab, bot diesen Schutzraum an:

---

**Geheimnisse gesucht**

Hatten oder haben Sie ein kleines oder großes Geheimnis, das für Ihr Leben sehr wichtig war oder ist? Welche Erfahrungen haben Sie mit eigenen oder fremden Geheimnissen gemacht? Sachbuchautorin sucht für ein Buchprojekt Menschen, die bereit sind, ihre Geheimnisse zu erzählen. Gerne auch anonym.

---

Es funktionierte. Mich erreichten Briefe von Frauen und Männern, die mir entweder gleich ihre Geschichte erzählten oder mir ihre Bereitschaft signalisierten, am Telefon oder per E-Mail meine neugierigen Fragen zu beantworten. Ich wollte wissen: Wie leben Menschen, die wichtige Dinge, Gedanken und Lebensbereiche vor anderen über längere Zeit geheim halten? Mich interessierte, wie es gelingen kann, teilweise über Jahre hinweg ein Doppelleben zu leben, und wie Männer und Frauen es schaffen, eine Liebesaffäre, eine sexuelle Orientierung, eine Veranlagung, ein ungewöhnliches Hobby oder Ähnliches vor der Neugier selbst nahestehender Menschen zu schützen. Ich wollte erfahren: Gab es schon in der Kindheit Geheimnisse? Welche waren das? Und ich stellte Fragen zu den Auswirkungen: Schadet es einem Menschen immer und ausnahmslos, wenn er vor wichtigen anderen etwas geheim halten will oder muss? Sind Geheimnisse wirklich so schlecht wie der Ruf, den sie haben? Ist alles, was im Verborgenen gelebt wird, destruktiv und schädlich für die Gesundheit? Oder haben Geheimnisse nicht auch eine wichtige, schützende Funktion?

Die Männer und Frauen, die sich auf meine Anzeige meldeten, standen in erstaunlicher Offenheit Rede und Antwort. Ihre Schilderungen finden sich in diesem Buch wieder. Die richtigen Namen meiner Informanten kenne ich natürlich nicht. Manche haben sich mir unter Pseudonym vorgestellt, andere einen Vornamen genannt, der sicher nicht ihr richtiger ist. So geschützt gaben sie mir die Erlaubnis, ihre Geheimnisse im Buch zu veröffentlichen. (Im Text sind die Vornamen dieser Geheimnisträger kursiv gesetzt.)

Wofür ich meinen anonymen Gesprächspartnern und -partnerinnen besonders dankbar bin: Sie erzählten keine oberflächlichen Geschichten oder prahlten mit irgendwelchen kleinen oder größeren »Schandtaten«, wie sie beispielsweise im Magazin der *Süddeutschen Zeitung* vom 1. September 2006 zu finden waren. Die Macher dieses Blattes hatten in 13 deutschen Städten Postkarten an Passanten verteilt, mit der Bitte, auf der Rückseite der Postkarte anonym ein Geheimnis zu beichten. Der Rücklauf war gewaltig. Und viele Absender erleichterten ihr schlechtes Gewissen: »Den Stift, mit dem ich auf diese Karte schreibe, habe ich gerade gestohlen.« Oder: »Ich schreibe jede Woche gut sieben Arbeitsstunden mehr auf, als ich wirklich gearbeitet habe!« – »Ich sammle in Restaurants liegengelassene Bewirtungsrechnungen und reiche sie als meine eigenen bei der Steuer ein.«

Harmlose Bekenntnisse. Die geheimnisvollen Geschichten, die mir meine Gesprächspartner und -partnerinnen erzählten, gingen über das Motto »... und dann habe ich mal etwas Verbotenes getan« weit hinaus. Ihre Geschichten und Erlebnisse übertrafen meine Erwartungen. Richtig spannend fand ich manches, was ich zu hören oder zu lesen bekam. Manche Berichte waren erschütternd, andere berührten mich emotional sehr. Gleichgültig gelassen hat mich keine dieser geheimnisvollen Lebensgeschichten. Denn sie handelten von Geheimnissen, die Schutz bieten vor Zumutungen und zu großer Neugier. Geheimnissen, die leidenschaftliche Beziehungen erst möglich machen. Geheimnissen, die Ehen retten. Geheimnissen, die es einem Menschen erlauben, seine nicht der Norm entsprechenden Bedürfnisse oder auch Fähigkeiten auszuleben. Geheimnissen, die ein Leben auf Probe ermöglichen und so vor dem Scheitern schützen. Die Menschen, die mir auf meine Anzeige »Geheimnisse gesucht« antworteten, bestätigten meine These: Ohne konstruktive Heimlichkeiten ist ein unabhängiges Leben kaum denkbar.

All den Männern und Frauen, die zu einem mündlichen oder schriftlichen Gespräch mit mir bereit waren, danke ich für ihre Offenheit. Ihre Erfahrungen haben mich sehr bereichert, und ohne ihre Geschichten würde diesem Buch etwas Wesentliches fehlen.

Danken möchte ich auch *Gisi*. Sie hat mich mehrmals per E-Mail kontaktiert, um mir ihr Geheimnis zu erzählen. Doch obwohl mein Interesse groß war, ist es nie dazu gekommen. Vielleicht konnte sie niemals in Ruhe mailen oder telefonieren, vielleicht gab es zu viele Störungen. Vielleicht aber sollte das Geheimnis ein Geheimnis bleiben und auch nicht anonym mit einer Fremden geteilt werden. Wie auch immer: *Gisi* und mit ihr alle meine Gesprächspartner haben mir deutlich gemacht, dass Geheimnisse ein wertvolles Gut sind. Und ich hoffe, dass Sie, liebe Leserin und lieber Leser, nach der Lektüre dieses Buch auch zu diesem Schluss kommen.

Ladenburg, im Frühling 2007

# Einleitung:
# Warum Reden Silber und Schweigen Gold ist

Als ich ein Kind war, hatte ich keine Geheimnisse. Streng katholisch erzogen, glaubte ich fest daran, dass der liebe Gott alles sieht. Allein der Versuch, etwas vor Ihm zu verheimlichen, musste gebeichtet und mit wenigstens zwei »Vaterunser« und einem »Ave Maria« gesühnt werden – kniend, auf dem kalten Kirchenboden, versteht sich. Ich erinnere mich, dass ich mich als etwa Achtjährige in meinem Versteck im Garten aufhielt und darüber verzweifelte, dass es kein wirkliches Versteck war, weil »Er da oben« es ja kannte. Mir gefiel das gar nicht – und allein dieses kleine Aufbegehren verursachte wiederum unangenehme Gefühle. Denn auch solche frevlerischen Gedanken konnte ich vor Ihm ja nicht geheim halten …

Später, als ich älter wurde, ließ mein Glaube an die göttliche Allmacht immer mehr nach. Ich leistete mir Geheimnisse. Zum Beispiel vertraute ich als Jugendliche meine Gedanken regelmäßig meinem Tagebuch an. Gleich auf der ersten Seite schrieb ich, sozusagen zur Abwehr möglicher Eindringlinge: »Liebes Tagebuch, was ich hier schreibe, darf niemand lesen. Es ist geheim.« Überflüssig zu sagen, dass mein Tagebuch natürlich ein kleines Schloss hatte. Weder meine magischen Worte noch das Schloss konnten allerdings verhindern, dass meine Mutter eines Tages sich gewaltsam Zugang zu meinen Geheimnissen verschaffte. Sie wollte wissen, wie weit meine unschuldige Verliebtheit mit einem Nachbarsjungen ging. Mein Tagebuch verriet es ihr – was mir einen heftigen Krach und drei Tage Hausarrest einbrachte. Und die Erkenntnis, dass Geheimhaltung eine schwierige Angelegenheit ist.

Auch später machte ich nicht unbedingt positive Erfahrungen, wenn ich etwas geheim halten wollte – entweder verriet ich mich selbst (»Aber du hast doch gesagt, du warst bei deiner Freundin, und jetzt sagst du, sie war in Urlaub?!«), oder das schlechte Gewissen quälte mich so lange, bis ich das Geheimnis aufdeckte. Mit der schuldbewussten Einleitung »Ich muss dir was beichten ...« offenbarte ich meiner Mutter, dass ich die Schule geschwänzt, mir verbotenerweise Pommes frites gekauft oder statt bei der Nachhilfe beim Eislaufen gewesen war. Kleine Sünden aus erwachsener Sicht. Aber damals, ohne mir dessen bewusst zu sein, etikettierte ich meine harmlosen Geheimnisse als etwas Schlechtes, Verwerfliches. Die katholische Erziehung zeigte langfristig Wirkung: Ein anständiger Mensch hat nichts zu verbergen, davon war ich überzeugt.

Meine Neigung, Geheimnisse als etwas Schlechtes einzustufen, behielt ich auch als junge Erwachsene bei. Ich hielt es für selbstverständlich und konsequent, von mir selbst und natürlich auch von anderen, absolute Offenheit zu verlangen – eine Offenheit, die selbst vor den Gedanken meiner Mitmenschen nicht haltmachte. »Was denkst du gerade?« war eine häufig gestellte Frage, wobei ich geflissentlich darüber hinwegsah, dass Gedanken doch bekanntlich frei sind. Umgekehrt ignorierte ich das Unbehagen, das sich einstellte, wenn diese Frage an mich gerichtet wurde. Ganz im Sinne meiner Überzeugung stand ich Rede und Antwort.

## Reden befreit?

Die Überzeugung, dass Geheimhaltung nicht zu den guten Dingen des Lebens gehört, fand enorme Bestätigung, als ich in den 1970er Jahren mit dem Studium der Psychologie begann. Nun bekam ich es von der damals vorherrschenden psychologischen Meinung sozusagen mit Brief und Siegel: Schweigen ist schädlich, Offenheit eine Tugend. Reden, das Innerste nach Außen kehren, wurde zur wichtigen Richtschnur individuellen Handelns. Es war die Zeit des Psychobooms: Therapieformen aus den USA eroberten auch den deutschen Markt und propagierten »reden, reden, reden« als wichtigsten Weg zur psychischen Gesundheit. Schweigen und – noch schlimmer – *Verschweigen* galten als äußerst ungesunde Verhaltensweisen. Nur die Wahrheit macht frei, so lautete das Credo der psychologischen Lehre, mit der ich an der Universität konfrontiert wurde.

Doch nicht nur in akademischen Seminaren, auch im Alltagsleben redeten sich in den 70er und 80er Jahren des vorigen Jahrhunderts die Menschen ungehemmt alles von der Seele. Sie glaubten an die heilende Macht des Redens und erzählten sich bereitwillig alles: den tatsächlich begangenen Seitensprung ebenso wie den nur in Gedanken überlegten; die vorgetäuschten Orgasmen; die Ängste vor Versagen oder sozialer Isolation; die Erziehungsfehler der Eltern; den Missbrauch, der eventuell, möglicherweise oder erwiesenermaßen in der Kindheit stattgefunden hatte und so weiter und so weiter. Über alles durfte und sollte geredet werden. Es gab keine Tabuthemen mehr.

Der Bekenntnisdrang nahm im Laufe der Zeit immer größere Ausmaße an. Er beschränkte sich nun nicht mehr auf den privaten Raum, sondern eroberte zunehmend auch die Öffentlichkeit. Auf dem Buchmarkt machte sich ein neues Genre breit: Die sogenannte Erfahrungsliteratur: Autoren und Autorinnen veröffentlichten ihre intimsten Erlebnisse, beichteten ihre Verirrungen und Verwirrungen, berichteten über Krebserkrankungen und Drogensucht, über psychische Ausnahmezustände und frühen Missbrauch. Ich erinnere mich an Bücher wie *Mars* von Fritz Zorn (ein Millionärssohn wächst ohne Liebe auf, erkrankt an Krebs und rechnet mit Elternhaus und Gesellschaft ab) oder *Ich bin ich* von Judith Jannberg (eine Frau entdeckt die Selbstverwirklichung), die damals Kultstatus erreichten.

Margriet de Moor lässt in dem Roman *Erst grau dann weiß dann blau* eine ihrer Figuren über diesen Zwang zur Offenheit nachdenken: »... wenn du mit den anderen ein bisschen in Tuchfühlung bleiben willst, dann wirst du sprechen müssen. Wir sind es gewohnt, uns alles zu erzählen. Dies ist eine offenherzige Zeit. Dies ist die Zeit der Autobiographie.«

Über sich reden ist zu einer völlig normalen Angelegenheit geworden. Mögen die Autoren in eigener Sache dabei meist wirklich nur die unmittelbare Umwelt als Adressaten im Blick haben, suchen andere einen weitaus größeren Rahmen. Sie outen sich vor einem Millionenpublikum. In Talkshows wird inzwischen jedes Thema verhandelt: Alkoholsucht, Depression, sexueller Missbrauch, erotische Eskapaden, Krebserkrankungen, Angstzustände, Beziehungsprobleme, Orgasmusschwierigkeiten, Untreue, Homosexualität und vieles mehr. Alle, die sich da so bereitwillig ins private Lebensalbum schauen lassen, tun dies unter anderem auch deshalb, weil sie sich davon etwas erhoffen – nämlich Erleichterung, Entlastung und unter Umständen sogar Absolution. »Heute wird uns überall gesagt, wie gut es sei, aus der Heimlichkeit, dem Verschweigen und Verbergen herauszutreten und endlich bekennen zu dürfen«, stellt der Psychoanalytiker Wolfgang Schmidbauer fest. »Katholische Priester mit einer Geliebten (oder die Geliebten katholischer Priester), homosexuelle Politiker, lesbische Heilpädagoginnen, vom Mob ihrer Kollegen verfolgte Angestellte, dopende Sportler, sexuell belästigte Chorknaben, Steuersünder und Kronzeugen der Mafia – sie alle erklären uns oder lassen es durch ihre Sprecher in den Medien erklären, wie anstrengend und leidvoll es gewesen sei, zu schweigen, wie erlösend sie es nun fänden, endlich zu sprechen.«

## Das Recht zu schweigen

Reden, sich öffnen – das kann in manchen Fällen und unter den richtigen Umständen durchaus entlastend und heilsam sein. Für welche Fälle das gilt und wie die Umstände beschaffen sein müssen, darauf wird in dem Kapitel *Das Geheimnis lüften – eine schwere Entscheidung* genauer eingegangen. Auf keinen Fall aber darf man daraus schließen, dass Reden immer einen positiven Effekt auf die seelische Verfassung eines Menschen hat. Ganz im Gegenteil.

Magda, die Hauptfigur in dem Roman *Erst grau dann weiß dann blau* hält sich nicht an das ungeschriebene Gesetz »Sei offen«. Sie leistet sich den Luxus des Schweigens und lässt ihren Mann, die Freunde und alle anderen Menschen im Unklaren über ihre jüngste Vergangenheit: Ohne Ankündigung hatte sie irgendwann ihre Wohnung verlassen; niemand wusste, wohin sie gegangen war. So plötzlich, wie sie verschwand, war sie eines Tages wieder da. Wo war sie die ganze Zeit gewesen? Warum ist sie gegangen? Und warum ist sie zurückgekommen? Magda schweigt. Sie gibt ihr Geheimnis nicht preis. Den verzweifelten Fragen ihres Mannes »Wo hast du gesteckt?«, »Was hast du erlebt?« hält sie schweigend Stand. »Warum bist du so kompliziert?«, attackiert er sie und mahnt: »Was nicht erzählt wird, gibt es nicht.« Doch so sehr alle auch an ihr rütteln, Magda hütet ihr Geheimnis. Sie nimmt sich das Recht zu schweigen.

Schweigen: Was Marthas Ehemann und was auch reale Menschen nervös macht, war in früheren Zeiten eine wichtige Lebensregel. Damals galt es als Tugend, schweigen zu können und der Versuchung zu widerstehen, das Wort zu ergreifen. Utnapischti, der Stammvater der sumerisch-babylonischen Kulturen des altorientalischen Mesopotamiens, riet den Menschen bereits 1200 vor Christus:

*»Mach deinen Mund nicht weit, hüte deine Lippe!*
*Die Worte deines Inneren sprich nicht gleich aus!*
*Wenn du jetzt schnell redest, willst du es später zurücknehmen,*
*und schweigen zu lernen, sollst du deinen Sinn anstrengen.«*

Dass Schweigen bis weit ins 17. Jahrhundert hinein als Tugend gelobt wird, darüber berichten die Soziologen Niklas Luhmann und Peter Fuchs. Den Menschen früherer Zeiten war bewusst: »Wer schweigt, kann immer noch reden. Wer dagegen geredet hat, kann darüber nicht mehr schweigen.«

Die Möglichkeit, seine Gedanken und Absichten geheim zu halten, steigerte das Ansehen eines Menschen, weshalb vor allem die Verstellungskunst am Hofe bis Anfang des 18. Jahrhunderts hoch gelobt war. Darauf verweist der Journalist und Autor Adam Soboczynski und zitiert aus einem damaligen Ratgeber, in dem es hieß: »Mit aufgedeckter Karte zu spielen, ist weder klug, noch verspricht es zu vergnügen.« Diese Sensibilität für den richtigen Umgang mit Offenheit und Schweigen ging im Laufe der Zeit verloren. Die Privatsphäre wurde zunehmend weniger als schützenswertes Gut angesehen.

Was einmal gesagt ist, ist gesagt. Wer einmal ein Geheimnis offenbart hat, der hat den Schlagbaum zu seinem Innersten geöffnet und präsentiert sich ungeschützt. Sollte er diese Offenheit irgendwann einmal bereuen, ist es zu spät. Das Gesagte ist in der Welt und kann nicht mehr in den Privatraum zurückgeholt werden.

Welche Folgen das haben kann, hat der Psychologe Colin Goldner am Beispiel von Talkshowgästen untersucht. Sein Resümee fällt ernüchternd aus: »Das Bewusstsein, tatsächlich vor Millionenpublikum aufgetreten zu sein, ereilt die Talkgäste in der Regel erst lange nach der Show; dann nämlich, wenn sie an ihrem Wohnort von Leuten auf der Straße angesprochen werden und sich plötzlich für das, was sie gesagt haben, rechtfertigen müssen. Wenn einer Mutter schlagartig klar wird, dass es jetzt tatsächlich alle wissen – Verwandte, Bekannte, alle Mieter im Haus –, dass ihr Sohn auf den Schwulenstrich geht. Das Outing eines womöglich lange gehüteten Geheimnisses mag im ersten Augenblick vielleicht befreiend sein – ›endlich brauche ich mich nicht mehr zu verstecken‹ –, die Auswirkungen sind jedoch überhaupt nicht absehbar.«

Sicher ist es ein Unterschied, ob ein Mensch seine Seele vor einem Millionenpublikum entblößt oder ob er nur einem Freund sein Geheimnis verrät. Doch die Wirkung kann ähnlich sein, wenn er seine Offenheit hinterher bereut. In jedem Fall muss er das Schamgefühl aushalten, das ihn möglicherweise danach plagt; und er muss die Reaktionen der anderen verkraften.

Was für Talkgäste gilt, trifft daher auch in ähnlicher Weise für alle Menschen zu, die erst reden und dann denken. Auch sie müssen oftmals die schmerzhafte Erkenntnis verdauen, dass Reden nicht in jedem Fall befreit und Schweigen die bessere Option gewesen wäre. Häufig sind Schuld- und Schamgefühle, Verletzungen, Missverständnisse und zwischenmenschliche Konflikte das Ergebnis von zu großer Offenheit. Das Innerste nach Außen zu kehren bringt Menschen nicht unbedingt einander näher, im Gegenteil: Wenn es keine Geheimnisse mehr gibt zwischen Menschen, fehlt die gesunde Distanz. Die psychologische Bannmeile, die jeder Mensch zur Entfaltung seiner Individualität braucht, ist dann aufgehoben.

## Was wir verbergen

Den meisten Menschen ist nicht bewusst, welch wichtige Rolle Geheimnisse in ihrem Leben spielen – oder spielen sollten. Dabei zeigt schon ein erster flüchtiger Blick auf das Phänomen, dass jede Lebensphase ihre eigenen Geheimnisse hat und sogar Staat und Gesellschaft nicht ohne sie auskommen.

### Geheimnisse in Kindheit und Jugend

Geheimnisse sind für jeden Menschen von existenzieller Bedeutung – mindestens so wichtig wie Nahrung und Sexualität. Nur in den ersten Lebensjahren, wenn ein Kind noch nicht zwischen dem eigenen Selbst und dem anderer unterscheiden kann, kommt es ohne Geheimnisse aus. Kleine Kinder sagen immer, was sie denken und können noch nichts verbergen beziehungsweise glauben, dass andere Menschen, besonders Mutter und Vater, immer genau wissen, was in ihnen vorgeht. Doch ab etwa dem fünften Lebensjahr, wenn ein Kind sich als eigenständiges Wesen begreifen kann, beginnt die Geheimniskrämerei. Zunächst hat es nur kleine Geheimnisse: Es verheimlicht seine Verstecke und Aufenthaltsorte, von denen niemand, allerhöchstens der engste Freund etwas wissen darf, es verrät nicht, was es Mutter zum Geburtstag schenkt, oder stöbert, größer geworden, heimlich im elterlichen Bücherschrank nach »verbotenen« Büchern.

Es sind harmlose Geheimnisse, aber sie sind dennoch ein Meilenstein in der seelischen Entwicklung. Der Moment, in dem ein Kind entdeckt, dass es etwas vor den Eltern verbergen kann und es sich selbst als unabhängig von diesen erlebt, ist ein großer Moment. Der erste Schritt in die Autonomie ist getan. Es ist ein schwerer Erziehungsfehler, wenn Mütter oder Väter ihren Kindern suggerieren, sie seien allmächtig und wüssten genau, was ihr Kind denkt oder im Schilde führt. Behauptungen wie »Ich sehe es Dir an, wenn Du lügst« oder »Vor mir kannst du nichts verbergen« verhindern unter Umständen eine gesunde Autonomieentwicklung.

Den ersten, harmlosen Geheimnissen der Kindheit folgen in der Pubertät jene Geheimnisse, die Heranwachsenden helfen, sich abzugrenzen und eine eigene Identität zu finden. »Etwa ab dem zwölften Lebensjahr unterscheiden Jugendliche zwischen öffentlich und privat und sind nicht mehr ohne weiteres bereit, private Informationen anderen Personen mitzuteilen«, hat die Entwicklungspsychologin Inge Seiffge-Krenke in ihren Studien mit Jugendlichen herausgefunden. Intime Angelegenheiten werden nun nicht mehr mit den Eltern besprochen, sondern nur mit ausgewählten Freunden und Freundinnen oder auch nur mit dem Tagebuch.

## Geheimnisse: Schutzschilder der Erwachsenen

Für Erwachsene bekommen Geheimnisse die Funktion eines Schutzschildes – sie halten Neugierige auf Abstand. Manche Menschen verheimlichen vor Eltern und Freunden ihre sexuellen Vorlieben. Auch über körperliche Probleme, chronische Krankheiten, Suchtprobleme, seelische Störungen oder belastende Erlebnisse redet man oftmals mit niemandem oder höchstens mit ganz wenig ausgewählten Personen. In einer amerikanischen Untersuchung sollten die Teilnehmer angeben, in welchen von 50 beschriebenen Bereichen sie ein Geheimnis haben. Aus den Antworten schälten sich vier große Geheimnisthemen heraus:

1. Kummer (zum Beispiel Einsamkeit)
2. Übertretungen (Diebstahl, Betrug)
3. Sünden (Drogenmissbrauch, schlechte Gedanken, unmoralisches Verhalten).
4. Ängste (Angst, eine Prüfung nicht zu bestehen)

Am häufigsten hielten die Befragten ihren Kummer geheim, dann die sozial geächteten Übertretungen, dann die Sünden. Am ehesten noch sprachen die Teilnehmer dieser Studie über ihre Ängste.

Geheimnisse kommen sogar in einer Sphäre vor, die es sich zum Ziel gesetzt hat, Geheimnisse zum Wohle des jeweiligen Menschen aufzudecken: in der Psychotherapie. Die Wissenschaftlerin Anita A. Kelly befragte 42 Therapieklienten, die im Durchschnitt zwölf Behandlungen hinter sich hatten, ob sie irgendetwas Wichtiges vor dem Therapeuten oder der Therapeutin geheim hielten. Über 40 Prozent bejahten dies. Einige redeten nicht offen über ihre Beziehungsschwierigkeiten, manche wollten nicht über ihre sexuellen Probleme sprechen, andere verheimlichten Drogenprobleme oder kriminelles Verhalten.

## Geteilte Geheimnisse

Ein Geheimnis muss nicht immer nur unser Geheimnis sein. Wir können Geheimnisse auch mit einem oder mehreren Menschen teilen, um uns auf diese Weise ganz besonders mit ihnen verbunden zu fühlen. Zwei Menschen, die sich lieben, erzählen sich Geheimnisse aus ihrem Vorleben, über ihre Sexualität, über ihre Ängste und Sorgen, über bestimmte Charaktereigenschaften und vieles mehr. Auf diese Weise ziehen sie eine nicht sichtbare Grenze zwischen sich und den anderen, zeigen sich, dass sie zueinander gehören. Ein geteiltes Geheimnis symbolisiert die starke Bindung, die zwischen den Partnern besteht. Aber auch Liebende erzählen sich – wenn sie klug sind – nicht alles. Sie berichten dem Partner nicht jedes Detail aus ihrer Vergangenheit und schützen sich so vor zu großer Neugierde und zugleich den Partner vor eventuell überflüssiger quälender Eifersucht.

## Geheimnis und Sexualität

Die wenigen Studien, die zum Thema Geheimnis vorliegen, bestätigen immer wieder, dass sich die meisten Geheimnisse in irgendeiner Weise um das Thema Sexualität drehen. So auch in einer Untersuchung, in der 200 Studenten und Studentinnen danach befragt wurden, was sie vor wichtigen Menschen in ihrem Leben geheim halten: 22 Prozent der Befragten gaben zu, dass sie eine frühere sexuelle Beziehung in ihrem Herzen verschlossen halten; 8 Prozent verschwiegen ihrer Partnerin, ihrem Partner einen Seitensprung; 14 Prozent wagten es nicht, einem angeblichen Freund zu gestehen, dass sie keine positiven Gefühle für ihn hegen; 8 Prozent machten ein Geheimnis aus ihren wahren Gefühlen (»Ich liebe einen Freund, aber ich wage nicht, es ihm zu zeigen«); 4 Prozent liebten einen Expartner immer noch, verheimlichten dies aber vor ihrem gegenwärtigen Partner; ebenfalls 4 Prozent verschwiegen dem Partner, dass sie Zweifel haben, ob die Beziehung noch eine Zukunft hat; 3 Prozent erzählten nicht, dass sie als Kind sexuell missbraucht worden waren, und weitere 3 Prozent hatten heimlich im Leben des anderen geschnüffelt, zum Beispiel sein Tagebuch gelesen.

In einer weiteren Studie wurden 85 Personen gefragt, ob es ein Geheimnis gäbe, das sie noch niemandem erzählt haben. Auch hier nannten 28 der Befragten ein sexuelles Thema (wie Vergewaltigung, sexuelle Experimente, Sex für Geld gehabt zu haben); 17 offenbarten, dass sie jemanden heimlich begehren oder eine heimliche Liebesbeziehung haben; 12 nannten Familiengeheimnisse (als Kind missbraucht worden, Arbeitslosigkeit); 10 beschrieben zwischenmenschliche Entfremdung; 4 Betrug (einen Test getürkt zu haben); 3 berichteten über

Essstörungen; 3 nannten Abtreibung und heimliche Schwangerschaft; 1 Person verschwieg anderen gesundheitliche Probleme.

Diese Untersuchungen zeigen also einen deutlichen Trend: Geheimnisse spielen eine große Rolle in engen Beziehungen. Liebende verschweigen einander ihr sexuelles Vorleben, sie hüten ihre Zunge, wenn es um den Zustand der Partnerschaft geht oder machen aus ihrem Herzen eine Mördergrube, wenn sie sich verliebt haben.

## Geheimnis und Gesellschaft

Auch der Staat schützt sich durch Geheimdienste und Geheimdiplomatie vor allzu großer Neugierde anderer Staaten oder vor Angriffen von außen, Wirtschaftsunternehmen halten ihre Entwicklungspläne geheim, um sich vor Industriespionage zu schützen, Psychotherapeuten und Ärzte schützen ihre Patienten, indem sie durch die Schweigepflicht deren Geheimnisse wahren. So lautet der hippokratische Eid: »Was ich in meiner Praxis sehe und höre oder außerhalb dieser im Verkehr mit Menschen erfahre, was niemals anderen Menschen mitgeteilt werden darf, darüber werde ich schweigen, in der Überzeugung, dass man solche Dinge streng geheim halten muss.« Auch Rechtsanwälte dürfen zum Schutz ihrer Klienten sogar gegenüber Strafverfolgungsbehörden schweigen.

Darüber hinaus kennt unsere Gesellschaft noch viele weitere Geheimnisse:

- Das Amtsgeheimnis: Ein bestimmtes Wissen ist nur einem kleinen Kreis von Mitarbeitern einer Behörde bekannt. Diese Geheimnisträger müssen über ihr Wissen schweigen.
- Das Bankgeheimnis: Banken dürfen gegenüber Dritten keine Auskunft geben über die Vermögensverhältnisse ihres Kunden.
- Das Beichtgeheimnis: Geistliche dürfen niemals verraten, was ihnen ein Mensch in der Beichte anvertraut hat.
- Das Briefgeheimnis: Die Verfassung garantiert die Unverletzlichkeit von Postsendungen.

- Das Redaktionsgeheimnis: Journalisten dürfen über Informanten und die Quellen ihrer Recherchen schweigen und müssen sie nicht Dritten (zum Beispiel Behörden) gegenüber offenlegen.

## Spannendes Geheimnis

Kinder haben Geheimnisse, Jugendliche und Erwachsene haben Geheimnisse, Paare haben gemeinsame Geheimnisse und Geheimnisse voreinander, Eltern haben Geheimnisse vor ihren Kindern, Familien haben Geheimnisse vor anderen, der Staat hat Geheimnisse, Ärzte, Psychotherapeuten und Juristen wahren die Geheimnisse ihrer Mandanten und Klienten – schon dieser kleine Querschnitt zeigt, welche Bedeutung das Schweigen über bestimmte Sachverhalte in unserem Leben hat. Dass wir diese Bedeutung auf keinen Fall unterschätzen sollten, wird in den nächsten Kapiteln deutlich werden.

Lassen Sie sich entführen in die spannende Welt der Geheimnisse und lernen Sie deren facettenreiche Gestalten kennen. Erfahren Sie, warum Geheimnisse bereits für Kinder und Jugendliche von enormer Bedeutung sind; erkennen Sie die vielfältigen Schutzfunktionen guter Geheimnisse und warum wir oft nur mit ihrer Hilfe unsere Ziele erreichen und unsere Partnerschaften sichern können. Besonders spannend ist, dass Geheimnisse uns ein zweites Leben neben dem normalen ermöglichen und dass wir sogar vor uns selbst Geheimnisse haben können.

Beim Lesen werden Sie sicherlich an der einen oder anderen Stelle empört den Kopf schütteln oder sogar vehement Widerspruch einlegen wollen. Gut so! Denn dann sind Sie dem wirklichen Charakter von Geheimnissen auf der Spur. Geheimnisse haben ein Janusgesicht. Sie können uns »das Gefühl der Macht, der Überlegenheit, der Besonderheit und der Loyalität geben – oder der Angst, der Schuld, der Belastung und der Scham. Geheimnisse können den liebevollsten und den böswilligsten Absichten dienen«, wie die amerikanische Psychologin Harriet G. Lerner meint.

Diese Einschätzung teilt auch die Geheimnisexpertin Sissela Bok, wenn sie schreibt: »Geheimnisse sind für den Menschen lebensnotwendig wie das Feuer und werden wie dieses gefürchtet. Geheimnisse wie Feuer stärken und schützen das Leben, können es aber auch ersticken, Verwüstungen anrichten und sich unkontrolliert ausbreiten. Beide können dazu dienen, die Intimsphäre zu schützen oder zu verletzen, beide können nähren oder verzehren.«

Geheimnisse sind komplex. Sie widersetzen sich »einfachen Lösungsformeln«, wie die Familientherapeutin und Geheimnisexpertin Evan Imber-Black weiß. Zudem lassen sie sich »selten fein säuberlich in eine Schublade packen und damit erledigen«. Wer sich Geheimnissen neugierig nähert, muss differenzieren können, sich von allzu schnellen pauschalen Urteilen und dem einen oder anderen moralischen Grundsatz freimachen. Das ist nicht einfach und erfordert die Fähigkeit, bei der Vielschichtigkeit von Geheimnissen nicht die Balance zu verlieren. Denn, so Evan Imber-Black, der Umgang mit Geheimnissen kann schnell zu einem »Hochseilakt im Zirkus des Lebens« werden.

# Warum wir Geheimnisse brauchen

»Das wahre und interessante Leben eines
menschlichen Wesens spielt sich im Verborgenen
wie unter dem Schleier der Nacht ab.«

*Anton Tschechow*

Genaue Zahlen darüber, wie viele Menschen ein Geheimnis hüten, sind selbstverständlich nicht vorhanden. Ein Geheimnis ist nun einmal geheim. Aber es gibt Anhaltspunkte. Die Geheimnisforscherin Anita E. Kelly glaubt, dass jeder Mensch zu irgendeinem Zeitpunkt seines Lebens etwas vor anderen verbirgt. Für diese Vermutung kann auch sie keine eindeutigen Belege vorlegen, doch folgende Erfahrung erscheint ihr durchaus verallgemeinerbar: Für eine ihrer ersten Studien zum Thema wollte sie unter einer Reihe von Studenten diejenigen herausfiltern, die ein Geheimnis hatten. Schnell stellte sie fest, dass sich diese Mühe nicht lohnte: Jeder der Studenten hatte etwas, das er anderen nicht verriet. Auch eine andere Studie verweist auf die weite Verbreitung von Geheimnissen: 99 Prozent der dort Befragten berichteten, dass sie irgendetwas einem anderen Menschen verschwiegen. Und in einer weiteren Studie sollten die Teilnehmer notieren, wie oft am Tag sie logen, um etwas vor einem anderen Menschen zu verbergen. Das Ergebnis: Ein- bis zweimal täglich hielten die Befragten mit der Wahrheit hinterm Berg.

Es kann also mit einigem Fug und Recht behauptet werden: Wir alle haben Geheimnisse – große oder kleine, schlimme oder harmlose, kurzfristig gehütete oder dauerhafte.

Angesichts dieser weiten Verbreitung von Unausgesprochenem drängt sich natürlich die Frage auf: Warum ist das so? Sind wir zu feige für die Wahrheit oder einfach nur zu bequem? Handelt sich es um eine schlechte Angewohnheit oder um schlichte Gedankenlosigkeit? Mag sein, dass diese Motive das ein oder andere Geheimnis entstehen lassen. Doch hinter den meisten steckt mehr, sehr viel mehr: Wir brauchen ein gewisses Maß an Geheimhaltung. Ohne dieses wäre ein selbstbestimmtes Leben überhaupt nicht möglich. Ohne Geheimnisse wären wir anderen Menschen, der Gemeinschaft und der Gesellschaft völlig ausgeliefert. Ohne Geheimnisse gäbe es keine Individualität. Ohne Geheimnisse wäre ein eigenes, unabhängiges Leben undenkbar.

Wer das nicht glaubt, der soll sich eine ganz einfache Frage stellen: Wie sähe denn ein Leben ohne Geheimnis aus? Wie würden wir leben in einer Gesellschaft, in der wir nichts für uns behalten dürften, in der alle unsere Handlungen kontrolliert und sogar Gedanken überwacht würden? George Orwell hat in seinem Roman *1984* eine solche Gesellschaft beschrieben und am Beispiel seiner Hauptfigur Winston Smith gezeigt, wie ein Mensch mit der Zeit seine Identität verliert, wenn er keinen eigenen Gedanken fassen darf:

*Beispiel:* Winston Smith ist 39 Jahre alt und arbeitet im »Ministerium für Wahrheit«. Wenn er durch die Straßen seiner Stadt geht oder aus dem Fenster seiner Wohnung blickt, sieht er überall große Plakate hängen, auf denen in mehrfacher Vergrößerung ein Gesicht abgebildet ist. Darunter steht die Zeile: DER GROSSE BRUDER SIEHT DICH.

Wo immer sich Winston Smith aufhält, der Große Bruder verfolgt ihn. Und die Gedankenpolizei sorgt dafür, dass er keinen falschen Gedanken hegt.

In jeder Wohnung, auch in seiner, befindet sich ein Teleschirm. Dieser registriert nicht nur jedes Geräusch, er beobachtet auch jede Bewegung in der Wohnung. Winston weiß nie, ob er gerade die Aufmerksamkeit der Kontrolleure hinter dem Teleschirm auf sich zieht oder nicht. Die Gedankenpolizei schaltet sich nach einem niemandem bekannten System in die Wohnungen der Bürger ein, es ist sogar nicht auszuschließen, dass sie ständig auf Sendung ist. Auf jeden Fall muss jeder Bürger jeden Moment damit rechnen, beobachtet zu werden.

Winston Smith aber hat Glück. Sein Teleschirm ist im Wohnzimmer aus Versehen so installiert, dass ihm eine winzige Nische für Privatheit bleibt. Wie der Gedankenpolizei dieser Fehler unterlaufen konnte, weiß Winston nicht. Aber diese kleine Freiheit nutzt er, um sich der ständigen Überwachung wenigstens zeitweise zu entziehen.

Eines Tages sieht Smith zufällig in einem Laden, dessen Zutritt eigentlich verboten ist, ein Buch mit leeren Seiten. Er weiß sofort: Dieses Buch will er haben. Er stiehlt sich in den Laden und kauft es – gegen alle Vernunft. Was will er damit? Er will die Seiten füllen mit seinen Gedanken, die er eigentlich gar nicht denken darf. Dem Buch will er sie anvertrauen. Er geht damit ein hohes Risiko ein, denn natürlich ist auch das Aufschreiben von eigenen Gedanken verboten. Wenn die Gedankenpolizei ihm auf die Schliche kommt, muss Winston mit 25 Jahren Zwangsarbeitslager rechnen oder sogar mit der Todesstrafe. Wer weiß, ob er es gewagt hätte, wenn es nicht diese unbewachte Nische in seiner Wohnung gäbe. Sie macht ihm Mut, und Winston Smith beginnt unbemerkt von der Gedankenpolizei mit dem Schreiben. Erst kommen ihm nur unzusammenhängende Wörter in den Sinn, doch dann lässt er seinen Gedanken freien Lauf. Er merkt gar nicht mehr, was er eigentlich schreibt, die Worte fließen geradezu aus ihm heraus. Irgendwann muss er erschöpft eine Pause einlegen und liest, was er mechanisch und fast willenlos geschrieben hat. In großen Druckbuchstaben steht da:

NIEDER MIT DEM GROSSEN BRUDER
NIEDER MIT DEM GROSSEN BRUDER
NIEDER MIT DEM GROSSEN BRUDER

Winston Smith erschrickt fürchterlich. In einem ersten Impuls will er die Seiten herausreißen und vernichten. Doch dann erkennt er, dass er das Gedachte nicht ungeschehen machen kann: »Ob er nun NIEDER MIT DEM GROSSEN BRUDER schrieb oder nicht, blieb sich gleich. Ob er nun das Tagebuch fortsetzte oder nicht, blieb sich ebenfalls gleich. Die Gedankenpolizei würde ihn sowieso schnappen. Er hatte ... das Kardinalverbrechen begangen, das alle anderen in sich schloss. Gedankendelikt nannten sie es. Gedankendelikte ließen sich nicht auf ewig geheim halten. Man konnte wohl eine Weile oder sogar ein paar Jahre lang erfolgreich durchrutschen, aber früher oder später schnappten sie einen doch.« Wer ein Gedankendelikt begeht, ist schon so gut wie tot.

Am Ende hält Winston Smith den Druck der Gedankenpolizei nicht aus. Nach heftigen Schikanen bis hin zur Folter verzichtet er auf unabhängiges Handeln und Denken. Er bekämpft den GROSSEN BRUDER nicht mehr. Ganz im Gegenteil. *1984* endet mit den Sätzen: »Aber jetzt war es gut, es war alles in Ordnung, der Kampf war zu Ende. Er hatte sich selbst überwunden. Er liebte den Großen Bruder.«

George Orwells Roman vermittelt auf eindringliche Weise die Erkenntnis: In einer Welt ohne eigene Gedanken, ohne ein Geheimnis zu leben ist der blanke Horror. Es gibt kein eigenständiges Ich, kein Individuum, keine Abweichung, sondern nur noch ein eintöniges, vorgegebenes Leben, in dem ausschließlich das gilt, was die Obrigkeit für richtig ausgibt. Wenn sie behauptet, dass $2 + 2 = 5$ ergibt, dann ist es sinnlos und unter Umständen sogar lebensgefährlich, sein eigenes Wissen dagegenzusetzen.

Auch wir werden in unserer Gesellschaft immer »gläserner«. Über unsere Kreditkarten, unsere Handys, unsere Gesundheitsdaten, unser Reiseverhalten können viele unserer Transaktionen und Bewegungen verfolgt werden. Internetbuchhandlungen registrieren jede unserer Bestellungen, merken sich unsere Vorlieben und machen uns maßgeschneiderte Angebote. Auf jedem öffentlichen Platz, auf Bahnsteigen und Flughäfen verfolgen Kameras unsere Wege, und wenn wir Pech haben, geraten wir in die Telefonüberwachung von Terrorfahndern. Schlimm genug. Aber trotz alledem leben wir in einer Demokratie, in der Meinungsfreiheit herrscht und die Würde des Menschen immer noch unantastbar ist. Das beinhaltet auch, dass wir selbst entscheiden können, ob und welche Meinung wir äußern und wie nah wir andere Menschen an unser Leben heranlassen. Wenn es um unsere Gedanken und Gefühle geht, können wir frei und autonom entscheiden, ob und wie sehr wir uns in die Karten schauen lassen wollen. Wir bestimmen, was wir anderen von uns zeigen und was nicht. Wenn wir es nicht wollen, erfährt niemand etwas von unseren wahren Gefühlen, von unseren Sorgen und Kümmernissen, von unseren Ängsten und Glücksmomenten. Wir entscheiden, wie gut uns andere kennen lernen, welche Seite sie von uns sehen sollen und welche besser nicht. Wir können schweigen, weil wir einen anderen nicht verletzen wollen oder weil wir uns vor seiner Reaktion fürchten. Wir dürfen unsere Ansichten für uns behalten, wenn sie uns zum Beispiel an unserem Arbeitsplatz in Gefahr brächten oder wir damit andere Menschen beschämen würden. Wir müssen unsere Gesinnung nicht an die große Glocke hängen, wenn wir es nicht wollen. Wir können den Mund halten, um Kontrolle und Macht nicht zu verlieren, und wir dürfen mit Plänen hinterm Berg halten, solange wir uns ihrer noch nicht sicher sind.

All das könnten wir nicht, wenn unser Innerstes ungeschützt den Blicken anderer ausgesetzt wäre, wenn man in unseren Gedanken lesen könnte wie in einem offenen Buch, wenn es keine Grenzen gäbe zwischen dem »Ich« und dem »Du«. Geheimnisse dienen in vielfältiger Weise dazu, unsere Individualität zu wahren. Sie sind ein Schutzschild, mit dem wir uns in einer Welt, in der ohnehin immer mehr Privates von uns bekannt wird, gegen zu große Nähe, zu viel Neugierde wehren können und das uns gleichzeitig zu unserer Unverwechselbarkeit verhilft. Ohne Geheimnisse wären wir nicht die Persönlichkeiten, die wir sind. Ohne Geheimnisse könnten wir so manches Ziel nicht erreichen. Ohne Geheimnisse wären wir nicht die Menschen, die wir sind.

## Was ist ein Geheimnis?

Ein Geheimnis, was ist das eigentlich? Wann habe ich ein Geheimnis? Und wann nicht? Ist alles, worüber ich nicht spreche, bereits ein Geheimnis? Ist jede Lüge, jede Täuschung schon ein Geheimnis? Habe ich ein Geheimnis, wenn ich mein Gewicht mit 52 Kilogramm angebe, in Wirklichkeit aber 58 wiege? Handelt es sich um ein Geheimnis, wenn ich einer Freundin sage, wie toll ihr die neue Frisur steht, ins*geheim* aber denke: »Sie sieht damit viel älter aus!«? Handelt es sich um ein Geheimnis, wenn ich meine sexuellen Fantasien niemandem mitteile? Oder ist nur etwas wirklich Schwerwiegendes, wie beispielsweise eine außereheliche Affäre oder eine Betrugsdelikt, ein wirkliches Geheimnis?

Das Adjektiv »geheim« tauchte bereits im 15. Jahrhundert auf. Damals bezeichneten die Menschen mit diesem Wort alles, was »vertraut«, »zum Heim gehörend«, »nicht für andere bestimmt« war. In der französischen und der englischen Sprache kennt man für Geheimnis das Wort »secret« – es stammt vom lateinischen Wort *secretum* beziehungsweise dem Verb *secernere* ab, was so viel bedeutet wie »trennen« oder »abtrennen«. Ein Ge*heim*nis ist also etwas, was ins Heim gehört, ins Private, das trennt zwischen dem, was zu mir, zu uns, zum Heim gehört, und den anderen, die nicht dazu gehören. Ein Geheimnis schließt einen anderen Menschen oder eine Gruppe von Menschen aus und schützt das Intim- und Privatleben. Wer ein Geheimnis hat, lässt andere Menschen bewusst nicht hinter die Kulissen schauen, um seine Privatsphäre zu schützen. Wann immer man auf eine tatsächlich gestellte oder auch nur mögliche Frage antworten möchte: »Das geht dich nichts an«, handelt es sich aller Wahrscheinlichkeit nach bei dem, was man schützen möchte, um ein Geheimnis.

Ein weiteres Kennzeichen von Geheimnissen ist, dass immer mindestens eine andere Person im Spiel ist. Irgendwer darf von dem Geheimnis nichts erfahren, irgendwer gehört nicht zum »Heim«. (Dass diese Person in manchen Fällen auch wir selbst sein können – mit dieser paradoxen Situation beschäftigt sich Punkt 7 des Kapitels *Warum wir Geheimnisse brauchen*). Ein Geheimnis zieht eine deutliche Grenze zwischen »ich« und »du« oder »wir« und den »anderen«. Dass diese Grenze unbedingt und in jedem Fall zu respektieren ist, davon ist der Psychoanalytiker Wolfgang Schmidbauer überzeugt: Die Grenze »scheidet zwischen Mitwissern und Nichtwissern. Wer diese Grenze durchdringt, ist ein Spion; wer das Geheimnis nach außen zugänglich macht, ein Verräter.«

Neben dem Schutz des Privaten haben Geheimnisse noch ein weiteres wichtiges Merkmal: Wir halten etwas vor anderen geheim, wenn wir sie vor der Wahrheit schützen wollen – oder wir halten die Wahrheit zurück, weil wir uns schützen wollen. Denn möglicherweise könnte die Reaktion der anderen auf unsere Offenbarung negativ ausfallen und uns Probleme bringen. Insofern dient ein Geheimnis je nach Situation dem Schutz der anderen und/oder der eigenen Person. Wir lassen andere Menschen an einem ganz bestimmten Wissen nicht teilhaben, weil wir fürchten, dass sie damit nicht angemessen umgehen können oder weil wir ihnen Gefühle der Scham oder des Schmerzes ersparen wollen. Oft aber schweigen wir auch, weil wir selbst bestimmen möchten, in welcher Weise – und ob überhaupt – dieses Wissen an die Öffentlichkeit gelangen soll. Wenn wir ein Geheimnis wahren, dann machen wir Gebrauch von unserem Selbstbestimmungsrecht.

Ein Geheimnis ist also etwas,

- das wir zum Schutz von anderen oder von uns selbst nicht preisgeben wollen,
- das nur uns oder sehr ausgewählte Personen etwas angeht und eine Grenze zieht zwischen privat und öffentlich und
- das in der Regel eine zwischenmenschliche Angelegenheit ist: Wir haben ein Geheimnis vor jemandem.

Geheimnisse sind ein Schatz, dessen Wert den meisten von uns viel zu wenig bekannt ist. Betrachten wir diesen Schatz nun genauer: Was macht die Bedeutung von Geheimnissen aus? Warum können und sollten wir nicht auf sie verzichten, allen strengen Geboten zur Wahrhaftigkeit, Offenheit und Ehrlichkeit zum Trotz? Es sind im Wesentlichen acht wichtige Gründe, die Geheimnisse zu konstruktiven Lebenshelfern werden lassen:

*Acht gute Gründe, ein Geheimnis zu haben*

1. Geheimnisse fördern die Selbstständigkeit
2. Geheimnisse gewähren Schutz
3. Geheimnisse helfen, Ziele zu erreichen und zu verwirklichen
4. Geheimnisse schützen die Privatsphäre
5. Geheimnisse dienen der Liebe
6. Geheimnisse bewahren uns vor schmerzlicher Selbsterkenntnis
7. Geheimnisse ermöglichen ein zweites Leben neben dem normalen
8. Geheimnisse geben Frauen Macht

## 1. Geheimnisse fördern die Selbstständigkeit

Fangen wir bei den Kindern an. Denn Geheimnisse sind nicht nur eine Sache der Erwachsenen. Ganz im Gegenteil, schon sehr früh in ihrem Leben entdecken auch Kinder die Möglichkeit, etwas zu verheimlichen. Sie haben Geheimnisse vor anderen Kindern, aber vor allem natürlich vor den Erwachsenen: Sie entdecken ihre Sexualität und verlieben sich unsterblich in das Nachbarskind; sie geben ihr Taschengeld für Dinge aus, die ihnen die Eltern niemals erlauben würden; sie klauen heimlich im Supermarkt, um sich ihren Mut zu beweisen; sie haben ein Versteck, von dem niemand etwas erfahren darf; sie suchen vor Weihnachten nach ihren Geschenken; sie sehen verbotene Fernsehsendungen, wenn die Eltern nicht zuhause sind; sie lesen heimlich mit der Taschenlampe unter der Bettdecke; sie werfen das ungeliebte Pausenbrot weg; sie schreiben ihre Gedanken in ein sorgsam gehütetes Tagebuch.

Kinder haben Geheimnisse. Und nicht nur das: Allen Ermahnungen zum Trotz lügen sie ganz ungeniert, um ihre Geheimnisse oder die anderer zu wahren. Eltern möchten das natürlich am liebsten nicht hören. Denn Erziehung ist normalerweise auf das Gegenteil ausgelegt. Kinder sollen den Wert von Wahrheit und Wahrhaftigkeit lernen. Früh schon wird ihnen eingeprägt: Lügen haben kurze Beine. Und: Wer einmal lügt, dem glaubt man nicht. Wenn das Kind lügt, so denken Eltern, haben sie etwas falsch gemacht. Das aber muss nicht der Fall sein. Natürlich kommt es auf die Art und Schwere der Lüge und auf die Häufigkeit des Flunkerns an, aber grundsätzlich sollten sich Eltern nicht ärgern, sondern freuen, wenn ihr Kind nicht immer ganz bei der Wahrheit bleibt. Denn die frühe Heimlichtuerei ist ein gutes Zeichen: Sie markiert den Beginn zur Eigenständigkeit. Sobald ein Kind dazu fähig ist, etwas für sich zu behalten, entdeckt es seine Unabhängigkeit und seine Individualität – wichtige Voraussetzungen für eine gesunde seelische Entwicklung.

Sehr kleine Kinder kennen noch keine Geheimnisse. Sie können ihre Absichten nicht verbergen, und sie glauben fest daran, dass ihr Denken und Handeln identisch ist mit dem Denken und Handeln der Erwachsenen. Sie glauben, dass andere Menschen, vor allem die Eltern, vollständig über sie im Bilde sind. Kleine Kinder sind noch nicht in der Lage, sich als unabhängig von anderen Personen wahrzunehmen. Doch schon mit etwa fünf Jahren ändert sich diese Wahrnehmung der Welt. Die Kinder entdecken nun, dass sie etwas verheimlichen können, ohne dass ihnen die Erwachsenen auf die Schliche kommen. Sie erleben sich als eigenständiges Individuum, abgegrenzt vom anderen. Sie erkennen, dass ihre Gedanken ihnen gehören und dass auch andere Menschen unabhängig von ihnen existieren. Mit Erleichterung stellen sie fest: »Ich bin einem anderen Menschen nicht ausgeliefert, ich habe die Macht, eine andere Person aus meinem Innenleben herauszuhalten.« Das Kind merkt, dass es durch Schweigen Dinge und Situationen kontrollieren kann, dass es nicht völlig durchschaubar für andere ist. Es ist den Erwachsenen nicht auf Gedeih und Verderb ausgeliefert. Und es entdeckt mit großer Freude, dass sein Wille nicht identisch sein muss mit dem Willen der Eltern. Die Erfahrung, etwas geheim halten zu können, macht es unabhängig und selbstbewusst.

Zahlreiche psychologische Studien bestätigen, dass die Einstellung zur Wahrheit altersabhängig ist. Dazu zählt beispielsweise eine Untersuchung der Wissenschaftler Renate Valtin, Alan Watson und Elisabeth Flitner. Sie befragten 200 deutsche und australische Kinder im Alter zwischen fünf und zwölf Jahren zum Thema Geheimnis. In Einzelinterviews konfrontierten sie die Kinder mit Bildergeschichten, in denen alltägliche Situationen thematisiert wurden. In einer Geschichte erzählt zum Beispiel ein Kind einem Freund oder einer Freundin etwas und nimmt ihm das Versprechen ab, es niemandem weiterzuerzählen. In diesem Moment kommt die Mutter des eingeweihten Kindes dazu und will wissen, was die Kinder gerade geredet haben. Wie verhält sich das Kind, dem das Geheimnis anvertraut worden ist?

Die Mehrheit der fünf- bis sechsjährigen Kinder würde der Mutter die Wahrheit sagen. Von den Achtjährigen ist noch die Hälfte für Offenheit. Unbedingt schweigen aber würden die meisten der Zehn- und Zwölfjährigen. Deutlich verläuft hier eine Altersgrenze: Die jüngeren Kinder verhalten sich klar nach dem Gebot »Du musst deiner Mutter immer die Wahrheit sagen«. Für die älteren Kinder ist bereits eine andere Norm wirksam: »Du darfst das Vertrauen deines Freundes nicht enttäuschen. Es gibt eine Pflicht, ein Geheimnis zu wahren.« Bei älteren Kindern ist das Geheimnis etwas, das Freundschaft stiftet und verbindet. Jüngere Kinder verstehen unter Geheimnis noch etwas anderes: heimlich gegessene Süßigkeiten, ein Spielzeug, von dem niemand etwas weiß, ein Ort, den man liebt und von dem niemand etwas wissen darf, ein Spiel, das niemand versteht, ein Ritual, das man ganz für sich alleine durchführt. Diese Geheimnisse gehören ihnen, sie wollen sie nicht teilen. Es handelt sich um Geheimnisse, die nicht wirklich verboten sind. Die kleinen Kinder übertreten damit kein elterliches Ge- oder Verbot. Sie genießen es nur, etwas ganz für sich alleine zu haben.

Etwa mit sechs Jahren beginnen Kinder, nicht nur ihre kleinen süßen Geheimnisse zu verbergen, sie sind nun auch in der Lage zu entscheiden, welche *Gefühle* sie anderen Menschen zeigen und welche sie lieber für sich behalten. Sie tun das aus unterschiedlichen Motiven:

## Kinder haben Geheimnisse, um das eigene Selbstwertgefühl zu schützen

Kinder verbergen ihre wahren Gefühle, um anderen nicht zu zeigen, dass sie verletzt sind. Sie verraten niemandem, dass es sie kränkt, wenn sie nicht zur Geburtstagsfeier einer Klassenkameradin eingeladen werden, und sie zeigen nicht ihren Schmerz, wenn sie sich wehgetan haben. Schließlich wollen sie nicht als wehleidig oder Jammerlappen vor anderen dastehen.

*Marlies* erinnert sich an ein Kindheitserlebnis, das bestätigt, dass bereits kleine Kinder Gefühle verbergen können, wenn sie ihr Selbstwertgefühl schützen wollen:

**Beispiel:** Ich glaube, ich war etwa fünf Jahre alt. Meine Mutter war eine jähzornige Frau, der öfter mal die Hand ausrutschte. So war es auch an jenem Tag, an den ich mich erinnere. Sie hatte heftig mit mir geschimpft und mir eine Ohrfeige verpasst. Weswegen, weiß ich nicht mehr. Aber ich weiß, dass ich ihre Schläge als ungerecht empfand. Ein wenig später an diesem Tag bügelte meine Mutter und zwang mich, ihr dabei Gesellschaft zu leisten. Kleinere Wäschestücke, wie zum Beispiel die Stofftaschentücher meines Vaters, durfte ich zusammenlegen. Dabei passierte es: Ich kam dem Bügeleisen zu nahe und verbrannte mich schwer am Arm. Doch ich gab keinen Muckser von mir. Ich war immer noch gekränkt und verletzt, und ich wollte nicht, dass meine Mutter eine Gelegenheit bekam, sich durch Mitleid oder Fürsorge wieder bei mir einzuschmeicheln. Ich hielt den Schmerz stumm aus. Als sie später die Brandwunde bemerkte und sehr schuldbewusst reagierte – immerhin hatte sie nichts bemerkt! –, war das ein triumphaler Moment für mich. Ich habe ihr keinen Einblick in meine Gefühle gewährt.

### *Kinder haben Geheimnisse, um die Gefühle anderer zu schützen*

Kinder lernen durch Beobachtung. Und so lernen sie auch von den Erwachsenen, dass man lügen darf, wenn man andere Menschen nicht mit der Wahrheit verletzen will. Eine Aufforderung wie »Sag Oma, dass dir der Pulli, den sie dir gestrickt hat, gefällt« lehrt sie, dass solche Schmeicheleien erlaubt sind – auch wenn sie nicht der Wahrheit entsprechen. Und wenn auf Bemerkungen wie »Passt mir gar nicht, dass Tante Jule jetzt zu Besuch kommt« ganz andere Taten folgen (als die Tante an der Tür klingelt, fällt die Mutter ihr freudig um den Hals), schlussfolgern sie schnell, dass es offensichtlich gute Gründe gibt, die eine Verstellung rechtfertigen. Das Kind, das den Widerspruch zwischen Äußerung und Verhalten durchaus registriert, merkt sich: »Es gibt Situationen, in denen ich besser nicht ehrlich bin.«

### *Kinder haben Geheimnisse, um sich nicht schämen zu müssen*

Manche Kinder hüten ein Geheimnis, weil sie sich schämen. Sie erzählen es niemandem, wenn die Mutter trinkt, der Vater die Mutter schlägt oder die Familie nicht weiß, wie sie über die Runden kommen soll. Die Armut der Familie war ein Geheimnis, das *Ulla* in ihrer Kindheit lange Zeit hütete und das zum Teil kuriose Ausmaße annahm:

**Beispiel:** Ich war ein armes Kind, materiell gesehen. Mein Vater war einfacher Arbeiter, meine Mutter Hausfrau, das Geld reichte gerade so fürs Allernötigste. Kleidung für mich gehörte nicht dazu. Es gab eine Zeit, da besaß ich nur einen Rock. Ich weiß noch genau, wie er aussah: Er war aus »gutem« grünen Lodenstoff, wie meine Mutter nie müde wurde zu betonen. Und er hatte vorne zwei aufspringende

Falten mit Karomuster. Eigentlich war es ein hübscher Rock, und er war auch sicher relativ teuer gewesen. Doch es war über mindestens zwei Jahre hinweg mein einziger. Das heißt, ich musste Tag für Tag im selben Rock zur Schule gehen. Das fiel auf. Und so erzählte ich meinen Schulfreundinnen, dass ich mich in diesen Rock verliebt hätte. Er sei mein allerliebstes Kleidungsstück. Und weil er mir so gut gefiel, hätte meine Mutter mir gleich drei davon gekauft. Die Mädchen meiner Clique fanden das interessant, heute würden sie wahrscheinlich sagen »echt cool«. Sie nahmen mir diese Geschichte ab. Und ich konnte das Geheimnis wahren, dass meine Familie arm wie eine Kirchenmaus war, und mich vor dem gefürchteten Mitleid schützen.

## Kinder haben Geheimnisse, um negative Folgen zu vermeiden

Kinder lernen früh zu lügen, wenn sie etwas angestellt haben. Hat ein Kind zum Beispiel unerlaubt einen Keks gegessen und wird dafür bestraft, dann wird es höchstwahrscheinlich nicht zum folgsamen, angepassten Kind, das nie mehr einen Keks isst, ohne vorher zu fragen. Wahrscheinlicher ist, dass es beim nächsten Mal heimlich nascht und bei Nachfragen seine Tat leugnet.

Eltern, die glauben, dass ihr Kind ein braves Kind ist und nicht lügt beziehungsweise dass sie es sofort merken würden, wenn das Kind nicht die Wahrheit sagt, werden durch die Ergebnisse der folgenden Studie eines Besseren belehrt, die der Kinderpsychiater Michael Lewis mit Kollegen durchgeführt hat:

Ein Kind wird in einem Raum per Video beobachtet. Es sitzt am Tisch, mit dem Rücken zum Versuchsleiter. Dieser kündigt an, dass er ein tolles Spiel auspacken wird, mit dem das Kind später spielen darf. Jetzt aber darf es sich auf keinen Fall umdrehen und schauen, was er tut. Als das Spiel ausgepackt und aufgebaut ist, verlässt der Versuchsleiter den Raum und sagt, dass er für fünf Minuten weg sein wird. Er ermahnt seine kleine Versuchsperson noch einmal, auf keinen Fall einen Blick auf das Spiel zu werfen. Was tut das Kind? Klar, es widersetzt sich diesem Verbot. Die Neugier siegt: Es dreht sich um und beäugt das Spiel. In diesem Moment betritt der Versuchsleiter wieder den Raum und fragt das Kind: »Hast Du geschaut?« Die Reaktion des Kindes und seine Mimik werden aufgezeichnet.

Diese Versuchsanordnung wurde mit Kindern zwischen drei und sechs Jahren durchgeführt. Das Ergebnis dürfte so manchen Eltern nicht gefallen:

Die wenigsten der jungen Kinder konnten der Versuchung widerstehen. Nur 10 Prozent der unter Dreijährigen (vorwiegend Mädchen) warfen keinen Blick auf das Spiel, nachdem der Versuchsleiter den Raum verlassen hatte. Auch von den über Dreijährigen hielt sich so gut wie kein Kind an die Regel. Erst von den Sechsjährigen konnten sich 35 Prozent beherrschen und an das Gebot des Versuchsleiters halten.

Nach ihrem Verhalten gefragt, sagten von den Kindern, die schauten, 38 Prozent die Wahrheit, 38 Prozent logen und sagten, sie hätten nicht geschaut. 25 Prozent sagten nichts. Jene Kinder, die logen oder nichts sagen, waren meistens weiblich. Und jene, die die Wahrheit sagten, hatten einen geringeren Intelligenzquotienten als jene, die ihre Regelübertretung ableugneten oder schwiegen.

Die Wissenschaftler interessierten sich auch dafür, ob sich die lügenden Kinder durch ihre Mimik verrieten. Lächelten sie nervös, bissen sie sich vielleicht auf die Lippen, vermieden sie den Blickkontakt? Sie führten die Videoaufnahmen (ohne die verräterische Sequenz) unabhängigen Beobachtern vor. Konnten diese die Lügner unter den Kindern identifizieren? Sie konnten es nicht. Es wurden keine mimischen Unterschiede zwischen Lügnern und Wahrheitssagenden gefunden. Die Beobachter waren nicht in der Lage festzustellen, welches Kind log und welches nicht. Das bedeutet: Kinder im Alter von drei bis sechs Jahren können Erwachsene täuschen, ohne aufzufliegen.

Täuschen und Lügen, um Strafe zu verhindern, werden also früh gelernt. Dabei gilt: Je älter und klüger Kinder sind, desto mehr und geschickter lügen sie. Das zu hören, mag für viele Eltern erschreckend sein. Passt es doch so gar nicht in das gängige Erziehungskonzept. Zudem ist es für Mütter und Väter kein schönes Gefühl, wenn sie akzeptieren müssen, dass sie bereits zur Innenwelt ihres vier- oder fünfjährigen Kindes keinen unbeschränkten Zugang mehr haben. Das kränkt und verunsichert.

Aber wenn Kinder lügen und etwas für sich behalten, ist das normalerweise kein Grund zur Sorge. Die Erfahrung, dass es sein Innerstes vor einem Erwachsenen schützen kann, zeigt einem Kind, dass es unabhängig von seinen Eltern und anderen Personen existiert. Nur dadurch kann es sich im besten Sinne des Wortes verselbstständigen. »Individuelle psychische Strukturen können sich nur dann entwickeln, wenn wir etwas geheim halten«, erklärt der französische Psychoanalytiker Serge Tisseron. »Der Augenblick, in dem ein kleines Kind zum ersten Mal lügt, ist von entscheidender Bedeutung. Es entdeckt, dass seine Eltern eben nicht seine Gedanken lesen können, und das beweist ihm, dass es eine eigenständige, unabhängige Persönlichkeit ist.« Auch die Familientherapeutin Evan Imber-Black betont die wichtige Rolle von Geheimnissen in der Entwicklung eines Kindes: »Geheimnisse zu bewahren trägt dazu bei, dass sich kleine Kinder als eigenständige Personen mit eigenen Gedanken und Gefühlen wahrnehmen können. Indem sie materielle und seelische Verstecke finden, entdecken sie auch das autonome Selbst.«

Kinder, die ein Geheimnis haben, fühlen sich stark, selbstbewusst und unabhängig. Frühe Geheimniskrämerei ist ein wichtiger Meilenstein auf dem Weg zu einer autonomen Persönlichkeit. So beschreibt der Analytiker C. G. Jung, dass er im Alter von etwa zehn Jahren eine Figur schnitzte, ein Bett dafür machte und sie versteckte: »Niemand konnte mein Geheimnis entdecken und es zerstören. Im Besitz eines Geheimnisses zu sein, hatte einen mächtigen, formenden Einfluss auf meinen Charakter; ich denke, es war ein bedeutsamer Fakt meiner Kindheit.«

Geheimnisse – ein »bedeutsamer Fakt« der Kindheit. Das sieht auch die Familien- und Paartherapeutin Rosmarie Welter-Enderlin so. Sie erinnert sich an ihre eigene Kindheit und ihre ersten Erfahrungen mit Geheimnissen: »In der großen ländlichen Familie, in der ich während der ›stummen 50er Jahre‹ aufwuchs, fand ich früh heraus, dass Geheimnisse, die man vor den anderen hatte, ein Mittel waren, der Umklammerung durch das übermächtige ›Wir‹ zu entrinnen und durch die Abgrenzung von Privatbereichen ein ›Ich‹-Gefühl zu entwickeln. In dem großen Haus meiner Kindheit, in dem Familie, Verwandte und Gesinde zusammenlebten, gab es kaum so etwas wie gebaute Privatsphären. Und doch fanden wir Kinder reichlich Gelegenheit, kleine, persönliche Nischen aufzuspüren und zu besitzen, in denen wir unsere Geheimnisse bewahren konnten.«

Die kleine Rosmarie lernte nicht nur, dass ihre Geheimnisse ihr eine Macht verliehen, sondern sie lernte gleichzeitig, dass auch Erwachsene Geheimnisse voreinander hatten. »Da ich das älteste von fünf Kindern und die ideale Mittelsperson war, wurde ich von früh an zur Hüterin von Geheimnissen zwischen den Eltern, insbesondere in finanziellen Dingen; etwa, wenn mein Vater mir heimlich auftrug, zum Kiosk zu gehen und ein Lotterielos zu kaufen, von dem er sich den großen Gewinn erhoffte.«

Welch ein Entwicklungsschub mit der kindlichen Erkenntnis »da gibt es ein Geheimnis« verbunden sein kann, beschreibt Stefan Zweig in seiner Erzählung *Brennendes Geheimnis*:

*Beispiel:* Der zwölfjährige Edgar ist mit seiner Mutter aus gesundheitlichen Gründen auf den Semmering gefahren und findet dort Anschluss an einen jungen Baron. Dieser gewinnt schnell das Vertrauen des Kindes, und Edgar ist glücklich, einen Freund gefunden zu haben. Doch der Baron hat überhaupt kein Interesse an dem Knaben, dafür aber umso mehr an dessen attraktiver Mutter. Der Junge ist für ihn nur ein Mittel zum Zweck, über ihn will er das Herz der Mutter erobern. Der Plan gelingt: Edgars Mutter verliebt sich in den jungen Mann. Ihr Interesse gilt nur noch ihm, der Junge ist dem verliebten Paar nun lästig.

Edgar fühlt sich im Stich gelassen, zurückgesetzt, versteht die

Welt nicht mehr und fragt sich verzweifelt, was den neu gewonnenen Freund und die Mutter so verwandelt hat. Er ahnt, dass die Erwachsenen ein Geheimnis haben, das sie nicht mit ihm teilen wollen, und mutmaßt, dass es so etwas Ähnliches sein muss wie die Angelegenheit mit seiner französischen Lehrerin. Dieser wurde eines Tages überraschend gekündigt, angeblich, weil sie sich mit seinem Vater nicht vertrug. Edgar ist es leid, ständig der Ausgeschlossene zu sein, er möchte endlich Zugang zur geheimnisvollen Welt der Erwachsenen bekommen. Er möchte nicht mehr das dumme Kind sein, er will das Geheimnis lüften, das zwischen seiner Mutter und dem Baron ist.

Der Junge spioniert den beiden nach und wird immer aufsässiger. Die Sache spitzt sich zu. Die Mutter schlägt Edgar im Zorn, weil er den Baron angegriffen hat und dieser daraufhin – erleichtert, einen guten Grund zu haben – abgefahren ist. In seinem Gefühlsaufruhr reißt Edgar aus und flüchtet zur Großmutter. Dort wartet die Mutter schon völlig aufgelöst auf ihn, und bald kommt auch der Vater und will wissen, was in den Sohn gefahren ist. Es wäre ein Leichtes für den Jungen, seinem Vater alles zu erzählen. Und er spürt auch intuitiv, dass die Wahrheit ihn vor Bestrafung schützen würde. Doch Edgar zögert. Er blickt zur Mutter, und da sieht er zu seinem Erstaunen, dass sie ihm seltsame Zeichen gibt. Zunächst versteht er nicht, was sie will. Aber dann legt sie den Finger an den Mund, und er realisiert, dass sie ihn bittet zu schweigen. Ein warmes Glücksgefühl macht sich in Edgar breit. Nun gehört er dazu. Jetzt kennt er das Geheimnis seiner Mutter und darf sogar noch ihr Komplize sein. Sie macht ihn zu ihrem Verbündeten, zu ihrem Mitwisser. Er ist kein Kind mehr. Die Erkenntnis, dass seine Mutter ein Geheimnis hat und ihn darum bittet, es für sich zu behalten, katapultiert ihn aus der Ahnungslosigkeit der Kindheit. Jetzt weiß er, dass es Grenzen gibt zwischen ihm und der Mutter wie auch zwischen der Mutter und dem Vater. Jetzt weiß er, dass Menschen einander nicht alles sagen und auch nicht sagen müssen. Der Blick in das Erwachsenenalter macht Edgar reifer.

Ähnlich schildert es *Verena*, die, gefragt nach ihren frühesten Geheimnissen, sich an Folgendes erinnert:

*Beispiel:* Als ich etwa sechs Jahre alt war, verliebte ich mich in Johann, den Bruder meiner besten Freundin. Er war ein Jahr älter als ich und sah umwerfend aus. Natürlich erzählte ich niemandem etwas von diesen Gefühlen, nicht einmal meiner Freundin. Aber Johann ging es wohl ähnlich. Denn seltsamerweise war er bei unseren heimlichen Doktorspielen im Schuppen hinter dem Haus immer der Arzt und ich immer seine Patientin ... Die Situation war aufgeladen mit Gefühlen, die wir noch gar nicht einordnen konnten. Wir genossen diese aufregende Spannung, wie wir die gesamte verbotene Situation genossen. Kein Erwachsener wusste, was wir da im Schuppen trieben, kein Erwachsener wusste, wie wir uns fühlten. Ich weiß noch, dass ich mich damals zum ersten Mal fast erwachsen fühlte.

Geheimnisse helfen Kindern, ihre Selbstgrenze zu entdecken. Sie erkennen, dass es eine Trennungslinie gibt zwischen ihnen und den anderen. Findet dieser wichtige Entwicklungsschritt nicht statt, kann das verheerende Folgen für die seelische Entwicklung haben. Eltern, die ihren Kindern keine Eigenständigkeit im Denken und Handeln zugestehen, die ihnen einreden, sie wüssten alles und könnten alles kontrollieren, halten sie in einer ungesunden Abhängigkeit. Sie geben dem Kind das Gefühl, dass es nichts Eigenes hat, nicht braucht und auch nicht haben darf. Diese Eltern betrachten jeden Schritt in die Eigenständigkeit als Gefahr und versuchen, ihn zu verhindern. Psychische Störungen und Probleme können im späteren Leben die Folgen sein, wenn diese Kinder nicht von anderen Personen lernen, dass ein eigenständiges Wollen durchaus in Ordnung und erwünscht ist. Wer in seiner Entwicklung nicht die Erfahrung der eigenen Unabhängigkeit machen durfte, entwickelt möglicherweise ein »falsches Selbst«, wie der Psychoanalytiker Donald W. Winnicott es nannte. Menschen mit einem »falschen Selbst« tun bereitwillig, was man von ihnen verlangt, und erfüllen, ja erspüren, die Wünsche anderer. Das

Gefühl für ihre eigenen Wünsche und Bedürfnisse haben sie dagegen verloren. Etwas Eigenes zu entwickeln, eine eigene Meinung, einen eigenen Lebensplan, ein von anderen unabhängiges Leben erscheint ihnen unvorstellbar. Der Preis für diese Anpassung ist hoch: Gefühle der Leere, Sinnlosigkeit und möglicherweise sogar eine Depression können die Folge sein. Wenn es einem Menschen nicht möglich war, in der Kindheit eine stabile Grenze zwischen sich und den Erwachsenen aufzubauen, und er nicht erleben durfte, wie entlastend es ist, der übermächtigen Erwachsenenwelt eigene kleine Geheimräume entgegenzustellen, wird das Gefühl der Einengung oft sein Leben lang nicht mehr los.

Eltern sollten also ihren Kindern Freiräume zugestehen und ein Eigenleben erlauben. Gerade das aber fällt so mancher Mutter und so manchem Vater schwer. Erschwerend kommt noch hinzu, dass auch die kindliche Umwelt immer weniger Chancen zur Heimlichtuerei bietet. Der Entwicklungspsychologe Roger Hart hat über mehrere Jahrzehnte hinweg untersucht, wie Kinderspiele sich verändern. Früher, in den 1970er Jahren rannten Kinder nach den Hausaufgaben aus der Wohnung und verbrachten Stunden um Stunden mit ihren Freunden und Freundinnen draußen. Was sie dort taten, das wussten die Eltern selten. Sie schufen sich einen eigenen Platz in der Welt, indem sie alleine oder mit anderen ihre Umwelt spielend erkundeten. Sie durften sich dabei frei und unkontrolliert bewegen. Ihre Eltern ließen ihnen diese Möglichkeit. Jahrzehnte später sieht die Situation völlig anders aus. Eltern sind heute sehr viel besorgter um ihre Kinder, wissen oft von Minute zu Minute, wo sie sich aufhalten und was sie tun. Diese Entwicklung beeinträchtigt die Unabhängigkeit der Kinder, sagt der Psychologe. Als er beispielsweise ein Kind nach seinem geheimen Lieblingsplatz fragte, wusste es keine Antwort und gab die Frage an die Mutter weiter. »Das wäre früher unvorstellbar gewesen. Damals spielten die meisten Kinder an Orten, an denen ihre Eltern noch niemals gewesen waren«, empört sich Roger Hart.

Damit aus einem abhängigen Kind ein selbstständiger Erwachsener wird, muss es die Möglichkeit bekommen, Geheimnisse haben zu dürfen. Es muss die positive Erfahrung machen dürfen, dass es Dinge, Gedanken und Handlungen gibt, die nur ihm gehören. Ständige Kontrolle und Überwachung blockieren die Entwicklung zu einem stabilen Selbst.

Wer in seiner Kindheit wenig Chancen zur Geheimniskrämerei hatte, wer von den Eltern permanent überwacht wurde, der holt manchmal die nicht oder nur unzureichende Ablösung im Erwachsenenalter nach. Ein Geheimnis dient dann dazu, sich gegen die Kontrolle der Eltern endlich zur Wehr zu setzen und sich von ihren Ge- und Verboten abzugrenzen. So erklärte zum Beispiel ein Mann, der auf die Anzeige »Geheimnisse gesucht« reagierte, dass sein Geheimnis – er hat eine Schwäche für Frauenröcke – eine Art Unabhängigkeitserklärung gegenüber seinen Eltern ist: »Stärke gibt mir mein Geheimnis auch deshalb, weil es mir gelungen ist, etwas vor meinem Eltern zu verbergen. Das heißt was, denn ich komme aus einem sehr, sehr konservativen, ja fast reaktionären Elternhaus. Kinder haben da gefälligst keine Geheimnisse zu haben, vor allem nicht vor den Eltern.«

### Warum fördern Geheimnisse die Selbstständigkeit?

Wenn ein Kind entdeckt, dass es etwas vor den Erwachsenen geheim halten kann, lernt es sich als autonomes, unabhängiges Wesen kennen. Es merkt, dass es unabhängig von den Eltern existieren kann und dass diese nicht allmächtig sind. Diese Erfahrung ist unbedingt notwendig für eine stabile, seelische Entwicklung. Ohne Geheimhaltung ist die Entwicklung zu einem eigenständigen Menschen nicht denkbar. Ein autonomes Selbst nimmt seinen Anfang in den kleinen, harmlosen Geheimnissen der Kindheit.

## 2. Geheimnisse gewähren Schutz

Wie reagieren Sie, wenn Sie von einer Freundin ein Geschenk erhalten, das Sie alles andere als entzückt? Sagen Sie die Wahrheit, so
wie es vor Jahren eine meiner Freundinnen mutig getan hat? Als ich
ihr ein T-Shirt zum Geburtstag verehrte, reagierte sie prompt: »Das
Teil gefällt mir überhaupt nicht, die Farbe steht mir auch nicht, bitte
nimm es wieder, es würde bei mir nur in der Schublade rumliegen.«
Oder lächeln Sie und sagen artig: »Danke, das ist aber schön!« Vermutlich wählen Sie den leichteren Weg, welcher der Schenkenden
hilft, ihr Gesicht zu wahren – und Ihnen unnötigen Stress erspart.
Denn würden Sie die Wahrheit sagen, hätten Sie garantiert Stress.
So wie meine ehrliche Freundin, die meine Enttäuschung und mein
Gekränktsein ertragen musste.

Eine andere, ähnliche Situation: Sie sind zum Abendessen eingeladen. Das Essen ist schauderhaft. Am Ende fragt die Gastgeberin,
ob es geschmeckt hat. Sagen Sie ehrlich »Es war versalzen und viel zu
fett«? Wahrscheinlich nicht. Ebenso wenig wird der Ehemann, dem
das neu erstandene Kleid seiner Frau nicht gefällt, ihre Freude darüber mit einem wahrhaftigen Statement zunichtemachen. Lieber greift
er zu einer charmanten Lüge. Sie freut sich, und er fühlt sich gut,
weil er ihre Gefühle nicht unnötig verletzt hat. Er hält seine wahre
Meinung geheim, ebenso wie Sie Ihre Gedanken über die Kochkünste
der Gastgeberin nicht veröffentlichen. Lügen wie diese sind altruistische Lügen. Sie schonen die Gefühle anderer und ermöglichen zudem
ein reibungsloses Miteinander, weil unnötige Konflikte vermieden
werden.

Auch der Ehemann, der auf Dienstreisen hin und wieder über
den Hotelkanal ein Pornovideo bestellt, handelt in gewisser Weise
altruistisch, wenn er seiner Frau nichts davon erzählt. Er bewahrt sie
vor unnötiger Eifersucht. Gleichzeitig schützt er auch sich selbst vor
ihrer möglichen Kritik. Aber nicht nur das: Er nimmt sich das Recht
auf eine Privatsphäre. Durch sein Schweigen zieht er eine Grenze
zwischen seinem Leben und dem Leben seiner Frau. Es gibt Bereiche,

zu denen er ihr keinen Zutritt gewährt. Möglicherweise schützt er mit seiner Geheimhaltung aber auch das Bild vom selbstbewussten, starken Ehemann, das seine Frau von ihm hat. Dass er auf Dienstreisen sich oftmals einsam fühlt und mithilfe von Pornos dieses Gefühl bekämpft, das, so findet er, geht sie nichts an. Der Ehemann wahrt sein Geheimnis aus Liebe zu seiner Frau, aber auch aus Liebe zu sich selbst.

Ebenfalls aus Liebe gehandelt hat Patricia Neal, die langjährige Geliebte des verheirateten Schauspielers Gary Cooper. Sie erzählt in ihrer Autobiografie *As I am*, dass Gary Cooper einmal freudestrahlend von einer Einkaufstour zurückkam. Er hatte für sie eine ganz besondere Überraschung in einer der Tüten: ein rotes Sommerkleid mit weißen Punkten. Patricia Neal war wenig begeistert. Das Kleid passte ihr nicht, es hatte keinen guten Schnitt und wenig Pfiff. Um ihren Geliebten nicht zu enttäuschen, brachte sie es heimlich zu ihrer Schneiderin, die es umarbeitete. Gary Cooper entdeckte die Täuschung nicht. Manchmal, so meint Patricia Neal, sollte eine Frau lieber eine Ausrede gebrauchen, als die Wahrheit zu sagen.

Patricia Neal hatte also ein kleines Geheimnis vor ihrem Geliebten, keines von Bedeutung. Aber altruistische Geheimnisse wie diese sind, so unwichtig sie auch erscheinen mögen, ein wichtiges Schmiermittel von Beziehungen. Ohne sie können Freundschaften, Familienleben oder Liebesbeziehungen auf Dauer nicht gelingen. Absolut ehrlich kann man nur sein, wenn einem der andere nichts bedeutet, wenn man ihn vielleicht nie wieder sieht oder ihn sogar aus dem eigenen Leben vertreiben will. In engen Beziehungen dagegen muss es Geheimnisse, muss es Diskretion, Taktgefühl und Schweigen über Dinge geben, die den anderen unnötig verletzen könnten oder die das eigene Innenleben allzu schonungslos offenlegen würden.

Wenn wir in bestimmten sozialen Situationen unsere wahren Gedanken und Gefühle verschweigen, bewältigen wir den Alltag besser und schützen uns und andere vor unnötigen Problemen. Dabei helfen uns die erwähnten *altruistischen* Lügen nach dem Motto »Die Frisur steht dir gut!« oder »Nein, du hast nicht zugenommen«. Ebenso hilfreich sind aber auch sogenannte *selbstzentrierte* Lügen, mit denen wir versuchen, unsere eigenen Interessen zu verschleiern: »Nein, ich bin nicht scharf auf den Posten.« Oder: »Ich habe kein Problem mit meinem Übergewicht.« Oder: »Wie kommst du nur darauf, dass mir dieser Mann auf der Party gefallen hat!?«

Wir legen über manche Dinge und Geschehnisse in unserem Leben den Mantel des Schweigens, weil wir Angst vor der Reaktion der anderen haben, weil wir uns und sie vor Enttäuschung schützen und den zwischenmenschlichen Stress gering halten wollen. Geheimnisse sind ein Schutzschild, sie helfen uns, unsere wahren Gedanken und Gefühle für uns zu behalten und unser Wohlbefinden (und oftmals auch das anderer Menschen) zu vergrößern. Wären wir völlig unfähig zur Geheimhaltung, dann müssten wir unangenehme Wahrheiten ungeschützt aushalten und wären gezwungen, andere Menschen durch vollkommene Offenheit zu verletzen. Das soziale Miteinander wäre damit am Ende. Permanente Wahrhaftigkeit würde uns und anderen so viele Wunden zufügen, dass ein vertrauensvoller Umgang miteinander nicht mehr möglich wäre. Misstrauen, Enttäuschung und Kränkungen wären an der Tagesordnung.

## Schweigen, weil man sich (noch nicht) stark genug fühlt

Wie wichtig Geheimhaltung oft ist, wird bereits an so banalen Dingen wie einem unpassenden Geschenk, einem schlecht schmeckenden Essen oder einer missglückten Frisur deutlich. Wie gut und nervenschonend, wenn uns das Gegenüber nicht ansieht, was wir wirklich denken!

Noch wichtiger und wertvoller aber wird die Kunst der Geheimhaltung, wenn es sich um wirklich existenzielle Dinge handelt, die wir anderen vorenthalten, weil wir uns vor deren Unverständnis, deren Kritik oder auch deren Enttäuschung schützen wollen. Dies zeigen ausführliche Interviews, die die amerikanischen Wissenschaftlerinnen Lucy Fontaine Werth und Jenny Flaherty mit vier Geheimnisträgerinnen geführt haben. Sie wollten von den Frauen nicht nur ihr Geheimnis erfahren, sondern interessierten sich vor allem für ihre Motive: Warum hielten sie mit der Wahrheit hinterm Berg? Was waren die Gründe für ihre Verschwiegenheit?

Im ersten Fall hatte eine lesbische Frau ihre langjährige Freundin, mit der sie eigentlich eine monogame Beziehung führen wollte, mit einer anderen Frau betrogen. Die Außenbeziehung dauerte etwa sechs Monate. Das Geheimnis flog nie auf. Auf die Frage, weshalb, antwortete diese Frau den Wissenschaftlerinnen: »Ich handelte aus Angst. Ich wollte mich schützen. Ich fürchtete, meine feste Beziehung könnte sich verändern, weniger eng sein und das wollte ich nicht.«

Auch im zweiten Fall ging es um lesbische Liebe. Getäuscht wurde hier die Mutter der interviewten Frau. Um sich nicht vor der Mutter rechtfertigen zu müssen, hielt diese Frau ihre sexuelle Orientierung vor ihrer Mutter geheim. Nach fünf Jahren Doppelleben outete sich die Tochter dann freiwillig. Als Grund für ihre langjährige Geheimhaltung gab sie an: »Ich hatte keine andere Wahl. Mein Hauptinteresse galt meinem eigenen Leben. Ich wollte tun können, was ich wollte, und nicht Rücksicht auf meine Familie nehmen. Ich war der Familie müde, ich wollte mein eigenes Leben leben.« Das Geheimnis gab dieser Frau den nötigen Schutz, um ihr Leben, so wie sie es sich für sich wünschte, unabhängig vom Einfluss der Mutter entwickeln zu können. Nach fünf Jahren, als sie sich stark genug fühlte, konnte sie auf das Geheimnis verzichten.

Die dritte interviewte Frau verheimlichte ebenfalls jahrelang ihre homosexuelle Orientierung. Allerdings handelte sie weniger aus Selbstschutz. Vielmehr wollte sie ihren Vater schützen. Sie fürchtete, er könnte sich heftige Selbstvorwürfe machen: »Mein Lesbischsein hätte sich mein Vater als eigenes Versagen auslegen können. Ich wusste nicht, was seine Reaktion gewesen wäre, aber ich hatte Angst davor. Ich konnte es ihm einfach nicht sagen.«

Im vierten Fall ging es um eine Frau, die nach vier Jahren Ehe feststellen musste, dass sie ihren Mann nicht liebt und nie geliebt hat. Aber sie sagte es ihm nicht. Elf Jahre lang wahrte sie ihr Geheimnis, erst dann war sie in der Lage, ihrem Partner die Wahrheit zu sagen und sich zu trennen. »Das Geheimnis begann, als ich den Gedanken hatte: ›Ich liebe diesen Mann nicht, ich kann ihn nicht tolerieren.‹ Doch diesen Gedanken schob ich ganz weit weg, ich verleugnete ihn völlig. Ich begann ein inneres und ein äußeres Leben.« Warum hat sie so lange geschwiegen? »Ich wollte die Ehe nicht aufkündigen. Die Ehe erschien mir heilig und Scheidung eine Sünde, die man vermeiden musste. Aber ich sagte ihm auch nicht die Wahrheit, weil ich ihn schützen wollte.« Doch auch ihre eigene Situation hatte sie mit im Blick, wie sie gesteht: »Am Ende war es reiner Selbstschutz, das Geheimnis zu wahren.«

In diesen vier Fallgeschichten wird die Schutzfunktion von Geheimnissen sehr deutlich: Drei Frauen machten aus ihrer sexuellen Orientierung ein Geheimnis, weil sie sich vor der Enttäuschung ihrer Mitmenschen und ihrem Unverständnis schützen und ihre sexuellen Wünsche möglichst ohne Beeinflussung von außen klären und ausleben wollten. Im letzten Fall nahm sich eine Ehefrau das Recht, über lange elf Jahre hinweg zu prüfen, ob sie für eine Scheidung stark genug war. Sie schützte sich selbst vor einer falschen Entscheidung und vor Überforderung. Erst als sie sich stark genug fühlte, konnte sie auf ihr Geheimnis verzichten und ihrem Ehemann offenbaren, dass sie keine Liebe mehr für ihn fühlte.

Eine Geschichte, mit der die 59-jährige *Eva* auf die Zeitungsanzeige »Geheimnisse gesucht« antwortete, bestätigt ebenfalls die schützende Wirkung von Geheimnissen. In diesem Fall schützt das Geheimnis gleich drei Personen: die Frau, ihren Ehemann und einen Mann, mit dem sie vor vielen Jahrzehnten ihr erste sexuelle Erfahrung machte.

**Beispiel:** Als 17-Jährige schlief ich zum ersten Mal mit einem Mann – er war 18 Jahre älter als ich. Ich hatte gerade eine Stelle als Verkäuferin angetreten, er war der Filialleiter. Wie es so ist: Er war verheiratet und hatte bereits zwei kleine Kinder. So jung ich war, so wusste ich doch, dass der Geliebtenstatus nichts für mich war.

Ich litt viel zu sehr unter Eifersucht und der Aussichtslosigkeit der Beziehung. Nach einem halben Jahr machte ich Schluss und suchte mir eine andere Stelle. Seltsamerweise hat dieser Mann über all die Jahre Kontakt zu mir gehalten. In großen Abständen rief er an, später schickte er hin und wieder E-Mails. Er hielt mich über sein Leben auf dem Laufenden und wollte auch von mir das Wichtigste wissen. Über meine Heirat und die Geburt meines Kindes verlor er allerdings wenig Worte. Ich dagegen erfuhr von seinen Schwierigkeiten mit den zwei Söhnen – und irgendwann schrieb er mir von der Krebskrankheit seiner Frau: Brustkrebs. Über sechs Jahre hinweg erzählte er mir von ihren Behandlungen und von ihrem – wie es schien – erfolgreichen Kampf gegen die Krankheit. In all der Zeit machte er kaum Anspielungen auf unsere frühere Liebesbeziehung. Höchstens fragte er mal so nebenbei: »Wie siehst Du jetzt aus? Bist du noch so schlank wie früher?« Und einmal wollte er ein Bild von mir gemailt haben.

Dann, eines Tages, schickte er mir die Todesanzeige seiner Frau. Sie hatte den Kampf gegen den Krebs verloren. Ich drückte ihm etwas unbeholfen schriftlich mein Beileid aus. Wie sollte ich ihn auch trösten? Über die Jahrzehnte hinweg war er für mich, trotz der Kontakte, die mir immer etwas seltsam erschienen, zu einem Fremden geworden. Umso überraschter und verwirrter war ich, als er mir bereits wenige Wochen nach dem Tod seiner Frau eine ungewöhnliche E-Mail schickte: Zunächst bedankte er sich für meine Beileidsworte und schrieb kurz von seiner Trauer. Doch dann kam er zur Sache. Er wolle mich treffen, möglichst bald. Es gäbe doch so viel zu erzählen, und – jetzt kommt's – er hätte doch gewusst, dass seine Frau vor ihm sterben würde und mich hätte er niemals vergessen. Wäre er damals nicht verheiratet gewesen, wäre ich die Frau seines Lebens gewesen. Nun könnten wir doch das früher Unmögliche Wirklichkeit werden lassen. Ich war völlig durcheinander: Hatte er denn vergessen, dass ich verheiratet war? Wie kam er überhaupt dazu zu glauben, dass auch ich auf ihn gewartet habe?

Nur zu gern hätte ich in meiner Verwirrung mit meinem Mann darüber geredet. Aber instinktiv wusste ich: Das durfte ich nicht. Er hätte es nicht verstanden, und er hätte es sicher auch nicht gut gefunden, dass ich all die Jahre den Kontakt zu diesem Mann vor ihm geheim gehalten hatte. Ich habe ihm nichts davon erzählt, weil es mir unwichtig erschien und ich ihn nicht unnötig verunsichern wollte. Klar, ich wollte auch mich schützen: vor seinen Zweifeln und vielleicht auch vor seiner Eifersucht. Ich konnte ihm also nichts von den seltsamen Avancen des ehemaligen Geliebten erzählen. Ich musste schweigen und meine Verwirrung mit mir selbst ausmachen. Ohne es aktiv gewollt zu haben, wurde ich zur Geheimnisträgerin und habe jetzt etwas, von dem ich meinem Mann nichts erzählen kann. Aber ich sagte nicht nur meinem Mann nicht die Wahrheit. Ich brachte es auch nicht fertig, dem Mann, der mich über so lange Zeit hinweg nicht vergessen hatte, zu sagen, dass ich keinerlei Gefühle mehr für ihn hegte. Ich verwies auf das Naheliegendste: meine Ehe, meine Kinder. Ich wollte ihn in seiner Trauer nicht auch noch kränken. Und das hätte ich getan, wenn ich ihm mein Desinteresse an seiner Person schonungslos mitgeteilt hätte.

Ebenfalls schützende Wirkung hat ein Geheimnis, das *Gunhilde* seit vielen Jahrzehnten hütet:

**Beispiel:** Ich war 21 Jahre jung, als ich mich unsterblich verliebte. In einen Traummann, wie ich damals meinte. Er arbeitete in der Deutschlandniederlassung einer amerikanischen Firma, sah gut aus, war erfolgreich. Dass er zehn Jahre älter war, empfand ich als Vorteil. Er hatte bereits eine Ehe hinter sich, war geschieden. So sagte er es mir jedenfalls. Wir waren knapp ein Jahr zusammen, da wurde ich schwanger. Er freute sich, versprach mir die Ehe. Vorher aber müsse er noch mal für ein paar Monate in die USA. Das aber sei kein Problem. Ich solle schon mal die Hochzeit vorbereiten. Am Flughafen sah ich ihn zum letzten Mal. Denn er kam nicht wieder. Und er war für mich auch zunächst unauffindbar. Ich musste Detektivarbeit leisten, um ihn in den USA ausfindig zu machen. Wie sich herausstellte, hatte er dort eine Frau und zwei Kinder – von wegen geschieden! Mein Unglück war grenzenlos. Ich wollte nicht mehr leben. Nur der Gedanke an das unschuldige Kind in meinem Bauch hielt mich vom Selbstmord ab. Ich beschloss, das Kind zu bekommen. Und ich erfand eine etwas andere Geschichte: Meiner Familie und später meiner Tochter erzählte ich, meine große Liebe sei bei einem Auslandsaufenthalt in den USA tödlich verunglückt. Mit seiner Familie, so erzählte ich, gäbe es keinen Kontakt. Mit dieser Lüge lebe ich, lebt meine Tochter bis heute. Die Lüge hat mich damals – in den sittenstrengen 1950er Jahren – vor der Blamage geschützt und meiner Tochter ein Vaterbild geschenkt, mit dem sie groß werden konnte. Das Leben wäre für sie sicher schwerer gewesen, hätte sie gewusst, dass ihr Vater sie nicht gewollt hat.

An diesem letzten Beispiel wird ganz besonders das Janusgesicht von Geheimnissen deutlich. Der Mann, der aus seiner in den USA lebenden Familie ein Geheimnis machte, richtete im Leben seiner deutschen Geliebten großen Schaden an. Für sie war mit diesem Geheimnis viel Leid und Kummer verbunden. Doch indem sie es weiter wahrte und ihrer Tochter nicht die volle Wahrheit anvertraute, bekam das destruktive Geheimnis eine schützende Funktion.

Auch alle anderen beschriebenen Fälle zeigen: Die Geheimnisträgerinnen fürchteten große Verluste und Probleme, wenn sie ihr Wissen offenbaren würden. Ihr Schweigen gab ihnen Schutz. Gehüllt in das Geheimnis konnten sie sich ein eigenes Leben, so wie sie es sich wünschten, aufbauen, ohne durch Störungen von außen aus dem Konzept gebracht zu werden. Und zugleich schützte ihr Schweigen auch die ihnen nahestehenden Menschen, die – obwohl zweifellos liebend und wohlwollend – kein Verständnis für sie hätten aufbringen können. Jedenfalls fürchteten die betroffenen Frauen das.

Im Schutz von Geheimnissen können Pläne reifen und Ziele überprüft, verworfen oder erreicht werden. Auf diesen wichtigen Aspekt »weißer« Geheimnisse geht das nächste Kapitel ausführlich ein.

**Warum brauchen wir den Schutz von Geheimnissen?**

Wie gut, dass wir nicht alles sagen müssen, was wir denken und fühlen! Denn nur, wenn wir über einige unserer Gedanken, Handlungen und Empfindungen den Mantel des Schweigens legen können, ist ein sozialer Umgang mit anderen Menschen überhaupt möglich. Nur wenn wir aus so manchem, was uns durch den Kopf geht und was wir tun, ein Geheimnis machen, können wir uns und andere vor Enttäuschung schützen und den zwischenmenschlichen Stress gering halten. Wären wir völlig unfähig zur Geheimhaltung, dann wären wir anderen Menschen – und diese uns – vollkommen schutzlos ausgeliefert: Durch unsere Fähigkeit zur Geheimhaltung und Täuschung behalten wir die Fäden in der Hand. Wir bestimmen zu einem großen Teil, wie andere uns wahrnehmen sollen, welche Informationen sie von uns über uns und über sich erhalten. Wir steuern im Idealfall, wie sie uns wahrnehmen und wie wir von ihnen wahrgenommen werden wollen.

## 3. Geheimnisse helfen, Ziele zu erreichen

Roy Scherer war ein begabter, äußerst gut aussehender, aber noch ziemlich unbekannter Schauspieler, als er Mitte der 1950er Jahre ein Angebot aus Hollywood erhielt. Das war seine Chance! Wenn er sie nutzte, lag eine grandiose Schauspielerkarriere vor ihm. Allerdings musste er eine Bedingung erfüllen: Die Öffentlichkeit, so forderte die Filmproduktion, durfte nichts von seiner Homosexualität erfahren. Roy Scherer willigte ein und wurde unter dem Künstlernamen Rock Hudson ein internationaler Star und Frauenschwarm. Von seiner sexuellen Orientierung erfuhr die Öffentlichkeit nichts. Selbst als er an Aids erkrankte und 1985 im Sterben lag, bekannte er sich nicht zu seiner Homosexualität. Rock Hudson alias Roy Scherer hielt seine

Liebe zu Männern geheim, weil er ein Ziel erreichen wollte: Er wollte ein international erfolgreicher Schauspieler werden. Sein Geheimnis half ihm, dieses Ziel zu erreichen.

Ebenfalls für ein berufliches Ziel hielt die Lehrerin *Gudrun* geheim, dass sie nicht die Ausbildung hatte, die sie eigentlich für ihre Arbeit gebraucht hätte. Indem sie verschwieg, dass sie nicht das Staatsexamen fürs Lehramt vorweisen kann, schützte sie sich vor (vermeintlichen) Herabsetzungen und Degradierungen. Ihre Geheimhaltung machte es ihr möglich, ihr Ziel – als Lehrerin zu arbeiten – trotz dieses Handicaps zu erreichen:

*Beispiel:* Mein Geheimnis ist für mich lebensnotwendig. Insofern **X** würde ich es als konstruktiv bezeichnen. Ich habe niemandem damit geschadet. Inzwischen bin ich nach 40 Jahren Berufstätigkeit im Altersruhestand. Es sieht so aus, als ob ich mein Geheimnis ins Grab mitnehmen werde. Leide ich darunter? Nicht unter dem Geheimnis an sich; wenn überhaupt, dann eher unter der immer noch nicht geklärten Frage, warum es überhaupt dazu kommen musste.

Bei meiner Verabschiedung sagte mein Schulleiter, dass ich für ihn den positiven Lehrertypus verkörpere. Was Fremde, Freunde, Partner, Bekannte, Schüler und Eltern allerdings nicht wissen, ist, dass ich trotz dieses positiven Bildes in einer entscheidenden Sache äußerst erfolglos war. Angefangen hatte es in der zehnten Klasse, in der ich auf dubiose Weise sitzenblieb. Hätten meine Eltern nicht eine Privatschule gefunden, die bereit war, mich in die elfte Klasse aufzunehmen, so hätte ich das Jahr wiederholen müssen. Ich schaffte das Abitur mit zufriedenstellenden Leistungen und studierte Fächer meiner Wahl, die mir viel Spaß gemacht haben. Dennoch bin ich zweimal durchs Examen gefallen; ein drittes Mal habe ich es erst gar nicht versucht.

Meine erste Anstellung in einer Firma verdankte ich zwar der Tatsache, fast eine Studierte zu sein (ich war leider ehrlich, dem Arbeitgeber mein Dilemma zu schildern), zugleich wurde mir aber immer wieder klargemacht, dass an mehr Geld oder eine Karriere wegen der fehlenden Qualifikation nicht zu denken sei. Nach vier Jahren habe ich gekündigt und versucht, eine Stelle als Lehrerin an einem Gymnasium zu bekommen, was erstaunlicherweise geklappt hat! Der Lehrermangel muss damals enorm groß gewesen sein; anders kann ich mir die Einstellung nicht erklären. Heutzutage wäre sie unmöglich. Aus meiner Ehrlichkeit dem ersten Arbeitgeber gegenüber habe ich gelernt. Meine jeweiligen Schulleiter wussten nicht viel über meine Abschlüsse beziehungsweise Nicht-Abschlüsse (das regelt die Behörde, nicht der Schulleiter). Sogar meinem (inzwischen geschiedenen) Mann habe ich nie die Wahrheit gesagt, auch mein jetziger Lebenspartner würde die Welt nicht verstehen, wenn die gebildete Frau an seiner Seite sich als Studierte ohne Examen oder Durchgefallene entpuppte.

Für mein Geheimnis habe ich bezahlt: Ich konnte nicht verbeamtet werden, habe mehr Wochenstunden unterrichten und mich mit weniger Geld zufriedengeben müssen. Dazu war ich bereit. Nicht bereit war ich allerdings, mich freiwillig als Versagerin hinzustellen.

Kann man das Geheimnis von *Gudrun* noch nachvollziehen, so ist das im nächsten Fall zunächst nicht so einfach. Warum ein Geheimnis machen aus der Tatsache, dass man sich auf dem zweiten Bildungsweg weiterbildet und das Abitur machen möchte? Das ist doch ein ehrenwertes, bewundernswertes Ziel! Und doch hat die nun 35-jährige *Uta* niemanden in ihr Vorhaben eingeweiht. Vier Jahre lang besuchte sie Abend für Abend nach Dienstschluss das Gymnasium für Berufstätige ihrer Stadt. Heimlich lernte sie am Wochenende den Stoff. Keiner von ihren Freunden, niemand von den Arbeitskolleginnen oder -kollegen wusste von ihrem ehrgeizigen Projekt. Warum hat sie ein Geheimnis daraus gemacht?

**✗** *Beispiel:* Ich wollte niemandem davon erzählen, weil ich mir anfangs überhaupt nicht sicher war, ob ich das packen würde. Erstens war der Arbeitsaufwand sehr groß, zum anderen wusste ich nicht, ob ich klug genug war, die Anforderungen zu erfüllen. Ich wollte nicht, dass man mich bewundert, für das, was ich tue – und mich dann bemitleidet, wenn ich scheitern würde. Und ich wollte auch nicht, dass meine Freunde und Bekannten denken, ich hielte mich für etwas Besseres. Ich arbeitete als Sekretärin, niemand aus meinem Umfeld hatte Abitur oder gar ein Studium absolviert. Ich wäre wahrscheinlich unangenehm aufgefallen. Als ich dann merkte, das läuft gut, ich halte das durch, wollte ich mein Geheimnis trotzdem nicht aufgeben. Denn jetzt befürchtete ich, dass sich meine Freunde und Kolleginnen getäuscht fühlen könnten. Außerdem konnte ich ja immer noch scheitern. Ich lüftete das Geheimnis erst, als ich das Abitur in der Tasche hatte und meinen Arbeitsplatz kündigte, um in der Nachbarstadt Jura zu studieren.

Ein völlig anderes Ziel wollte *Irmgard* erreichen. Als wieder einmal eine langjährige Liebesbeziehung gescheitert war, verfiel sie in tiefe Depression. Ihr Hausarzt verschrieb ihr zunächst Psychopharmaka, die sie aber nur widerwillig einnahm. Ihr Zustand besserte sich nicht wirklich. Der Arzt empfahl ihr dann eine Psychoanalyse, und sie willigte ein. Aber sie erzählte niemandem von diesem Schritt, vor dem sie selbst viel Angst hatte.

*Beispiel:* Für mich war das ein großes Wagnis. Ich wusste nicht genau, **X** was da auf mich zukam. Ich fürchtete, ich könnte die mit der Therapie verbundenen Belastungen nicht durchhalten. Dreimal die Woche musste ich auf die Couch. Ich hatte ziemlich Angst davor, auch vor dem, was in der Therapie passieren könnte. Deshalb erzählte ich niemandem etwas davon. Einen Partner hatte ich nicht, dem aufgefallen wäre, dass ich dreimal die Woche früher von zuhause aufbrach. Ich hatte meine Stunden immer bereits um 7.00 Uhr morgens. So merkte auch in der Firma niemand etwas. Es war aber nicht nur die Angst, die mich schweigen ließ. Ich spürte gleich zu Beginn, dass dies eine Sache war, die nur mich etwas anging. Die Stunden bei der Analytikerin gehörten nur mir, da war endlich mal Raum nur für mich. Ich wollte nicht, dass andere durch ihre Fragen, durch ihre Neugierde oder durch ihre Beurteilungen in diesen Raum eindringen. Die Therapie war meine

Privatangelegenheit. Und es war auch meine Privatangelegenheit, ob ich sie durchhielt. Ich wollte mir alle Optionen offenhalten.

Ein Geheimnis ermöglicht es, eine Art Leben auf Probe zu führen. Ehe man eine endgültige Entscheidung fällt, kann man, ohne seine Umwelt einzuweihen und sich ihrer Kritik oder ihren Ratschlägen auszusetzen, erst einmal prüfen, ob die eingeschlagene Richtung auch wirklich richtig ist. Das Geheimnis verschafft einem Zeit, denn manchmal muss ein Plan, ein Vorhaben erst reifen, manchmal braucht es viel Mut und Kraft, etwas in die Tat umzusetzen.

Auch wenn sich zwei Menschen ineinander verlieben, kann es ratsam sein, die Liebe zunächst geheim zu halten, selbst wenn es keinen äußeren Anlass dafür gibt (wie eine bereits vorhandene Ehe, Schwierigkeiten am Arbeitsplatz oder andere Hindernisse). Zu Beginn einer Liebesbeziehung gibt es viele Unsicherheiten und Zweifel: Ist er wirklich der Richtige? Ist sie die Traumfrau, auf die er so lange gewartet hat? Liebt man wirklich? Passt man zueinander? Kann man die eine oder andere störende Eigenschaft des Partners auf Dauer ertragen? Drum prüfe, wer sich ewig bindet, heißt es. Und zumindest am Anfang einer Liebesbeziehung kann die Prüfung im Geheimen – geschützt vor der Neugier und den gut gemeinten Ratschlägen der Mitmenschen – sinnvoll sein. Schon Anna Magdalena Bach schrieb in ihrem *Notenbüchlein* den weisen Rat:

*Willst du dein Herz mir schenken,*
*So fang es heimlich an,*
*Dass unser beider Denken*
*Kein Mensch erraten kann.*

Die 40-jährige *Maria* kannte diesen Rat nicht. Doch instinktiv hat sie sich fürs Schweigen entschieden, als sie sich in einen Kollegen verliebte:

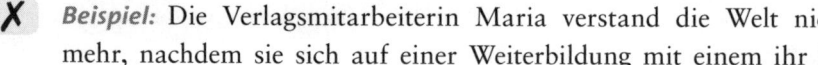

**Beispiel:** Die Verlagsmitarbeiterin Maria verstand die Welt nicht mehr, nachdem sie sich auf einer Weiterbildung mit einem ihr bis dahin fremden Kollegen eingelassen hatte. Sie war völlig durcheinander, hätte niemals mehr mit solch heftigen Gefühlen gerechnet. Eigentlich hatte sie sich ganz gut mit ihrem Singlestatus arrangiert und jede Hoffnung auf eine feste Beziehung längst aufgegeben. Ihr ging es gut. Sie hatte ihre Freunde und Freundinnen, viel Freude an ihrem Beruf, konnte tun und lassen, was sie wollte. Und jetzt das. Ein Mann, der durchaus als potenzieller Partner infrage kam. »Eigentlich wäre es verständlich gewesen, wenn ich mein Glück rausposaunt hätte. Aber ich wollte diese Affäre – die sich schnell zu einer Wochenendbeziehung entwickelte, weil wir in verschiedenen Städten wohnten – geheim halten. Ich musste mir erst mal klar werden über meine Gefühle, was ich eigentlich wollte und ob der Mann wirklich so toll war, wie ich dachte.

Ein halbes Jahr lang waren wir zusammen, ohne dass jemand von unserer Beziehung erfahren hätte. Dann merkte ich, dass ich mein bisheriges Leben mehr liebte als diesen Mann. Ich war unendlich froh, dass niemand aus meinem Freundes- und Bekanntenkreis von dieser Beziehung wusste. So brauchte ich nichts zu erklären und mich nicht zu rechtfertigen. Ich würde, sollte mir so etwas wieder einmal passieren, genauso handeln. Mein Geheimnis hat mir Zeit gegeben, unbeeinflusst von anderen, zum Beispiel von wohlmeinenden Freundinnen oder von neidischen Bekannten, meine Entscheidung zu treffen.«

Durch die Verheimlichung der Gefühle zieht ein neu verliebtes Paar eine Grenze zwischen seiner Intimsphäre und dem öffentlichen Leben. Es schützt sich eine Zeit lang vor der Neugierde anderer und kann sich so der Liebe sicherer werden. Erst wenn diese stabil genug ist, wenn das Paar weiß, dass es dem Erstaunen, der Neugier, den Bedenken seiner Mitmenschen gewachsen ist, verlässt es den schützenden Kokon des Geheimnisses.

Oder auch nicht: Denkbar ist auch, dass ein Paar im Schutz des Geheimnisses die Zweisamkeit erprobt und dann zu dem Schluss kommt: Wir passen nicht zueinander. Auch in diesem Fall kann es klug sein, nicht zu viele Mitwisser zu haben. *Elena* hatte gute

Gründe, ihre Beziehung zu einem sehr viel älteren Mann vor Eltern und Freunden geheim zu halten:

**X** *Beispiel:* Ich bin Mitte 20 und weiblich. Nach dem Schulabschluss begann ich mit dem Studium und belegte Kurse für Gebärdensprache. Dort lernte ich einen Mann kennen, der elf Jahre älter war als ich. Er ist stark hörbehindert, was mich aber nicht störte, da ich mich gut mit ihm in Gebärdensprache unterhalten konnte. Wir verliebten uns. Bald darauf zogen wir in eine gemeinsame Wohnung. Meine Freunde akzeptierten ihn, ich fühlte mich wohl bei ihm. Was mir jedoch zu schaffen machte: Meine Eltern lehnten ihn völlig ab. Ja, sie hassten ihn regelrecht. Der Hauptgrund war, dass sie dachten, ich würde mein Leben wegwerfen und dass ich etwas Besseres verdient hätte als einen Krüppel.

Nach knapp zwei Jahren Beziehung hatten mein Freund und ich eine Krise. Keine besonders große, ich kann mich gar nicht mehr erinnern, worum es dabei ging. Doch meine Eltern nutzten diese Chance und überredeten mich dazu, ihn zu verlassen. Das tat ich auch. In der darauf folgenden Zeit ging es mir immer schlechter. Und ich traf mich wieder mit meinem hörbehinderten Freund. Ich liebte ihn immer noch. Doch ich war nicht stark genug, das mit meinen Eltern auszufechten. Also beschlossen wir, unsere wieder aufgenommene Beziehung geheim zu halten. Wir trafen uns zu Beginn nur in unseren Wohnungen unter ziemlich strengen Sicherheitsvorkehrungen. Später wagten wir es, spazieren oder essen zu gehen.

Wir hielten unsere Beziehung aber weiterhin geheim, selbst meinen Freunden erzählte ich nichts davon. Obwohl es anstrengend war, dieses Lügenkonstrukt aufrechtzuerhalten, fühlte ich mich gut und frei dabei.

Nach einem Jahr beendete ich dann die Beziehung. Diesmal jedoch war es mein eigener Wille. Der Altersunterschied spielte dabei eine bedeutende Rolle, ebenso die Tatsache, dass wir unterschiedliche Lebenspläne hatten. Und ich verliebte mich in einen anderen Mann. Bis heute weiß jedoch niemand davon, dass wir über ein ganzes Jahr lang noch ein Paar waren.

Erst einmal auf Probe zu lieben und zu leben ist eine weise Entscheidung, wenn man sich noch nicht wirklich sicher ist, wenn man sich nicht stark genug fühlt, den Meinungen und Einwänden anderer standzuhalten, wenn man noch nicht den Mut hat, eine möglicherweise ungewöhnliche oder eigenwillige Entscheidung zu verteidigen. Im Schutz eines Geheimnisses kann man Kräfte sammeln, sich selbst prüfen – und dann frei und unbeeinflusst tun, was man für richtig hält.

## Im Geheimen planen

Geheimnisse schützen unsere Pläne. Sie helfen uns, unsere Ziele zu erreichen. Aber sie helfen uns auch, Ziele aufzugeben, wenn sie sich als zu hoch gesteckt oder unsinnig erweisen. Wenn wir über das, was wir vorhaben, nicht zu früh mit anderen sprechen, können wir es in Ruhe durchdenken, entwickeln, verwerfen oder auch wieder aufgeben. Manchmal wissen wir nicht so recht, ob der Plan, den wir gefasst haben, wirklich gut ist. Oftmals gehen wir Umwege – aus Unsicherheit oder Unwissenheit –, um ein Ziel zu erreichen. Und manchmal können wir uns einfach nicht entscheiden und warten deshalb ab.

Wenn wir all das zu früh öffentlich machen, dann laden wir andere Menschen regelrecht ein, sich einzumischen. Mit guten Ratschlägen (»Ich würde das so machen«), mit Druck (»Nun wird es aber mal Zeit, dass du weißt, was du willst«), mit Unverständnis (»Was soll das Ganze überhaupt?«) oder auch mit Entmutigung (»Du weißt, dass deine Freundin Anne mit einem ähnlichen Plan vor kurzem ziemlich Schiffbruch erlitten hat«). Pläne, Überlegungen, Wünsche, die noch nicht vollständig ausgereift oder für andere unpopulär oder vielleicht sogar bedrohlich sind, sollten wir deshalb sicherheitshalber geheim halten. Wer hier zu offenherzig ist, läuft Gefahr, dass seine Planungen im Sande verlaufen oder er zwischendurch den Mut verliert. Auch wird es dann immer schwerer, sich selbst ein Scheitern einzugestehen, wenn viele Menschen von dem Plan wissen. Das Gefühl, jetzt kann ich doch nicht mehr aufgeben, kennt sicher jeder, der die Blicke anderer auf sich gerichtet fühlt.

*Annegret* erging es beispielsweise so. Sie meldete sich auf die Anzeige »Geheimnisse gesucht« nicht, weil sie ein Geheimnis hatte, sondern weil sie es bedauerte, zu einem wichtigen Zeitpunkt in ihrem Leben auf ein Geheimnis verzichtet zu haben. Sie erzählte am Telefon ihre Geschichte:

**X** **Beispiel:** Ich wollte nach langen Jahren des Angestelltendaseins endlich den Schritt in die Selbstständigkeit wagen. Als Sachbearbeiterin bei einer Versicherung verdiente ich zwar ganz gut, aber die Arbeit langweilte mich. Mein Traum war es, mich mit einem Schreibbüro selbstständig zu machen. Da ich bereits hin und wieder Schreibarbeiten übernommen hatte, traute ich mir das zu. Um das Risiko möglichst klein zu halten, reduzierte ich meine feste Stelle auf eine halbe. Und dummerweise erzählte ich allen, warum. Einige bewunderten mich, manche beneideten mich, und sicher gab es welche, die mir ein Scheitern gönnten. Ich wusste das. Aber mir war das egal. Ich war überzeugt, dass mein Vorhaben gelingen würde. Anfangs ließ es sich ganz gut an. Auf meine Inserate und Bewerbungen bei Firmen kamen einige Schreibaufträge rein. Doch ich hatte den Aufwand unterschätzt. Ich investierte sehr viel mehr Zeit als geplant – meine Rechnung ging nicht auf. Am Ende kam ich auf einen Stundenlohn von 5 Euro. Aber aufgeben wollte ich noch nicht. Ich versuchte es weiter, stellte aber immer wieder fest: Ich war nicht schnell genug für diesen Job, und – was noch schlimmer war – mir gefiel das einsame Arbeiten zuhause und das ständige Klinkenputzen bei potenziellen Auftraggebern überhaupt nicht. Es wäre sicher sinnvoll gewesen, hätte ich vorher eine Beratung in Anspruch genommen.

Nach einem knappen Jahr wollte ich meinen alten Ganztagsjob wieder zurück. Aber ich schämte mich. Die Kolleginnen und Kollegen, was würden sie sagen? Natürlich hätte mir das egal sein können, aber das war es nicht. Jetzt bedauerte ich, dass ich meine beruflichen

Pläne so zuversichtlich an die große Glocke gehängt hatte. Hätte ich gar nichts gesagt oder einen harmloseren Grund angegeben, dann hätte ich nicht ständig so spitze Fragen beantworten müssen wie »Na, wie läuft denn dein Schreibbüro?« und ich hätte leichteren Herzens wieder voll für die Versicherung arbeiten können. So aber hielt ich durch. Viel zu lange. Am Ende kündigte ich meine Halbtagsstelle und suchte mir einen anderen Job. Das war gar nicht so einfach. Ich musste Abstriche beim Gehalt hinnehmen, und die Arbeit ist jetzt noch langweiliger als vorher.

Hätte *Annegret* ein Geheimnis aus ihren Plänen gemacht, hätte sie sich so manches erspart. Ihre Geschichte zeigt: Wenn es um existenzielle Dinge und Entscheidungen geht, ist es nicht falsch, sich Schachspieler zum Vorbild nehmen: Diese halten alle ihre geplanten Züge geheim – um am Ende möglichst als Sieger dazustehen.

Das heißt natürlich nicht, dass man aus seinem Herzen eine Mördergrube machen sollte. Selbstverständlich kann man bei wichtigen Entscheidungen Vertraute zurate ziehen. Aber wenn man sich selbst noch allzu unsicher ist, wenn von der Verwirklichung eigener Pläne andere möglicherweise unangenehm betroffen sind oder wenn man sich einen Rückzug offenhalten will, dann ist es in den meisten Fällen sinnvoll, das Geplante nicht an die große Glocke zu hängen.

Hätte die Lehrerin *Gudrun* jemandem von ihrem Plan erzählt, sich ohne Examen als Lehrerin bewerben zu wollen, wäre sie mit großer Wahrscheinlichkeit verunsichert worden. Jeder wohlmeinende Mitmensch hätte sie davor gewarnt und ihr ein Scheitern prophezeit.

Hätte *Uta* ihr Umfeld über ihre Abiturpläne informiert, wer weiß, ob sie durchgehalten hätte. Sie selbst meint dazu: »Es gab mal eine Phase, in der ich ziemlich gestresst war. Damals nahm ich stark ab, und jeder fragte mich, ob ich krank sei. Hätten sie gewusst, dass es an meiner Doppelbelastung – Schule und Beruf – liegt, dann hätten sie sicher auf mich eingeredet und ich wäre vielleicht schwach geworden. Ich war zu diesem Zeitpunkt ja sehr angeschlagen.«

Hätte *Irmgard* anderen von ihrer Psychotherapie erzählt, wäre sie möglicherweise in Rechtfertigungszwang geraten. Wer schon mal in einer ähnlichen Situation war, kennt vielleicht die Meinungen und Argumente, die andere Menschen zur Psychotherapie haben: »Wozu soll das gut sein?«, »Was, du gehst dreimal pro Woche dahin, das ist doch viel zu viel. Ich kenne einen Therapeuten, der sieht seine Klienten nur alle vierzehn Tage!« Oder das Killerargument: »Du gehst immer noch zur Therapie? Dann kann sie ja wohl nicht viel bringen!«

**Warum kann man mit Geheimnissen seine Ziele besser erreichen?**

Ziele, Überlegungen, Pläne, Wünsche sollten so lange ein Geheimnis bleiben, solange man einen geschützten Raum zum Experimentieren braucht. In diesem Raum gibt es keine Zuschauer, die einen mit ihren Meinungen, Ratschlägen oder Ermahnungen beeinflussen könnten. Im Schutz des Geheimnisses kann man Pläne erproben, verwerfen, neu anfangen, endgültig begraben – gleichgültig ob es sich um eine heimliche oder neue Liebesbeziehung handelt, um ein berufliches Ziel, um ein Hobby oder um vage Zukunftsideen. Ein Geheimnis wird so lange gebraucht, solange nicht klar ist, wohin die weitere Reise gehen soll. Ist die Entscheidung gefallen, hat das Geheimnis seine Funktion erfüllt. Es wird nicht mehr benötigt und kann gelüftet werden.

Manchmal aber wird ein Geheimnis nicht überflüssig. Manchmal braucht man seine Dienste sehr lange. Unter Umständen ein Leben lang.

## 4. Geheimnisse schützen die Privatsphäre

Der Schauspieler und Kabarettist Ottfried Fischer lieferte im Jahr 2006 wochenlang Stoff für Schlagzeilen. Er hatte sich in eine Prostituierte aus dem Wiener Rotlichtmilieu verliebt und bekannte sich öffentlich zu dieser Affäre. Ungeniert bedienten sowohl Fischer wie auch seine beiden Frauen die Boulevardblätter und offenbarten ihre privatesten Gefühle und die daraus resultierenden Folgen. Als Leser oder Fernsehzuschauer ist man von solch peinlicher Selbstentblößung fasziniert und abgestoßen gleichermaßen. Fasziniert, weil natürlich niemand frei ist von Neugierde und Schadenfreude, abgestoßen, weil die intimen Plaudereien ein unangenehmes Gefühl hervorrufen. Man spürt: Hier wird eine Grenze überschritten. Eigentlich dürfte man das alles gar nicht wissen, eigentlich gehörten solche Themen hinter verschlossene Türen, eigentlich ist das alles peinlich, viel zu intim und privat. Das Unbehagen rührt daher, dass man Dinge erfährt, die nicht die vier Wände der Protagonisten verlassen sollten. Zwar laden diese durch ihre Redseligkeit die Öffentlichkeit selbst zum Schlüssellochgucken ein, doch wissen sie wirklich, was sie da tun?

Über die Sensationslüsternheit der Boulevardpresse regt man sich längst nicht mehr auf, ebenso wenig wie über die Schlüssellochperspektive der TV-Talkshows am Nachmittag oder der Sendungen von Beckmann, Kerner oder Backes. Man hat sich daran gewöhnt, dass Prominente ebenso wie ganz normale Durchschnittsbürger Intimitäten ausplaudern und keine Tabus mehr kennen. Diese Gewöhnung aber ist alles andere als positiv. Sie verschleiert, dass hier eine grundlegende Regel unserer Gesellschaft eklatant verletzt wird. Und diese Regel lautet: Es gibt eine Trennung zwischen privater und öffentlicher Sphäre. Jeder Mensch hat ein Recht darauf, dass die Grenze zwischen diesen beiden Welten eingehalten wird. Sie sorgt dafür, dass wir ein Leben in Würde und Anstand führen können, weil unser Innenleben und damit unsere persönliche Freiheit vor unbefugten Eindringlingen geschützt werden.

Der afrikanische Stamm der Bantu lehrt seine Kinder, fremden Menschen niemals die Wahrheit über private Dinge zu erzählen. Sie dürfen lügen, um bösen Zauber von ihren Familien fernzuhalten. Damit bringen die Bantu ihren Kindern bei, dass es zwei Welten gibt: eine private und eine öffentliche. Und dass die private Welt eines besonderen Schutzes bedarf, damit nicht Mitglieder der öffentlichen Welt unbefugt in die private Welt eindringen.

Auch wir wissen von diesen beiden Welten. Deshalb gehen wir selbstverständlich davon aus, dass unsere private Post niemanden etwas angeht, dass unser Telefon nicht angezapft, unser Bankkonto nicht offengelegt und das Ergebnis einer medizinischen Untersuchung unserem Arbeitgeber nicht bekanntgegeben wird. Zustimmen wird wohl auch jeder, dass Fragen nach der Höhe des Einkommens, nach der sexuellen Orientierung oder sexuellen Vorlieben, nach seelischen Problemen, nach Marotten oder Ticks nicht beantwortet werden müssen. Und wir reden (normalerweise) nicht über so intime Angelegenheiten wie die Qualitäten unseres Liebespartners oder unsere Körperausscheidungen.

Aber die Privatsphäre umfasst mehr als das. Auch unsere Gedanken, unsere Erfahrungen, unsere Wünsche und Träume, unsere Sorgen und Kümmernisse sind rein privat und damit schützenswert. Wir dürfen verschweigen, wenn wir uns schämen, weil wir uns als Versager fühlen. Solange wir es nicht wirklich wollen, müssen wir all das ebenso wenig preisgeben wie den Inhalt unserer Post. Wir haben ein Recht auf Geheimhaltung, wenn es um unseren ganz privaten Lebensraum geht.

*Margret* ist sich dieses Rechts bewusst:

**✗** **Beispiel:** Mit Mitte 20 entstand bei mir der Wunsch nach einer Familie. Ich versuchte, schwanger zu werden. Doch es klappte nicht. Nach einiger Zeit konsultierten mein Partner und ich einen Arzt. Doch der konnte keinen medizinischen Grund finden. Enttäuscht und verunsichert suchte ich Kontakt zu einer Selbsthilfegruppe von ungewollt kinderlosen Frauen. Das war ein einschneidendes Erlebnis. Erschreckend! Diese Frauen waren alle in gewisser Weise traumatisiert. Sie zeigten ihre Trauer, ihre Verzweiflung, ihren Neid auf Mütter in – wie ich fand – selbstzerstörerischer Weise. Ihre Offenheit vergrößerte nur noch den Druck, dem sie ausgesetzt waren. Alle Frauen waren in einer schlechten psychischen Verfassung. Ich fand das alles sehr deprimierend und bin dann nicht mehr hingegangen, weil ich fand, dass mich diese Offenheit nur runterzieht.

Hinzu kam ein Erlebnis mit meiner Schwiegermutter. Als eine Cousine eine Totaloperation hatte, meinte sie, dass meine Cousine nun keine richtige Frau mehr sei. Mir war klar: Wenn meine Schwiegermutter wüsste, dass ich keine Kinder bekommen kann, würde ich auch in die Kategorie ›keine richtige Frau‹ gepackt werden. Die Umwelt bewertet Kinderlosigkeit noch sehr moralisch: Eine Frau ist nur etwas wert, wenn sie Kinder in die Welt setzt.

Und so beschloss ich, meine ungewollte Kinderlosigkeit für mich zu behalten. Nur mein damaliger Partner wusste davon, für alle anderen hatte ich einfach noch keine Kinder. Diese Beziehung ging dann auseinander, der Kinderwunsch war nicht der Grund. Nach einiger Zeit fand ich eine neue Liebe, doch auch meinem neuen Lebensgefährten habe ich nichts davon erzählt. Er lebt noch in Scheidung, hat bereits Kinder, sodass sich das Thema nicht stellt.

Mein Geheimnis belastet mich nicht. Es ist nicht ständig präsent. Ich werde nur selten damit konfrontiert. Das letzte Mal, als zwei Freundinnen schwanger wurden. Da kam der Spruch: ›Jetzt bist du dran!‹ Ich bin bei meiner Linie geblieben und habe mein Geheimnis nicht verraten. Natürlich ärgere ich mich, wenn ich höre, dass Kinderlose als egoistisch bezeichnet werden und von Politikern zur Kasse gebeten werden – schließlich gibt es sehr viele Menschen, die ungewollt kinderlos sind. Aber selbst dann gerate ich nicht in Gefahr, mein Geheimnis zu lüften.

Und ich tat es auch nicht in Situationen, wo es mir geholfen hätte. Bei Stellenbewerbungen kam immer wieder die Frage ›Wollen Sie Kinder?‹. Obwohl es für mich von Nutzen gewesen wäre zu sagen ›Ich kann keine bekommen‹, habe ich geschwiegen. Ich fürchtete, eine Offenbarung meines Geheimnisses könnte als Eingeständnis von Kraftlosigkeit missverstanden werden.

Mein Geheimnis schadet niemandem, es betrifft nur mich. Es rumort nicht ständig in mir und quält mich nicht. Meine Kinderlosigkeit ist eine vernarbte Wunde. Mein Lebensglück hängt nicht von Kindern ab, ich habe andere Wege gefunden. Obwohl ich selbst Kinderlosigkeit nicht als Makel empfinde, hüte ich mein Geheimnis liebevoll. Es bietet mir einen guten Schutz vor den Be- und Abwertungen der Umwelt. Ich bin überzeugt, dass es eine gewisse Intelligenz in einem selbst gibt, die dafür sorgt, dass man das Richtige tut.

### Öffentliches Selbst, privates Selbst

Es muss eine Trennung geben zwischen Privatsphäre und öffentlichem Leben. Wir müssen entscheiden können, wie viel Privates wir von uns preisgeben und wie viel und was wir zurückhalten. Lassen wir bewusst Einblicke ins Private zu, dann nur ausgewählten Menschen, die wir als vertrauenswürdig einstufen und erleben. Verschließen wir die Pforte zu unserem Heim und Herzen, signalisieren wir ein deutliches »Halt« all jenen, von denen wir uns getrennt halten wollen oder die sich von uns getrennt halten sollen. Durch diese Grenzziehung entscheiden wir, wann und vor allem wem wir unser privates Gesicht zeigen und wem wir lieber unsere *Persona* präsentieren, die Rolle, die wir in der Öffentlichkeit einnehmen.

In seinem Buch *Wir alle spielen Theater* vertritt der Soziologe Erving Goffman die Auffassung, dass wir im öffentlichen Raum alle in gewisser Weise Schauspieler sind und eine bestimmte Rolle spielen, die nur einen Teil von uns zeigt. In unserer beruflichen Rolle präsentieren wir uns mit einer anderen »Maske« als in unserer Mutter- oder Vaterrolle oder in unserer Funktion als Liebespartnerin, als Freundin, als Sportskamerad oder Bruder. Was nicht heißt, dass wir uns in der Öffentlichkeit vollkommen verstellen und unser wahres Selbst immer und zu jeder Zeit gänzlich verbergen. Für Goffman ist das öffentliche Selbst nur eine andere Art von Wahrheit: »In einem gewissen Sinne und insoweit diese Maske das Bild darstellt, das wir von uns selbst geschaffen haben – die Rolle, die wir zu erfüllen trachten –, ist die Maske unser wahreres Selbst, das wir sein möchten. Schließlich wird die Vorstellung unserer Rolle zu unserer zweiten Natur und zu einem integralen Teil unserer Persönlichkeit.«

Aber: Neben dieser öffentlichen Wahrheit gibt es eben noch eine andere – die private, intime, persönliche Wahrheit, die wir normalerweise nicht nach außen dringen lassen und die wir oftmals auch nicht den Menschen sagen, die unsere Privatsphäre teilen. Diese Wahrheit entspricht oft nicht dem Bild, das andere von uns haben und das sie von uns auch weiter haben sollen. Diese Wahrheit geht nur uns etwas an – und niemanden sonst.

Der Soziologe Georg Simmel war überzeugt davon, dass es »ein geistiges Privateigentum (gibt), dessen Vergewaltigung eine Lädierung des Ich in seinem Zentrum bewirkt«. Diskretion, den Respekt vor der »ideellen Sphäre« eines Menschen hält Simmel für unabdingbar.

## Geheimnisse schützen unseren innersten Kern

In griechischen Tempeln befand sich eine innere Zelle, Naos genannt. In ihr wurde das Bildnis der Gottheit aufbewahrt, welcher der jeweilige Tempel geweiht war – zum Beispiel der Göttin Hera oder dem Gott Poseidon. Diese Zelle war von Mauern und Säulen umschlossen. Sie trennten das Peristyl, den überdachten Säulengang, der den Tempel umgab, von dem Pronaos, der vorderen Eingangshalle der Zelle. Eine Wand mit einer Tür trennte dann wiederum den Pronaos von dem Naos. Die Zelle war die private Wohnung der Götter und nur die Priester hatten Zutritt zu ihr. Opferfeiern und religiöse Zeremonien wurden ausschließlich vor dem Tempel abgehalten. Die Zelle war immer in mystisches Dunkel gehüllt, Licht fiel nur dann für kurze Zeit ein, wenn Priester oder andere Eingeweihte zu rituellen Handlungen die Zelle betreten durften.

Die griechischen Tempel, deren älteste etwa 500 v. Chr. erbaut wurden (zum Beispiel jene drei sehr gut erhaltenen Tempel, die im süditalienischen Paestum zu bewundern sind), können ein Sinnbild für unsere Persönlichkeit sein. Wie diese Tempel, so haben auch wir eine innere Zelle, zu der nur Auserwählte Zutritt haben und deren Aussehen und Ausstattung nur sie kennen. Und manchmal lassen wir sogar diese Auserwählten nicht in unsere Zelle. Sie ist der Kern, der uns ausmacht, uns Identität verleiht. Unser Selbst ist in gewisser Weise ähnlich heilig wie das Bildnis der griechischen Götter. Wie dieses muss auch unser Kern vor unbefugten Blicken geschützt werden. Das, was wir nach außen hin zeigen, spielt sich in den Säulengängen ab, aber es ist längst nicht alles, was uns ausmacht. Wer nur unser äußeres Bild kennt, wer nur in unseren Säulengängen wandelt, weiß nicht wirklich, wie es in uns aussieht.

Um unsere Würde, unsere Einmaligkeit, unsere Identität zu schützen, brauchen auch wir, wie die griechischen Tempel, eine Schutzzone, deren Zugang wir streng kontrollieren. Hier ist alles aufbewahrt, was zu uns gehört, wovon aber andere nicht unbedingt etwas wissen müssen. Dazu gehören Erfahrungen, Empfindungen, die wir mit niemandem teilen wollen. Dazu gehören Erlebnisse, die nur uns etwas angehen. Dazu gehören aber auch unsere Sorgen, Ängste und Kümmernisse, die wir anderen nicht mitteilen wollen. So selbstverständlich, wie wir unser materielles Eigentum vor Dieben schützen, so selbstverständlich sollten wir auch unsere inneren Besitztümer schützen, die unsere Identität ausmachen.

*Helga* hat sich – gegen den Widerstand ihres Mannes – das Recht genommen, viele ihrer Gedanken und Empfindungen für sich zu behalten. Niemand sollte davon wissen. Nur ihren Tagebüchern vertraute sie sich an. Als sie ernsthaft erkrankte, wollte sie ihren Privatbesitz in Sicherheit bringen. Sie schrieb auf die Anzeige »Geheimnisse gesucht« folgenden Brief:

**✗** **Beispiel:** Ich bin 62 Jahre alt und ein Mensch, der gut mit Geheimnissen leben kann. Absolute Offenheit fällt mir schwerer, denn es ist mir kein selbstverständliches Bedürfnis, etwas von mir preiszugeben. Schon als Kind hielt ich vieles geheim. Zum einen aus Angst vor Schelte, Unverständnis, Rüge. Aus Angst, nicht akzeptiert zu werden mit meinen geheimen Gedanken, Fantasien, Befürchtungen. Aus dem unbestimmten

Gefühl heraus, nur ja nicht unbequem, widerspenstig, auffallend sein zu dürfen. Nicht so sein zu dürfen, wie ich mich insgeheim fühlte.

Und weil mir dieses Gefühl von Kindheit an vertraut war, blieb es mir auch im Erwachsenenleben erhalten. Seit ich 14 bin, schreibe ich Tagebücher, und nicht einmal diesen vertraue ich alles an. Wenn mein Mann sieht, dass ich schreibe, möchte er mich immer mal wieder dazu überreden, etwas vorzulesen. Mein Weigern hat schon zu manch verärgerten Diskussionen geführt. Ich weiß, er ist sehr neugierig auf mein Geschriebenes.

Im letzten Januar stand mir eine ziemlich schwere Krebsoperation bevor. Ich nahm den schlimmsten Fall an: dass ich danach nicht mehr heimkehren würde. So beschloss ich, die Tagebücher unserer schwierigen Ehejahre zwischen 1994 und 2000 zu vernichten. Ich schaute vom Fenster aus zu, wie unsere Papiertonne in den großen Bauch des Müllcontainers gekippt wurde. Darin waren meine Tagebücher dieser sechs Jahre. Ich habe diese Aktion im Geheimen erledigt. – Gott sei Dank kam ich wohlbehalten wieder aus dem Krankenhaus zurück.

Vor kurzem kam das Gespräch wieder auf das Tagebuchschreiben. Ich lüftete das Geheimnis, dass meine Geheimnisse schon vor einem Jahr in der Papiertonne verschwunden waren. Die Reaktion war, wie erwartet, Empörung und Unverständnis über die Vernichtung vergangener sechs Lebensjahre. Mir wären sie beim Wiederlesen sowieso unangenehm gewesen. Und niemand soll über meine Konflikte und Gefühle Genaues erfahren.

Ich bin jetzt 62 Jahre alt, und irgendwann kann ich nicht mehr selbst entscheiden, was mit meinen Geheimnissen geschieht. Ob ich nach und nach alle meine Tagebücher stillschweigend auf den Weg schicke?

Wozu ist es gut, die eigene innerste Zelle vor anderen zu schützen? Daniel Wegner, Professor für Psychologie an der Harvard Universität, ist überzeugt, dass jeder Mensch Geheimnisse für seine seelische Stabilität braucht: »Man hat kein eigenes Selbst, solange man kein Geheimnis hat. Wir alle kennen Momente in unserem Leben, in denen wir das Gefühl haben, uns selbst in einer sozialen Gruppe, der

Arbeit oder einer Ehe zu verlieren. In diesen Situationen ist es gut, wenn man auf ein Geheimnis zurückgreifen kann, um sich seiner Eigenständigkeit und Unabhängigkeit zu versichern.«

Erst Geheimnisse machen uns zu einem Individuum. Keine Geheimnisse haben heißt: Man passt sich vollkommen an andere Menschen an, verhält sich gemäß ihrer Erwartungen, ist vollkommen berechenund durchschaubar. Kein Geheimnis haben heißt: Machtverlust. Wenn wir der Forderung eines anderen Menschen »Du darfst keine Geheimnisse vor mir haben« nachgeben, geben wir ihm damit auch die Macht, über uns zu bestimmen. Wollen wir Regisseur des eigenen Lebens sein und bleiben, brauchen wir dazu die Geheimhaltung.

### Die Geheimnisse der Familie

Der Schutz der Privatsphäre durch Geheimnisse – dieses Thema ist auch und gerade für Familien relevant. Ein Zusammenleben der verschiedenen Generationen würde ohne Geheimhaltung nicht funktionieren. Deshalb betrachtet der französische Psychoanalytiker Serge Tisseron Geheimnisse innerhalb eines Familiensystems als etwas völlig Normales: »Jede Einzelperson und jede Familie hat Geheimnisse, ohne dass deswegen etwas Geheimes existieren müsste, da diejenigen, die bestimmte Informationen für sich behalten, keinerlei Zwiespalt empfinden, was den Inhalt der jeweiligen Geheimnisse betrifft. Beispielsweise quält Eltern nie die Frage, ob sie ihren Kindern alles über ihr Sexualleben erzählen sollten.« Geheimnisse wie diese zeigen dem Kind, dass es Bereiche gibt, die nur den Eltern gehören: Vaters Probleme in der Firma, Mutters Enttäuschung über den Vater oder finanzielle Schwierigkeiten sind nicht für die Ohren von Kindern bestimmt, ebenso wenig die intimen Rituale des Elternpaares. Auch schlimme Familiengeschichten, wie etwa über den Selbstmord der Tante oder die mit einem Matrosen durchgebrannte Cousine sollten für Kinder so lange ein Geheimnis bleiben, bis sie alt genug sind, die Vorgänge zu verstehen. Und schließlich müssen Kinder nicht immer wissen, was die Eltern von ihnen denken. So berichtet beispielsweise der Familientherapeut Arnold Retzer vom gesunden Widerstand seines Sohnes David, der nicht mit anhören wollte, was seine Eltern über ihn dachten und instinktiv sein Recht auf Nichtwissen einklagte: »Könnt Ihr Euch eigentlich nicht wie normale Eltern verhalten und hinter meinem Rücken über mich reden!«

Familiengeheimnisse errichten sinnvolle Schranken zwischen den Generationen, und sie ziehen eine schützende Grenzlinie zwischen der Familienwelt und der Welt »da draußen«. Ohne Geheimnisse, so meint Arnold Retzer, gäbe es die Familie in der heutigen Form wahrscheinlich gar nicht. Das Geheimnis trägt zum Überleben des Einzelnen, von Liebesbeziehungen und Familien bei, das könne »nicht deutlich genug betont werden«. Denn: »Das Geheimnis lädt zu einer intensiven Beziehung unter Ausschluss anderer ein.« Durch das Geheimnis wird der Zusammenhalt des Paares oder der Familie gestärkt: Wir gegen den Rest der Welt! Geheimnisse schaffen Sicherheit und je nach Geheimnis auch Zugehörigkeit. Die gegenseitige Versicherung »Das geht nur uns etwas an. Davon brauchen Außenstehende nichts zu erfahren« stärkt die Bindung aneinander.

Geheimnisse sorgen für den Zusammenhalt der Familie wie auch für das gesunde Überleben ihrer einzelnen Mitglieder innerhalb des Familienverbundes. Sie sichern die Grenzen jedes Einzelnen, indem sie seine Privatsphäre sichern.

### Warum brauchen wir Geheimnisse zum Schutz der Privatsphäre?

Jeder Mensch braucht einen geheimen Raum, in den weder »der liebe Gott« noch ein lieber oder liebender Nächster uneingeladen vollkommen Einblick nehmen darf. Dieser Raum ist unsere Privatsphäre. Ihr Schutz ist manchmal nur mithilfe von Geheimnissen zu gewährleisten. Sie sorgen dafür, dass unsere Eigenständigkeit und unsere Unabhängigkeit gewahrt bleiben, sie helfen uns dabei, uns nicht in einer Gruppe, in der Familie oder in einer Partnerschaft selbst aufzugeben.

## 5. Geheimnisse dienen der Liebe

Wenn sich zwei Menschen ineinander verlieben, dann schwören sie sich meist ewige Treue und absolute Offenheit. Niemals wollen sie einander etwas verbergen, es soll keine Geheimnisse zwischen ihnen geben. Völlige Ehrlichkeit ist unabdingbare Voraussetzung, soll die Liebe von Dauer sein, davon sind die meisten Menschen fest überzeugt. Leider sitzen sie damit einem Irrtum auf, der möglicherweise sogar für so manche Trennung verantwortlich ist. Denn absolute Offenheit ist nicht das Geheimnis glücklicher Beziehungen, sondern unter Umständen ihr Sargnagel. Liebe braucht Geheimnisse, Liebe braucht die Lüge.

Es ist verständlich, wenn sich einem bei diesen Aussagen zunächst die Nackenhaare sträuben. Wer möchte schon von dem Geliebten belogen werden? Wer findet es nicht beunruhigend, wenn er davon ausgehen muss, dass der nächste Mensch in seinem Leben etwas vor ihm verbirgt? Und doch sind Geheimnisse für die Liebe, die von Dauer sein soll, eine unabdingbare Voraussetzung. Diese Botschaft verbreiten auch zwei Sagen, deren schlimmes Ende allen Liebenden zu denken geben muss: die Geschichte von Melusine und die Lohengrin-Sage. Der Graf von Lusignan und Elsa, die Tochter des Herzogs von Brabant und Limburg, scheiterten an der Aufgabe, dem geliebten Partner einen geheimen Freiraum zu lassen, und bezahlten einen hohen Preis für ihren Anspruch auf vollkommene Offenheit. Der Graf spionierte seiner Frau Melusine hinterher, Elsa löcherte ihren Ehemann Lohengrin mit unangenehmen Fragen – und beide verloren das Glück ihres Lebens.

### Die Geschichte von Melusine
Der Graf von Lusignan lebte allein auf seinem Schloss im französischen Poitou. Eines Tages verliebte er sich leidenschaftlich in ein wunderhübsches Mädchen, ihr Name war Melusine. Ihm war klar: die oder keine! Diese Schönheit sollte seine Frau wer-

den. Melusine war einverstanden. Allerdings knüpfte sie an ihr Jawort eine Bedingung: Der Graf dürfte niemals versuchen, sie beim Baden zu beobachten. Für den verliebten Mann war es ein Leichtes, ihr dieses Versprechen zu geben – und so heirateten sie.

Das Paar lebte viele Jahre glücklich zusammen. Vier Kinder kamen auf die Welt. Wohl geratene Kinder, die allerdings einige seltsame Züge aufwiesen, wie große Zähne oder ungewöhnlich leuchtende Augen. Mit der Zeit fand der Graf es seltsam, dass er seine Frau niemals beim Baden sehen durfte. Er wurde misstrauisch, fragte sich, was sie wohl zu verbergen hatte. Irgendwann hielt er seine Neugierde nicht mehr aus. Von einer missgünstigen Magd erfuhr er, wann seine Frau ihr Bad nahm und schlich sich zu ihr. Was er sah, ließ ihm den Atem stocken. Entsetzt sah er, dass sich Melusine beim Baden in einen Drachen verwandelte. Er schrie auf. Melusine in Drachengestalt schrak auf, sah ihren Gatten und verschwand für immer vom Schloss. Von nun an herrschte das Unglück über Lusignan. Und die ansässigen Bauern berichteten, dass jedes Mal, wenn ein Mitglied von Melusines Familie starb, ein Drache gesichtet wurde, der über das Schloss flog und bittere Tränen vergoss.

### Die Lohengrin-Sage

Als der Herzog von Brabant und Limburg starb, hinterließ er als einzige Erbin seine Tochter Elsa. Weil er sie mit der Last der Verantwortung nicht allein lassen wollte, nahm er dem Grafen Telramund das Versprechen ab, Elsa bei ihren Aufgaben als zukünftige Herzogin zu unterstützen. Telramund gab ihm sein Wort darauf.

Nach dem Tod des Herzogs aber verweigerte der Graf Elsa den Gehorsam. Stattdessen behauptete er, der Herzog hätte ihm Elsa als Ehefrau versprochen. Diese rief in ihrer Not Kaiser Heinrich zu Hilfe, der sich jedoch außerstande sah, eine gerechte Entscheidung zu treffen. Schließlich gab es keine Zeugen für das Gespräch zwischen dem Herzog und dem Grafen Telramund. Ein Gottesgericht sollte entscheiden. Allerdings musste Elsa einen Ritter finden, der ihre Sache im Kampf gegen Telramund vertrat. Als der Ruf ertönte »Ist jemand bereit, die Sache der Herzogin zu verfechten, der trete vor den Kaiser«, rührte sich zunächst niemand. Doch da näherte sich auf dem Fluss ein Kahn, in dem stand aufrecht ein Ritter in schimmernder Waffenrüstung. Und was die Anwesenden besonders erstaunte: Nicht Segel oder Ruder trieben das Schiff an, sondern es wurde von einem silberglänzenden Schwan gezogen. Leichtfüßig sprang der Fremde ans Ufer und schickte den Schwan fort: »Kehr jetzt heim in deine himmlischen Gefilde.« Entschlossen ging der edle Ritter auf Elsa zu: »Ich bin Lohengrin«, sagte er und bat sie, ihre Sache im Kampf gegen Telramund ausfechten zu dürfen. Natürlich gab sie ihm die Erlaubnis, und natürlich siegte der Schwanenritter. Und natürlich wurde die dankbare Elsa seine Frau.

In Anwesenheit des Kaisers wurde die Hochzeit gefeiert. Bevor Lohengrin seine schöne Frau heimführte, erzählte er ihr von dem Gelöbnis, an das er durch ein Gebot seines Ritterordens gebunden sei: »Niemals darfst du mich nach meiner Herkunft fragen, Elsa«, sagte er mahnend, »niemals. Brichst du dieses Gelöbnis, so bin ich dir auf immer verloren!« Elsa willigte ein und die beiden lebten glücklich mit ihren Kindern. Doch mit der Zeit fand es Elsa immer seltsamer, nichts über Lohengrins Herkunft zu wissen. Zusätzlich verunsichert durch böses Gerede am Hof, wusste sie sich schließlich keinen anderen Ausweg mehr, als Lohengrin zu fragen. »Geliebter Mann«, begann sie zaghaft, »müssen Menschen, die sich Liebe gelobt haben, nicht gegenseitiges Vertrauen zeigen?« Lohengrin wusste sofort, wohin ihre Frage zielte, und blickte sie warnend an: »Diese Frage muss ich an dich richten, Elsa!« Doch sie wollte seinen warnenden Vorwurf nicht verstehen. »Sind wir es nicht unsern Kindern schuldig, dass sie die Herkunft ihrer Eltern kennen?« Lohengrin fuhr auf. »Elsa«, rief er beschwörend, »du spielst mit unserm Eheglück! Elsa, halt ein!« Aber sie war nicht mehr zurückzuhalten. »Wenn du mich ehrlich liebst, so sag mir, Lohengrin, welcher Herkunft du bist!« Totenbleich blickte er auf die Frau, die er so liebte. »Elsa, nun ist es um unser Eheglück geschehen. Das verhängnisvolle Wort ist gesprochen. Sieh dort hinüber!« Sie blickte in die Richtung zum Strom, wohin sein ausgestreckter Arm zeigte. Ruhig und gemessen näherte sich der Schwan mit dem Boot, das ihr einst den Geliebten zugeführt hatte. »Der Schwan«, stieß sie tonlos hervor und brach zusammen. »Ja, der Schwan«, wiederholte Lohengrin düster, »meines Bleibens ist nicht länger.« Liebevoll hob er die Frau empor. »Bevor ich scheide«, sagte Lohengrin mit fester Stimme, »sollst du erfahren, was zu wissen dich drängte: Du sollst meine Abkunft kennen.« Und Lohengrin offenbarte Elsa: »Mein Vater ist Parzival, der Hüter des Heiligen Grals und der Hochmeister des Templeisen-Ordens. Diesem Orden gehöre auch ich an. Nach unserer Ordensregel haben wir die Aufgabe, edlen Menschen in ihrer Bedrängnis beizustehen, so wie ich für dich eingetreten bin.« Vom Ufer her erklang der Ruf des Schwans. »Ich komme«, sagte Lohengrin. Niemand hat ihn je wiedergesehen.

Melusine und Lohengrin. Beide hatten vor ihren geliebten Partnern ein Geheimnis. Ein offenes Geheimnis. Denn sowohl der Graf von Lusignan als auch Elsa wussten, dass es etwas gab, worüber der andere auf keinen Fall sprechen wollte oder durfte. Die Voraussetzung für das Glück ihrer Ehe war, dass sie dem Partner das Geheimnis zustanden und es nicht von ihm wissen wollten. Beide scheiterten an ihrer Neugierde. Beide konnten es nicht ertragen, dass der andere einen Bereich ganz für sich alleine besaß, zu dem sie keinen Zutritt hatten. Sowohl der Graf als auch Elsa bezahlten für ihre Nachforschungen einen hohen Preis: Sie verloren die Liebe ihres Lebens.

In unseren Beziehungen geht es natürlich weniger fantastisch und märchenhaft zu. Weder gibt es dort zauberhafte Drachen, noch tummeln sich edle Ritter. Aber dennoch können wir aus diesen Sagengeschichten eine wichtige Botschaft für uns Normalsterbliche herauslesen: Paare sollten nicht alles voneinander wissen. Jeder sollte für den anderen in gewisser Weise ein Geheimnis bleiben. Das mag in den Ohren vieler seltsam klingen, die in letzten Jahrzehnten aus allen möglichen Ecken – Psychologen, Ratgeberbüchern, Zeitschriftenartikeln – gehört haben, dass absolute Offenheit die Basis einer gelingenden Beziehung ist. Geheimnisse, so heißt es dort, sind ausnahmslos ungesund, vor allem in Partnerschaften. Doch diese Meinung ist relativ neu. In früheren Zeiten gab es den Zwang zur Offenheit zwischen Partnern nicht. Die Forderung nach grenzenloser Ehrlichkeit in Zweierbeziehungen ist erst in den letzten Jahrzehnten laut geworden, wie der Soziologe und Psychologe Karl Lenz in seiner Untersuchung der einschlägigen Ratgeberliteratur feststellte. In den Empfehlungen der 1950er Jahre galt es noch als selbstverständlich, dass Partner nicht alles voneinander wissen müssen. Lenz zitiert aus dem Buch *Lieben ohne Reue*, in dem der Autor Ernst Aranus im Jahr 1959 seinen Leserinnen folgenden Rat gab: »Teilen Sie Ihrem Mann nie Ihre Gedanken und Empfindungen mit; reden Sie nie zuviel, und formen Sie das, was Sie sagen, mit kluger Voraussicht.«

Wie anders hört sich da ein Ratschlag der Autorin Susan Page aus einem Buch des Jahres 2000 an: »Intimität verlangt, dass Sie offen und ehrlich miteinander sind. … Intimität ist die Erfahrung, seine äußeren, eher für die Öffentlichkeit bestimmten Wesenszüge abzustreifen und sein Innenleben mit einer anderen Person zu teilen. Nach dieser Definition mögen Sie, wenn Sie das, was in Ihnen vorgeht, nicht voll und ganz mitteilen, zwar so etwas wie ein quasi-intimes Verhalten haben, aber keine echte Intimität erleben.«

## Grenzenlose Offenheit ist kein Garant für eine glückliche Beziehung

Angeleitet von solchen Ratschlägen, gewähren sich Liebende einander grenzenlose Einblicke in ihr Leben, in der Hoffnung dadurch echte Intimität zu erleben. Und sind dann verwundert und verunsichert, wenn trotz all dieser Bemühungen keine wirkliche Nähe entstehen will. Oft ist sogar das Gegenteil der Fall: Je mehr und je genauer man den anderen kennt, desto geringer wird seine Anziehungskraft. Schon der Soziologe Georg Simmel warnte davor, dass der Anspruch nach völliger Offenheit in einer Partnerschaft und nach der Gemeinsamkeit aller Lebensinhalte gefährlich sein kann. Er kann dazu führen, »dass man sich eines Tages mit leeren Händen gegenübersteht«. Simmel mutmaßte, dass viele Ehen an mangelnder gegenseitiger Diskretion zugrunde gehen. »Was wir bis auf den letzten Grund deutlich durchschauen, zeigt uns eben damit die Grenze seines Reizes und verbietet der Fantasie, ihre Möglichkeiten darein zu weben, für deren Verlust keine Wirklichkeit uns entschädigen kann ...«, meinte der Soziologe und glaubte, dass an »diesem Mangel gegenseitiger Diskretion« viele Ehen scheitern, weil es »keinen Raum für Überraschungen« mehr gibt.

»Liebe hört auf, ein Vergnügen zu sein, wenn sie aufhört, ein Geheimnis zu sein«, soll bereits im 17. Jahrhundert ein weiser Mann geäußert haben. Die Familientherapeutin Evan Imber-Black kann dies aus ihrer Arbeit mit Paaren nur bestätigen. Sie verspürt »immer ein leichtes Unbehagen«, wenn Paare sagen, es gäbe in ihrer Beziehung keinerlei Geheimnisse. »Keine Geheimnisse, das heißt keine Abgrenzung, kein unabhängiges Selbst, keine privaten Briefe oder Tagebücher, kein Raum für eigene Träume, nichts Rätselhaftes. Wenn zwei Ich sich in einem Wir auflösen, verschwindet die Freude am Unterschied. Paare, die keine Geheimnisse voreinander haben, kommen häufig zur Therapie, weil ihre Beziehung langweilig und trist geworden ist.«

Das gilt dann oft auch für die Sexualität. Auch auf diesem Gebiet scheint zu große Nähe und zu wenig Fremdheit die Qualität einer Liebesbeziehung zu verschlechtern. Die Partner verlieren im Laufe einer Beziehung an Attraktivität füreinander, die anfängliche Lust macht einer zunehmenden Unlust Platz. Sexualtherapeuten, wie beispielsweise Ulrich Clement, beschreiben übereinstimmend, dass zu viel Vertrautheit das Begehren mit der Zeit vertreibt. »Solange die Befriedigung ungewiss ist, solange die Partner einander noch nicht haben, solange der Kontext der sexuellen Begegnungen riskant ist, solange wird das Begehren intensiver erlebt«, schreibt Ulrich Clement. »Sobald die Befriedigung aber zuverlässig wird, sobald also so etwas wie Befriedigungsgewissheit eintritt, lässt das Begehren meist nach. Zu viel Gewissheit scheint sexuelles Begehren zu behindern.«

Wenn der andere kein bisschen mehr geheimnisvoll ist, wenn man glaubt, ihn in- und auswendig zu kennen, auch auf sexuellem Gebiet, machen sich Langeweile und Lustlosigkeit breit. Nicht selten versucht dann ein Partner durch eine Außenbeziehung wieder mehr Geheimnis in sein Leben zu bringen und sich aus der erstickenden Atmosphäre totaler Offenheit zu befreien. Die Paartherapeutin Rosmarie Welter-Enderlin vermutet, »dass heimliche Affären eine Reaktion auf diese Forderung sind, sich ständig offenbaren zu müssen. Geheimnisse und geheime Nischen (werden) zu einem wesentlichen Mittel, sich ein Gefühl von Selbstsein zu verschaffen.« In der heimlichen Außenbeziehung wird ein »Raum für sich allein« gesucht, eine Abgrenzung gegenüber der alles wissenden Partnerin oder des allzu vertrauten Partners. »Das Verlangen nach Nähe wird erdrückt von dem allzu großen Gewicht, das auf Gemeinsamkeit und Gemütlichkeit liegt.« Also versuchen manche Partner, sich geheime Nischen zu verschaffen.

Der 45-jährige *Helmut* hat sich eine solche Nische eingerichtet:

**Beispiel:** Ich lebte lange Jahre wie eine Maus im Laufrad. Zwischen Arbeit und Familienpflichten blieb für mich selbst keinerlei Raum mehr. Meine Frau wusste jede Minute, wo ich war und was ich tat. Sie ist sehr dominant und hat mir auch immer gesagt, was ich zu tun oder zu lassen hatte. Sogar wenn ich am Abend vor dem Fernseher vor Erschöpfung einschlief, weckte sie mich und machte mir Vorschriften. Da lernte ich eines Tages am Arbeitsplatz eine 21 Jahre jüngere Frau kennen. Sie war so ganz anders als meine Ehefrau. Ich konnte mir ihr über alles reden, vor allem aber teilte sie meine Interessen, die ziemlich brachlagen. Ich gebe zu, ich verliebte mich ein wenig in diese Frau. Aber ich wollte niemals mit ihr eine Affäre anfangen. Sie könnte ja meine Tochter sein. Doch ich treffe sie häufig, meist in der Mittagspause, und wir schreiben uns häufig SMS-Botschaften. Manchmal schaffen wir es, zusammen ein Museum zu besuchen. Ich genieße diese gestohlenen Stunden. Diese Frau ist zu einem wichtigen Teil meines Lebens geworden. Seit ich diese Frau kenne, geht es mir besser. Meine Rückenschmerzen, unter denen ich lange Jahre litt, sind so gut wie verschwunden.

## Geheimnisse schaffen Räume freier Bewegung

Heimliche Außenbeziehungen – welcher Art sie auch immer sein mögen – sind auf Dauer allerdings nicht der beste Weg, um sein Ich gegen das übermächtig gewordene Wir zu schützen. Besser und weniger gefährlich für die Beziehung ist es, einander von Anfang an einen Freiraum zuzugestehen, der für den anderen nicht zugänglich ist. Der Psychologe Kurt Lewin hat am Beispiel von Gruppen aufgezeigt, wie bedeutsam dieser »Raum der freien Bewegung« für den Einzelnen ist: »Die Zugehörigkeit zu einer bestimmten Gruppe bedeutet nicht, dass der Einzelne in jedem Betracht mit den Zielen, den Bestimmungen und dem Lebens- und Denkstil der Gruppe übereinstimmen müsse. Bis zu einem gewissen Grad hat der Einzelne seine eigenen persönlichen Ziele. Zur Verfolgung dieser seiner persönlichen Zielsetzungen und zur Befriedigung seiner individuellen Bedürfnisse bedarf es eines ausreichenden Raumes freier Bewegung innerhalb der Gruppe. Das Problem der Anpassung an eine Gruppe und des erfolgreichen Lebens in ihr lässt sich vom Gesichtspunkt des Einzelnen aus in folgender

Weise formulieren: Wie ist es möglich, die eigenen individuellen Bedürfnisse ausreichend zu befriedigen, ohne die Mitgliedschaft und
den Rang in der Gruppe zu verlieren? Ist der Raum der freien Bewegung des Einzelnen in der Gruppe zu klein, mit anderen Worten,
ist seine Unabhängigkeit von der Gruppe unzureichend, wird der
Einzelne unglücklich sein; eine zu starke Wunschversagung wird ihn
zwingen, die Gruppe zu verlassen, oder sogar die Gruppe zerstören,
falls diese die freie Bewegung ihrer Mitglieder zu scharf einengt.«

Auch bei einer Ehe oder Partnerschaft handelt es sich um eine
Gruppe, und gerade bei dieser, so Lewin, sei es besonders schwer,
aber dennoch unabdingbar, dass es für jedes Gruppenmitglied eine
ausreichend große private Sphäre gibt.

Der Wunsch, alles vom anderen zu wissen, ist verständlich. Vor
allem zu Beginn einer Beziehung ist der Drang groß, sich einander
vollkommen zu öffnen, sozusagen ineinander aufzugehen. Doch trotz
aller Leidenschaft sollten die Partner auch zu Beginn ihrer Liebe bestimmte Bereiche ihres Lebens instinktiv verschlossen halten – aus
Selbstschutz und dem Wunsch nach Abgrenzung. Je länger eine Partnerschaft dauert, umso wichtiger wird die Ausgewogenheit zwischen
Wissen und Nichtwissen.

Natürlich können Geheimnisse innerhalb einer Partnerschaft destruktive Wirkung zeigen und Schaden zufügen: zum Beispiel dann,
wenn ein Partner seine ständigen Seitensprünge, seine Alkoholsucht,
seine Schulden oder ähnliches vor dem anderen verbirgt. Solche dunklen Geheimnisse sind nicht gemeint, wenn von notwendigen Räumen
freier Bewegung die Rede ist. Gemeint sind vielmehr Geheimnisse,
die das eigene Territorium innerhalb der Beziehung abstecken: Gedanken, Erinnerungen, Gegenstände, von denen der andere nichts
zu wissen braucht. So schreibt der Soziologe Erving Goffmann: »In
gut funktionierenden Ehen kann man erwarten, dass jeder Partner
Geheimnisse für sich behält, die mit finanziellen Fragen, früheren
Erfahrungen, aktuellen Flirts, schlechten oder teuren Gewohnhei-
ten ... und wahren Ansichten über Verwandte oder gemeinsame
Freunde zu tun haben.«

Wer dem Partner offenherzig erzählt, dass eine frühere Liebensbeziehung in sexueller Hinsicht absolut erfüllend war, wer ihm nicht verhehlt, dass er dessen Mutter nicht ausstehen kann, wer unbedingt erzählen muss, dass er die neue Kollegin einfach umwerfend findet, tut sich und auch seiner Beziehung keinen Gefallen.

Wie wichtig selbst kleinste Geheimnisse für eine gelingende Partnerschaft sind, konnte die Wissenschaftlerin Christiane Kraft Alsop in einer empirischen Studie belegen. Sie fragte 21 Frauen und 19 Männer, die seit mindestens einem Jahr in einer festen Partnerschaft lebten, ob es »Dinge (gibt,) von denen Ihr Partner/Ihre Partnerin lieber nichts wissen soll? Oder gibt es Dinge, von deren Existenz er oder sie zwar weiß, deren Bedeutung Sie aber lieber für sich behalten möchten?« Und weiter wollte die Wissenschaftlerin erfahren: »Vermuten Sie, dass es Dinge in Ihrer Wohnung gibt, die für Ihren Partner/Ihre Partnerin bedeutsam sind, von denen Sie aber nichts wissen sollen?«

Mehr als die Hälfte der Befragten hütete ein solches Geheimnis oder vermutete, dass der Partner eines hat. Bei den »Dingen« von denen der andere nichts wissen soll, handelte es sich vor allem um persönliche Aufzeichnungen (Tagebücher, Briefe, Notizen) oder um Kisten, Ordner und Fächer, die für den Partner tabu waren. Auch mit Skulpturen, Bildern oder Fotografien verbanden die Befragten oft ein Geheimnis, das sie dem Partner niemals anvertrauen würden.

Das Hauptmotiv für die Geheimhaltung ist der Wunsch nach einem eigenen Bereich, in den der andere nicht eindringen kann. So begründete eine Befragte, warum ihr Tagebuch für den Partner tabu ist: »Das gehört meiner Person, das gehört nicht der Beziehung. Es muss meine Sache bleiben. Ich definiere es als Bereich für mich. Er muss das nicht unbedingt erfahren. Wenn er es erfährt, weil ich es ihm sage und von mir aus die Idee oder das Bedürfnis besteht, ihm das zu zeigen, ist das eine andere Sache.«

Andere Motive betreffen den Schutz der eigenen Gefühle. Man möchte nicht, dass der Partner die Liebesbriefe des Vorgängers kennt, weil man sich dieser Beziehung schämt. Oder man möchte sich die schöne Erinnerung an vergangene Zeiten nicht durch Eifersüchteleien des anderen kaputt machen lassen, wie diese Befragte meinte: »Ist halt auch eine schöne Erinnerung an vergangene Zeiten. Ich denke nicht, dass mein jetziger Partner daran Freude hätte, mit mir diese Briefe zu lesen, und ich glaube auch nicht, dass ich meine Erinnerungen so mit ihm teilen möchte.« Ein Mann wollte die Briefe der Exfreundin vor seiner jetzigen Partnerin geheim halten, weil er die Trennung noch nicht richtig verkraftet hat. »Wenn sie sie lesen würde, würden sich Fragen daraus ergeben, die mir unangenehm wären, weil es für mich noch nicht abgeschlossen ist.«

Manche fürchteten auch, dass es den Partner verletzen könnte, würde er erfahren, was es mit der Skulptur, dem Schmuck oder dem Bild an der Wand wirklich auf sich hat.

Geheimnisse in Partnerschaften können »relativ« oder »total« sein, so Kraft Alsop. Ein relatives Geheimnis liegt vor, wenn der Partner beispielsweise von der Existenz eines Tagebuches weiß, aber niemals danach suchen, geschweige denn darin lesen würde. Gibt es in einer Partnerschaft relative Geheimnisse, dann bedeutet das, dass die Partner einander vertrauen und sich eine Privatsphäre zugestehen. So gab ein Befragter zu Protokoll: »Es gibt keine Fächer, wo ich nicht reingucken dürfte, und es gibt auch keine Fächer, wo sie nicht reingucken könnte. Von daher könnte man theoretisch alles durchgucken, was wir natürlich nicht machen.« Und eine andere Befragte meinte zu ihrem Tagebuch: »Ich gehe davon aus, dass er es nicht liest ... und ich glaube, er weiß, wo es ist.«

Total ist ein Geheimnis, wenn der Partner gar nichts von der Existenz von Tagebüchern, Bildern oder von Liebesbriefen ahnt. Diese Objekte sind gut versteckt oder werden außerhalb der gemeinsamen Wohnung, zum Beispiel am Arbeitsplatz, aufbewahrt. Die Existenz totaler Geheimnisse ist ein Zeichen dafür, dass es in einer Partnerschaft wenig oder keine »Räume freier Bewegung« gibt oder geben darf. Solche Beziehungen sind eher von Misstrauen als von Vertrauen geprägt.

Wer prüfen möchte, wie es um das Recht auf Privatsphäre eines jeden Partners in seiner eigenen Beziehung bestellt ist, kann dies anhand von Fragen testen, welche die Psychotherapeutin Rosmarie Welter-Enderlin jenen Paaren stellt, von denen sie glaubt, dass sie zu wenig Räume freier Bewegung besitzen:

### Sieben Fragen zur Privatsphäre

1. »Wenn Sie von der Arbeit nachhause kommen, haben Sie dann Gelegenheit, sich Zeit für sich selbst zu nehmen, ehe Sie sich um die Kinder oder die Hausarbeit kümmern? Ist es für Sie möglich, eine Pause zu machen, ehe Sie sich Gemeinschaftsaufgaben widmen?«

2. »Wenn einer von Ihnen etwas ganz für sich will, etwas Eigenes, eine ganz private Ecke, gibt es dann dafür in Ihrer Beziehung und auch in Ihren Lebensverhältnissen einen Ort?«

3. »Wenn Sie zum Beispiel Ihr Tagebuch oder ein paar persönliche Briefe einschließen wollen, haben Sie dann in Ihrem Haus einen Platz, zu dem niemand sonst Zugang hat?«

4. »Wenn Sie sich vor Ihrem Partner in die eigene Privatsphäre zurückziehen wollen, wie machen Sie das?«

5. »Wie verfahren Sie in Geldsachen? Hat jeder von Ihnen Geld, das er ausgeben kann, ohne den Partner um Erlaubnis fragen zu müssen? Weiß jeder von Ihnen, wie viel der andere verdient? Wer entscheidet, was wofür ausgegeben wird?«

Eine Frage richtet Rosmarie Welter-Enderlin ganz speziell an Frauen:

6. »Können Sie ab und zu die Familie verlassen, um sich in Ihre eigene private Sphäre zurückzuziehen, ohne vorher allein die Planung der Kinderbetreuung machen und sämtliche Mahlzeiten vorbereiten zu müssen?«

Und von Männern will sie wissen:

7. »Gibt es Zeiten, wo Sie Ihrem eigenen Vergnügen nachgehen?«

## Die Lüge – eine Form der Liebe

Ein Mangel an Privatem tut keiner Beziehung gut. Auch in der innigsten Partnerschaft muss Raum sein für unausgesprochene Gedanken, für ungestörte Ich-Zeit, für ein reges, geheimes Innenleben. Nur so bleibt man für den geliebten anderen immer eine Spur unberechenbar – und damit anziehend. Kluge Partner wissen das und schweigen. Sie machen aus Gedanken und Handlungen ein Geheimnis, wenn sie glauben, dass der andere sie entweder gar nicht wissen will oder mit dem Wissen nicht gut umgehen könnte. Der Paartherapeut Frank Naumann bestätigt die Bedeutung von Geheimnissen für die Liebe und rät, auf jeden Fall bei folgenden Themen den Mund zu halten:

- Wenn es Wünsche gibt, die der andere nicht erfüllen kann.
- Wenn es Probleme gibt, bei denen er nicht helfen kann.
- Wenn wir uns über bestimmte Verhaltensweisen des anderen ärgern, wir aber wissen, dass er nicht über seinen Schatten springen kann.
- Wenn wir erotische Träume von anderen Partnern haben.
- Wenn man die engsten Freunde oder Freundinnen des anderen nicht ausstehen kann.
- Wenn man manchmal flirtet, um sein Selbstwertgefühl zu stärken.

Ein Rest an Nichtwissen, an Unbekanntem und Verschwiegenem ist notwendig, um einen Menschen für seinen Partner, seine Freunde interessant bleiben zu lassen. Völlige Transparenz und Durchschaubarkeit machen einen Menschen langweilig, uninteressant, aber auch leichter manipulierbar. Verschmelzungswünsche von Liebenden sind mehr als verständlich, wohl jeder hat sie schon einmal verspürt. Aber wer die Verschmelzung zum Ideal erhebt, wird langfristig aus einer einst blühenden Liebeslandschaft eine Wüste machen. Anklammernde Nähe und wenig eigenes Leben sind für eine Partnerschaft die größten Gefahren. Grundlose Eifersucht ist oft ein Zeichen von zu großer emotionaler Verschmelzung und zu geringer Eigenständigkeit. Wer eifersüchtig ist, kann das Gefühl nicht ertragen, dass der Partner ein getrennt von ihm existierendes Wesen ist, das er nicht vollständig kennen und besitzen kann. Stabil und spannend dagegen ist eine Beziehung, wenn der andere als eigenständiges Individuum sichtbar und damit interessant bleibt. Nicht jeder Gedanke, jede Fantasie, jeder Wunsch muss dem Partner mitgeteilt werden. Nicht jeder unausgereifte Plan mit ihm diskutiert und nicht jede Leidenschaft geteilt werden. Die Ahnung, dass der geliebte Partner Seiten hat, die man nicht kennt, ist ein wahres Aphrodisiakum für eine Beziehung.

Der Philosophieprofessor Maurice T. Maschino hält die Lüge zwischen Liebenden sogar für ein legitimes Mittel, um in einer Partnerschaft seine Eigenständigkeit zu wahren. Als er eine Untersuchung zum Thema »Wahre Liebe« machen wollte, suchte er per Inserat gesprächsbereite Paare, um mit ihnen über die Treue zu sprechen. Zahlreiche Interessierte meldeten sich, doch statt über die Liebe und die Treue sprachen sie über ganz andere Themen: über Betrug, Untreue und die Lüge. Am Ende kam der Philosoph zu dem Schluss: »Die Lüge ist eine Form der Liebe.« Paare, die sich wirklich lieben, nutzen »gute« Lügen, um sich selbst und den anderen zu schützen.

Warum lügen Liebende? »Wenn Menschen sich in ihrer Intimität gestört fühlen, wird gelogen«, erklärt Maschino. »Fast nicht erfüllbar ist der heutige Anspruch nach totaler Transparenz in der Partnerschaft, was paradoxerweise als Indiz für Liebe und Vertrauen gewertet wird. Die Leute haben ja nicht einmal mehr eine abschließbare Schublade für sich allein.« Manche müssen da zur Lüge greifen, um sich den notwendigen Freiraum zu sichern. So erzählte ein Ehemann dem Philosophieprofessor, er schwindele seine Frau nur aus einem Grund an: weil er hin und wieder eine Stunde alleine sein will. Seine Untersuchungen, so Maurice T. Maschino, zeigen, »dass Paare, die über Jahre hinweg sehr gut funktionieren, sich nicht alles erzählen. In einer glücklichen Beziehung ergänzen sich Wahrheiten und Unwahrheiten offenbar aufs Angenehmste.«

Nicht nur ein Geheimnis, das zwei Liebende voreinander haben, kann der Liebe nützlich sein. Es kann auch vorkommen, dass ein

Paar *gemeinsam* über eine Angelegenheit schweigt und dass dieses Geheimnis zu einem starken Band zwischen beiden werden kann. *Helmut* erzählt eine solche Geschichte:

**X** *Beispiel:* Als ich meine jetzige Frau, ich will sie Sandra nennen, kennen lernte, war ich verheiratet und hatte mit meiner damaligen Frau eine vierjährige Tochter. Meine Ehe war nicht unglücklich, aber glücklich war sie eben auch nicht. Ich dachte nicht an Trennung, überhaupt nicht. Doch Sandra stellte mein Leben völlig auf den Kopf. Ich wusste: Das ist die Frau meines Lebens. Ich fühlte mich zum ersten Mal richtig erkannt und verstanden. Und ich merkte, wie armselig und dürftig mein Eheleben war. Ich begann eine Affäre mit Sandra, natürlich im Geheimen, auch weil wir in derselben Firma arbeiteten. Ich veränderte mich, und es dauerte nicht lange, bis meine Frau dahinterkam. Natürlich war die Hölle los. Sie drohte mir mit Selbstmord und damit, mir meine geliebte Tochter wegzunehmen. Ich war in dieser Zeit völlig durcheinander, wusste nicht, was ich tun sollte. Um meinen Konflikt einigermaßen zu ertragen, trank ich mehr, als mir gut tat. Und in diesen Situationen hatte ich mich nicht mehr unter Kontrolle. Der leiseste Vorwurf von Sandra und auch ihre Eifersucht brachten mich auf die Palme. Ich fühlte mich unter Druck gesetzt, wusste nicht mehr aus noch ein. In meiner Hilflosigkeit schlug ich zu. Niemals zuvor in meinem Leben war ich so aggressiv, niemals zuvor war ich gewalttätig. Es blieb nicht bei einem »Ausrutscher«, nein, ich wurde über eine längere Zeit hinweg immer wieder gewalttätig gegenüber meiner Geliebten. Einmal verletzte ich sie so heftig, dass sie ein paar Tage nicht zur Arbeit gehen konnte. Sie litt entsetzlich. Und ich glaube, dass sie oft nicht mehr wusste, ob sie mich wirklich noch wollte. Doch immer wieder gab es wunderbare Zeiten zwischen uns, in denen wir ganz sicher waren, dass sich all das Chaos, das unsere Liebe angerichtet hat, lohnte.

Nach vielen Jahren der Unentschlossenheit schaffte ich den Absprung aus meiner Ehe. Meine Tochter war inzwischen elf Jahre alt, und meine Angst, sie zu verlieren, war nicht mehr so groß. Es war wahrlich keine freundliche Scheidung von meiner Frau, aber ich war endlich frei. Als ich Sandra fragte, ob sie mich heiraten wolle, bat sie mich um ein Gespräch. Sie erzählte mir, dass sie mich liebe, dass sie aber seit meinen Gewaltausbrüchen Angst vor mir habe und deshalb glaube, mich nicht heiraten zu können. Wir redeten die ganze Nacht durch. Und irgendwie gelang es mir, ihr glaubhaft zu versprechen, dass ich nie wieder die Hand gegen sie erheben werde. Sie versprach dafür im Gegenzug, in Zukunft das Thema ruhen zu lassen und das Geschehen als vergangen ad acta zu legen.

Wir heirateten. Beide haben wir unser Versprechen gehalten. Und von unserem Geheimnis – meine Gewalttätigkeit – weiß außer uns niemand. Inzwischen ist es sogar ein Geheimnis geworden, das wir vor uns selbst hüten: Wir haben nie wieder über diese für Sandra wie auch für mich schrecklichen Erlebnisse gesprochen. Ich glaube, dass diese Geheimhaltung unser Eheglück erst möglich gemacht hat. Denn ich schäme mich sehr für mein damaliges Verhalten. Würde mich Sandra immer wieder daran erinnern, wäre das nicht nur sehr schwer für mich, es würde auch einen Schatten auf unsere Beziehung werfen. Denn dann würde ich davon ausgehen müssen, dass sie mir nie wirklich verziehen hat.

Geheimnisse dienen der Liebe. Baudelaire wusste das: »Wir lieben die Frauen umso mehr, je fremder sie uns sind.« Das gilt natürlich für beide Geschlechter. Ein Mann sollte für seine Frau, eine Frau sollte für ihren Mann immer ein wenig mysteriös und geheimnisvoll bleiben. Dabei soll nicht verleugnet werden, dass Geheimhaltung in Liebesbeziehungen immer eine Gratwanderung ist. Liebe braucht Offenheit und Ehrlichkeit, aber sie braucht eben auch Geheimnisse. Wie kompliziert das ist, beschreibt die Schriftstellerin Adrienne Rich:

»Um eine ehrenhafte Beziehung zu dir zu haben, muss ich nicht alles verstehen oder dir sofort alles sagen, und ich muss auch nicht schon im Voraus wissen, was ich dir alles sagen möchte.

Es bedeutet, dass ich meistens begierig darauf bin und mich nach Möglichkeiten sehne, dir etwas zu sagen. Dass diese Möglichkeiten vielleicht beängstigend, aber nicht zerstörerisch für mich sind. Dass ich mich stark genug fühle, um deine suchenden, tastenden Worte anzuhören. Dass wir beide wissen, wir bemühen uns unausgesetzt weiter um die Möglichkeit von Wahrheit zwischen uns.«

### Warum braucht die Liebe Geheimnisse?

Wenn zwei Menschen sich lieben, wollen sie am liebsten alles Trennende zwischen sich loswerden. Absolute Offenheit soll intime Nähe herstellen. Doch was zu Beginn einer Liebesbeziehung verlockend und erstrebenswert ist, wird im Laufe einer Partnerschaft zum Fallstrick. Partner, die keine Geheimnisse voreinander haben, werden einander irgendwann langweilig und überdrüssig. Beziehungsprobleme, bis hin zu Untreue, können die Folge sein, wenn es in einer Partnerschaft ein Geheimnisverbot gibt. Duldet die Liebe dagegen »Räume freier Bewegung«, kann sie es ertragen und aushalten, dass der andere immer ein wenig fremd bleibt, schafft sie die idealen Voraussetzungen für ein dauerhaftes Glück.

## 6. Geheimnisse bewahren uns vor schmerzlicher Selbsterkenntnis

»In den Erinnerungen eines jeden Menschen gibt es Dinge, die er nicht allen mitteilt, sondern höchstens seinen Freunden. Aber es gibt auch Dinge, die er nicht einmal den Freunden aufdeckt, sondern nur sich selbst, und auch das nur unter dem Siegel der Verschwiegenheit. Schließlich aber gibt es auch noch Dinge, die der Mensch sogar sich selber zu sagen fürchtet, und solcher Dinge sammelt sich bei jedem anständigen Menschen eine ganz beträchtliche Menge.«

Der Schriftsteller Fjodor Dostojewski war ein profunder Kenner der menschlichen Psyche. Das beweist auch dieses Zitat aus seiner

Erzählung *Aufzeichnung aus dem Untergrund*. Noch vor Sigmund Freud, dem Entdecker des Unbewussten, erkannte Dostojewski, dass es nicht nur Geheimnisse gibt, die man vor anderen versteckt hält, sondern dass der Mensch auch fähig ist, Geheimnisse vor sich selbst zu haben.

Zunächst klingt das nach einem Paradox: Etwas vor sich selbst verbergen, geht das denn überhaupt? Kann man Geheimnisse vor sich selbst haben? Ist das nicht unmöglich? Kann ich Lügner und Belogener gleichzeitig sein? Kann ich etwas wissen und dieses Wissen gleichzeitig vor mir selbst verbergen?

Ein einfaches Beispiel zeigt, dass dies sehr wohl möglich ist: Ein Mann, der gerade geschieden worden ist, kann diese Tatsache natürlich nicht verheimlichen. Weder vor sich selbst noch vor anderen Menschen. Aber über die Gründe, die zur Trennung geführt haben, kann er sich selbst täuschen. So beruhigt er sich vielleicht mit dem Gedanken, dass er keinerlei Schuld an der Zerrüttung seiner Ehe trägt und verdrängt dabei die Tatsache, dass es seine vielen Seitensprünge waren, die seine Frau nicht mehr aushielt.

Auch *Karl* hat seit 18 Jahren ein Geheimnis vor sich selbst. Jedenfalls glaubt das seine Schwester, die auf die Zeitungsanzeige »Geheimnisse gesucht« reagierte:

*Beispiel:* Vor 18 Jahren war meine Schwägerin, die Frau meines Bruders Karl, hochschwanger. Mein Bruder freute sich schon sehr auf sein erstes Kind, von dem er wusste, dass es ein Sohn sein würde. Er war unendlich stolz. Kurz vor der Geburt aber erzählte ihm seine Frau unter Tränen, dass sie nicht sicher sei, ob er der Vater des Kindes ist. Sie hätte zum Zeitpunkt ihrer fruchtbaren Tage eine kurze Affäre mit einem Kollegen gehabt, und auch dieser könne der Vater sein. Mein Bruder brach zusammen. Er rief mich an, und ich versuchte eine Nacht lang, ihn zu trösten und aufzubauen. Am frühen Morgen dann fasste er einen Beschluss: »Ich gehe davon aus, dass das Kind, das bald zur Welt kommen wird, mein leiblicher Sohn ist. Ich werde niemals einen Vaterschaftstest machen lassen. Und ich werde niemals mehr darüber nachdenken.« Mir erschien das damals ziemlich unglaubwürdig, ich hatte Zweifel, ob die Ehe meines Bruders dieser Belastung standhalten kann. Doch heute weiß ich: Es ist ihm gelungen, die Unsicherheit aus seinem Bewusstsein zu verbannen. Er ist seinem Sohn ein wirklich guter Vater und soweit ich erkennen kann, führt er eine völlig normale Ehe. Nie wieder war jene schreckliche Nacht oder die Untreue seiner Frau ein Thema zwischen uns. Und ich glaube auch nicht, dass mein Bruder mit seiner Frau jemals wieder darüber gesprochen hat. Sie haben die Angelegenheit ad acta gelegt. Und selbstverständlich schweige auch ich. Ich würde es niemals wagen, ihn an diese dramatische Nacht damals vor 18 Jahren zu erinnern.

Sigmund Freud, der Begründer der Psychoanalyse, hat sich als Erster systematisch mit der Frage beschäftigt, ob es Mechanismen gibt, mit denen sich die menschliche Seele vor unangenehmen oder angstmachenden Gefühlen und Gedanken schützen kann. Er entwickelte die psychoanalytische Theorie, wonach Unangenehmes, Schmerzhaftes, Unerträgliches durch verschiedene Abwehrmechanismen daran gehindert wird, ins Bewusstsein zu gelangen. Der Einsatz dieser Abwehrmechanismen erfolgt weitgehend unbewusst. In seiner im Jahr 1900 veröffentlichten Schrift *Die Traumdeutung* beschreibt Freud, wie Wahrnehmungen im Gedächtnis gespeichert werden – ein Modell, das in seinen Grundüberlegungen von der heutigen Wissenschaft weitgehend bestätigt wird. Nach diesem Modell werden wahrgenommene Reize und Informationen bei ihrem Weg durch den psychischen Apparat einer Prüfung unterzogen. Nicht alles, was gesehen, gehört, gespürt wird, gelangt ins Bewusstsein. Informationen werden zunächst in verschiedenen Untersystemen des Gedächtnisses vorsortiert, ehe sie in die Schublade »Unbewusstes« eingeordnet und wiederum einer Zensur unterworfen werden. Danach gelangen die Informationen in die Abteilung »Vorbewusstes«. Und erst wenn sie diese Hürde genommen haben, werden sie bewusst wahrgenommen. Alles, was Angst erregen könnte oder als unangenehm oder verboten empfunden wird, unterliegt der Zensur und wird so lange rein gewaschen, bis es erträglich erscheint und bewusst werden darf.

## Abwehrmechanismen: Die Wahrheit von sich fernhalten

Als Zensoren dienen der menschlichen Psyche nach der psychoanalytischen Theorie die sogenannten Abwehrmechanismen. Sie sorgen dafür, dass so manches, was geschieht, auch für uns selbst im Geheimen verborgen bleibt. Zu den wichtigsten Abwehrmechanismen gehören:

*Verdrängung:* Wenn wir Unerwünschtes verdrängen, dann vergessen wir es und können uns in der Folge nicht mehr daran erinnern. Geeignete Kandidaten für Verdrängung sind unerlaubte sexuelle Wünsche, schambesetzte Fantasien, traumatische Erinnerungen. Karl hat sein Wissen um die Untreue seiner Frau und die möglichen Folgen verdrängt. Er hat nicht mehr darüber gesprochen und auch nicht mehr daran gedacht. Sein Sohn war für ihn kein mögliches Kuckuckskind, sondern sein leiblicher Erstgeborener.

*Verleugnung:* Wenn wir etwas verleugnen, dann weigern wir uns, bestimmte Situationen und Ereignisse zu akzeptieren, wie sie sind. Anders als bei der Verdrängung können wir uns zwar noch an das Geschehen erinnern, aber wir biegen uns die Realität so zurecht, dass sie erträglicher wird. Wir sagen uns dann: »Damit habe ich nichts zu tun« oder »Das betrifft mich nicht«, »Ich bin nicht schuld!«. Versagen wir beispielsweise in einer Prüfungssituation, dann schützen wir uns vor der Erkenntnis »Ich habe mich nicht gut genug vorbereitet«, indem wir die Schuld auf die Prüfer, die unmöglichen Testfragen oder andere äußere Faktoren abwälzen.

Auch etwa 80 Prozent aller Autofahrer wenden den Mechanismus der Verleugnung an, wenn sie behaupten, zu den besten 5 Prozent aller motorisierten Menschen zu gehören. Diese Einschätzung hält nämlich keiner Unfallstatistik stand, auch nicht der ganz persönlichen. Einen besonders ausgeprägten Fall von Verleugnung erlebt jene Versicherungsgesellschaft, die den Unfallhergang eines ihrer Versicherten folgendermaßen erklärt bekam: »Der Telefonmast näherte sich. Ich versuchte, ihm auszuweichen, aber da traf er schon meine Fronthaube.« Und ein anderer schrieb: »Als ich mich der Kreuzung näherte, tauchte an einer Stelle plötzlich ein Stoppschild auf, an der sich noch nie ein Schild befunden hatte.«

Verleugnung findet auch dann statt, wenn homosexuelle Männer oder Freier ungeschützten Sex praktizieren und glauben »Ich infiziere mich nicht«. Oder wenn ein Raucher sein hohes Lungenkrebsrisiko mit dem Hinweis abtut, dass sein rauchender Großvater immerhin 85 Jahre alt geworden sei.

Auch *Otto* setzte den Mechanismus der Verleugnung ein, um sich selbst wieder in die Augen schauen zu können. Jedenfalls lässt sich das aus der Erzählung seiner ehemaligen Freundin schließen:

**X** *Beispiel:* Otto war meine große Liebe. Ich war verrückt nach ihm. So verrückt, dass ich anfangs seine Schattenseiten nicht bemerkte. Er war äußerst jähzornig und konnte seine Impulse nur schwer kontrollieren. Wenn es Streit gab oder er mit irgendetwas nicht einverstanden war, brüllte er herum und warf schon mal eine Vase durch die Gegend. Eines Tages drehte er bei einem Streit völlig durch. Er tobte, war schier außer sich. Und dabei passierte es: Er packte einen Stuhl und wollte ihn gegen die Wand schleudern. Dabei übersah er mich. Mit voller Wucht traf der Stuhl meinen Fuß. Trümmerbruch, diagnostizierte der Notarzt. Sechs Wochen lang musste der Fuß in Gips bleiben, ich konnte mich nur an Krücken fortbewegen.

Weil ich mich schämte, erzählte ich niemandem, auch nicht dem Arzt, die Wahrheit, sondern erfand eine glaubwürdige Geschichte: Eine Schreibmaschine (damals gab es noch keine Computer) sei mir auf den Fuß gefallen. Alle glaubten mir. Als ich Jahre später, nachdem wir bereits getrennt waren, mit Otto über seinen Jähzorn und meinen gebrochenen Fuß reden wollte, sagte er doch allen Ernstes: »Aber das war doch nicht meine Schuld. Du hast Dir doch die Schreibmaschine auf den Fuß fallen lassen!«

Verleugnung ist auch dann am Werk, wenn wir unsere eigene Vergangenheit schönfärben. Psychologische Studien belegen, dass wir uns sehr selektiv erinnern: Erfolge sind uns präsent, Niederlagen werden gerne vergessen. Um diesen Effekt zu erzielen, nehmen wir Ereignisse verzerrt wahr. Geht etwas schief, schieben wir es auf die ungünstigen Umstände, auf Pech oder die Fehler anderer. Gelingt uns dagegen etwas, dann führen wir das in der Regel auf unser Talent und unsere Leistung zurück. Wenn wir beim Tennis verlieren, dann sagen wir in der Regel nicht zur Sportpartnerin »Mensch, du bist heute aber gut gewesen«, sondern führen zahlreiche Erklärungen für unser Versagen an: »Ich habe schlecht geschlafen«, »Ich war abgelenkt, weil ich immer an das Problem von X denken musste«.

André Gide meinte einmal: »Jeder von uns hat seine Art, sich selbst zu täuschen. Wichtig ist vor allem, an die eigene Wichtigkeit zu glauben.« Der Abwehrmechanismus der Verleugnung hilft uns dabei sehr. Wenn wir uns selbst betrachten, dann tun wir das in der Regel mit großem Wohlwollen und einem positiven Filter vor unserer Linse. So soll nach Auskunft Dostojewskis sein Schriftstellerkollege Heinrich Heine behauptet haben, »vollkommen wahrheitsgetreue Autobiografien seien fast unmöglich, und der Mensch werde bestimmt immer vieles, was er über sich aussagt, beschönigen. Seiner Meinung nach hat zum Beispiel Rousseau in seinen Bekenntnissen bestimmt über sich selbst gelogen, und sogar bewusst gelogen, aus Ruhmsucht.«

Das Motiv ist nicht immer Ruhmsucht oder Eitelkeit. Meistens ist es Selbstschutz, wenn wir uns im Rückblick eher an das erinnern, was positiv für unser Selbstbild ist. Ereignisse, die kein so gutes Licht auf uns werfen, werden eher »vergessen«. Erinnerungen verändern sich mit der Zeit, wir geben den Geschichten unseres Lebens immer einen eigenen, möglichst positiven Dreh. Alfred Adler sprach in diesem Zusammenhang von einem »Verdauungsprozess«, den das Gedächtnis leistet. Nur das, was in unser Selbstbild und Selbstkonzept passt, wird aufbewahrt, was aber – wie Adler es formulierte – dem Lebensstil »nicht schmeckt«, wird vergessen. Wir erinnern uns also vor allem an das, was mit unserem Bild von uns selbst übereinstimmt. In der Erinnerung gehen wir egozentrisch und selektiv vor.

Der Abwehrmechanismus der Verleugnung hilft uns dabei.

*Reaktionsbildung:* Dieser Abwehrmechanismus arbeitet zunächst auch mit Verleugnung (»Ich hasse meinen Mann nicht«), bleibt aber nicht dabei stehen, sondern dreht die bedrohliche Erkenntnis ins Gegenteil um (»Ich liebe meinen Mann«). Vor allem als unerwünschte oder als negativ bewertete Gefühle können auf diese Weise unschädlich gemacht werden: So verstecken Menschen ihre Aggression und ihren Ärger oftmals hinter betonter Freundlichkeit und Fürsorglichkeit. Oder sie versuchen, ihre Aversionen und Antipathien durch besonders korrektes Verhalten zu tarnen. Dies konnte in einem psychologischen Experiment nachgewiesen werden: Weißen Versuchspersonen, die sich selbst als liberal und tolerant einstuften, wurde eine Reihe von Fotos gezeigt, auf denen gemischtrassige Liebespaare zu sehen waren. Parallel dazu wurde der Hautwiderstand der Versuchspersonen gemessen, und die Versuchsleiter behaupteten (wahrheitswidrig), die Stärke der Erregung weise auf starke rassistische Vorurteile hin. Als die auf diese Weise des Rassismus verdächtigten Versuchspersonen nach diesem Experiment das Gebäude verließen, wurden sie von einem Bettler um ein Almosen gebeten. War der Bettler weiß, zeigten sich die Versuchspersonen wenig spendierfreudig. Handelte es sich dagegen um einen schwarzen Bettler, machten sie sehr viel mehr Geld locker. Die Wissenschaftler schlussfolgerten: typischer Fall von Reaktionsbildung! Mit ihrer betonten Großzügigkeit wollten die Versuchspersonen sich selbst beweisen, dass sie keine Vorurteile gegen Schwarze hatten.

*Projektion:* Wenn man es mit sich selbst nicht mehr aushält, kann man das Störende auf eine andere Person übertragen. Man schiebt

die schlechten Eigenschaften, dummen Handlungsweisen oder unangenehmen Gefühle einem anderen Menschen in die Schuhe. Projektion ist beispielsweise am Werk, wenn ein geiziger Mensch die
Knauserigkeit eines anderen kritisiert; wenn der untreue Ehemann
seine Frau verdächtigt, fremdzugehen; wenn heterosexuelle Männer
Witze über Schwule reißen, um ihre eigenen schwulen Anteile in
Schach zu halten. Projektion hilft uns dabei, beunruhigende oder
bedrohliche Gedanken über uns selbst zu unterdrücken und ein Geheimnis für uns selbst daraus zu machen.

*Rationalisierung:* Dieser Abwehrmechanismus dient dazu, die Erinnerung an ein unangenehmes Ereignis erträglich zumachen. Die
eigene Geschichte oder ein Ereignis wird zum eigenen Wohle umge-
schrieben. So kann zum Beispiel eine Managerin, die Angst davor
hat, vor vielen Menschen eine Rede zu halten und deshalb niemals
in Meetings das Wort ergreift, ihr Verhalten »rationalisieren«, indem
sie sich selbst sagt: »Bei diesem Treffen reden sowieso immer nur die
Männer, die sich profilieren wollen. Ich will bei diesem Wettbewerb
nicht mitmachen.«

Auch folgendes Beispiel zeigt, wie sich ein Mensch durch Rationalisierung vor der unangenehmen Wahrheit schützen kann: Ein Student fragt
ein Mädchen dreimal, ob es mit ihm ausgehen will. Dreimal bekommt
er eine Absage mit der Begründung, sie müsse arbeiten. Statt sich zu
grämen, beschließt der junge Mann, dass er eine solche Person nicht
interessant finden kann, die nur für ihre Arbeit lebt. Er will nicht wahr-
haben, dass der Grund ihrer Ablehnung in seiner Person begründet ist.
Er schützt sein Selbstwertgefühl durch Täuschung und bleibt hand-
lungsfähig – er kann weiterhin mutig auf andere Frauen zugehen.

*Isolierung:* Unangenehme oder verstörende Informationen werden
nicht vollständig, sondern nur flüchtig wahrgenommen. Isolierung
wird möglich durch die Technik der »selektiven Wahrnehmung«: Wir
achten nur auf das, was in unser Selbstbild und zu unseren Erwartun-

gen passt. Alles andere wird ausgeklammert. In einem Experiment konnte der Sozialpsychologe Roy Baumeister diesen Mechanismus belegen: Studenten füllten zunächst Persönlichkeitsfragebogen aus und bekamen danach telefonisch ein Feedback über sich selbst. Manche erhielten – ganz nach Zufall – eine positive, manche eine kritische Rückmeldung. Diejenigen, die Negatives zu hören bekamen, beschäftigten sich nur kurz damit, sie vermieden eine tiefere Auseinandersetzung. Wer dagegen eine positive Rückmeldung erhielt, widmete ihr viel mehr Aufmerksamkeit.

Wir horchen auf, wenn andere uns und unsere Meinung bestätigen, wir hören weg, wenn etwas nicht in unser Weltbild passt. Wenn man beispielsweise überzeugt davon ist, dass das eigene Kind hoch begabt ist, achtet man mit großer Wahrscheinlichkeit nur auf das, was diesen Glauben bestätigt und ignoriert anderes, was die Hoffnung auf ein Wunderkind zunichtemachen könnte. Aus Selbstschutz gehen wir mit negativen, ungünstigen Nachrichten um wie mit Junk-Mail. Wir »öffnen« sie erst gar nicht, wir erkennen unterschwellig auch so, worum es sich handelt und klicken es schnell weg.

All diese Abwehrmechanismen dienen dazu, aus belastenden, ängstigenden, schambesetzten Vorgängen, Gefühlen und Gedanken ein Geheimnis zu machen, das uns vor unangenehmer Selbsterkenntnis schützt. Sigmund Freud ging davon aus, dass Geheimnisse, die ein Mensch vor sich selbst hat, ihn daran hindern, ein seelisch gesundes Leben zu führen. Das Verdrängte, nicht Wahrgenommene oder Verleugnete stellt nach der Freudschen Theorie eine massive Behinderung dar, weil es auf Umwegen auf das bewusste Erleben negativ einwirken kann. Das Ziel einer psychoanalytischen Behandlung besteht deshalb darin, die Abwehrmechanismen auszuschalten und das Verdrängte bewusst zu machen. Erst durch Erinnern, Wiederholen und Durcharbeiten kann ein Mensch seelische Robustheit erlangen. Selbsttäuschung, in welcher Art auch immer sie geschieht, ist nach der psychoanalytischen Theorie schädlich für die psychische Gesundheit. Wenn man das Leben meistern will, muss man die Realität sehen, wie sie ist. Denn, so Sigmund Freud: »Das Leben zu ertragen bleibt ja doch die erste Pflicht aller Lebenden. Die Illusion wird wertlos, wenn sie uns darin stört.« Ähnlich dachten auch andere Größen der Psychologie: Erik Erikson, Erich Fromm, Abraham Maslow und viele andere hielten es für ein Hauptmerkmal psychischer Gesundheit, die Realität möglichst unverzerrt wahrzunehmen und sich nicht selbst in die Tasche zu lügen.

## Ohne Illusionen wird das Leben schwer

Doch zunehmend wurden Zweifel laut: Ist wirklich nur derjenige seelisch gesund, der die Realität sieht, wie sie ist? Steht nur der mit beiden Beinen im Leben, der sich keine Illusionen über sich und seine Umwelt macht und keinerlei Geheimnisse vor sich selbst hat? Ist ein Zustand erstrebenswert, wie ihn Allen Wheelis in seiner Parabel vom »Mann ohne Illusionen« beschreibt?

»Es war einmal ein Mann, der hatte überhaupt keine Illusionen. Noch in der Wiege hat er begriffen, dass seine Mutter nicht immer gut zu ihm ist, mit zwei Jahren glaubte er schon nicht mehr an Feen; Hexen und Zwerge verschwanden aus seiner Welt, als er drei war; mit vier Jahren wusste er bereits, dass Hasen keine Eier legen; mit fünf verabschiedete er sich in einer kalten Dezembernacht mit einem bitteren Lächeln vom Nikolaus. Mit sechs, als er in die Schule kam, zerstoben seine Illusionen wie Federn im Wind: er entdeckte, dass sein Vater nicht immer mutig oder wenigstens ehrlich war, dass Präsidenten kleinkarierte Männer sein können, dass die Königin von England genauso auf die Toilette gehen muss wie jeder andere, dass die Volksschullehrerin, eine hübsche junge Frau mit rundem Gesicht und Grübchen, nicht alles wusste, wie er gedacht hatte, sondern nur Männer im Kopf hatte und nicht viel sonst ... Als junger Mann erkannte er, dass auch die großzügigsten Handlungen aus Eigeninteresse geschahen, auch die objektivste Untersuchung subjektive Ziele verfolgte, Gedrucktes zumeist Lüge war.«

Ist so viel Wahrheit überhaupt auszuhalten? »Mit der Wahrheit kann man nicht leben. Um leben zu können, braucht man Illusionen«, meinte bereits Otto Rank. Auch andere Experten glauben inzwischen – anders als Freud –, dass die Seele durchaus sinnvoll handelt, wenn sie mithilfe von Abwehrmechanismen so manche unerträgliche Wahrheit ins Land der Geheimnisse befördert. Sie halten es für eine »reife Leistung« der menschlichen Psyche, wenn es ihr gelingt, Schmerz, Leid und Selbstzweifel verursachende Ereignisse und Erfahrungen bewusst nicht wahrzunehmen und im Laufe der Zeit sogar zu vergessen.

Eine amerikanische Studie mit 100 Frauen, die als Mädchen sexuellen Missbrauch erleben mussten, belegt die schützende Wirkung des »Vergessens«. Die Tatsache des Missbrauchs war eindeutig dokumentiert, da alle Betroffenen damals in der Notaufnahme eines Krankenhauses untersucht worden waren und ein Arzt den Missbrauch diagnostiziert hatte. 38 Frauen konnten sich an das damalige Geschehen überhaupt nicht mehr erinnern, und sie hatten auch keinerlei Erinnerung mehr an die Untersuchung in der Notaufnahme. Sie verheimlichten sozusagen vor sich selbst, was ihnen als Mädchen angetan worden war. Diesen Frauen ging es seelisch besser als den anderen, denen es nicht gelang, die Erinnerung an den frühen Missbrauch aus dem Gedächtnis zu löschen.

Studien wie diese lassen Zweifel daran aufkommen, ob sogenannte »aufdeckende Therapien«, in deren Verlauf die Klienten erst auf traumatische Ereignisse stoßen, die sie vorher nicht erinnert haben, in jedem Fall sinnvoll und gesundheitsfördernd sind. Oftmals ist die Psyche eines Menschen klug genug, ihn durch gesundes Vergessen vor allzu bedrohlichen Wahrheiten zu schützen.

»Selbsterkenntnis bedeutet immer eine schlechte Nachricht«, schrieb der amerikanische Romancier John Barth. Deshalb schützen wir uns vor zu tiefer, vollständiger Wahrheit, indem wir nicht ganz genau wissen wollen, wie wir sind. Dabei hilft uns die Fähigkeit, bestimmte Informationen über uns selbst nicht nur anderen, sondern auch uns selbst gegenüber zu verheimlichen. Selbsttäuschung und

Selbstlüge sind Möglichkeiten, eine gute Meinung von sich selbst zu bewahren und unserem Dasein einen Sinn zu geben. Weil die Kluft zwischen unserem idealen und dem realen Bild von uns selbst zu groß wäre, wenn wir alles in Reinform wahrnehmen und uns auch alles Unangenehme merken würden, täuschen wir uns über uns selbst. Wir schützen uns durch positive Illusionen vor der absoluten Wahrheit. Für die Sozialpsychologin Shelley Taylor ist klar, »dass im menschlichen Leben kein Weg am Selbstbetrug vorbeiführt. Dies ist der einzige Weg, um zu einem positiven Selbstbild zu gelangen. Die Fähigkeit zum Selbstbetrug dient möglicherweise der erfolgreichen Anpassung an die Wirklichkeit.«

Geheimnistuerei vor sich selbst kann sehr hilfreich sein und das Leben erleichtern, das zeigen neuere sozialpsychologische Studien. Danach biegen wir uns die Realität nach unseren Wünschen und Vorstellungen zurecht – und fahren gut damit. Die bislang vorliegenden Ergebnisse sind beeindruckend und belegen die große Bedeutung, die Selbsttäuschung für die eigene Gesundheit hat:

*Beispiel:* Die Forscher Shelley E. Taylor, Margaret E. Kemeny und  ihre Kollegen baten 78 homosexuelle aidskranke Männer um eine Einschätzung ihres Gesundheitszustandes sowie ihrer Befindlichkeit und befragten sie nach ihren Vorstellungen, wie die Krankheit Aids bei ihnen wohl verlaufen werde. Zwei Gruppen schälten sich heraus: Die »Realisten« machten sich über ihren Gesundheitszustand und den Verlauf der Krankheit keine Illusionen und wussten sehr genau, was auf sie zukam. Die »Illusionisten« dagegen äußerten eher unrealistische, allzu positive Erwartungen. Wie sich bei einer Nachuntersuchung zeigte, hatten diese optimistischen Männer eine um neun Monate längere Lebenserwartung als die realistischen, die sich über ihre Zukunft keine Illusionen machten.

Unrealistischer Optimismus zögert auch den Beginn der Aidserkrankung nach einer Infektion hinaus, wie das Team um Taylor in einer weiteren Studie herausfand. HIV-Erkrankte, die in Bezug auf den Verlauf ihrer Krankheit eine rosarote Brille trugen und noch nicht den Aidstod eines Freundes beklagen mussten, blieben länger gesund als HIV-Infizierte, die genau wussten, was auf sie zukam – nicht zuletzt deshalb, weil sie schon einen Freund durch die Krankheit verloren hatten. Margaret Kemeny schlussfolgert aus diesen Ergebnissen, »dass lebensbedrohlich Erkrankte, die sich über ihren Zustand Illusionen machen, etwas Sinnvolles für ihre Gesundheit tun«.

Ähnliche Ergebnisse erbrachten andere Studien: Patienten, die über eine bevorstehende Operation nicht viel nachgrübelten, hatten danach deutlich weniger Beschwerden und Probleme als Patienten, die sich große Sorgen machten und viele Informationen über Ursachen ihrer Krankheit und den Verlauf der Operation sammelten. Bei letzteren verlief der Heilungsverlauf komplizierter. Die Einstellung »Wird schon alles gutgehen!« hilft also.

In einer anderen Studie wurden Frauen fünf Jahre nach einer Brustkrebsoperation untersucht. »Von jenen Frauen, die sich der Krankheit innerlich stark entgegengestemmt oder gar abgestritten hatten, krebskrank zu sein, waren 75 Prozent noch am Leben, ohne dass eine erneute Krebsdiagnose vorlag. Von jenen Frauen, welche die Krankheit stoisch oder hilflos akzeptiert hatten, lebten nur noch 35 Prozent, bei denen keine neue Geschwulst festgestellt worden war.«

Der New Yorker Psychologe Harold Sacheim konnte in einer Studie ebenfalls zeigen: Menschen, die sich selbst etwas vormachen und die Realität zu ihren Gunsten verzerren, sind psychisch gesünder als die Ehrlichen. Er legte Versuchspersonen einen Fragebogen vor, in dem sie angeben sollten, ob sie schon einmal an sich gezweifelt hätten, ob sie Schuldgefühle plagen oder ob sie sich schon mal öffentlich blamiert hätten. Wären sie ehrlich, müssten die Studenten solche Fragen mit Ja beantworten. Aber nicht alle waren ehrlich. Diejenigen, die solche unangenehmen Seiten an sich leugneten, stellten sich als die psychisch gesündesten heraus. Die anderen, die sich selbst nicht für die Größten hielten, waren psychisch instabiler.

Die Ergebnisse dieser und vieler anderer Studien lassen keinen Zweifel mehr daran: Wem es gelingt, sich selbst zu täuschen und die

Härten der Realität mithilfe von Selbstgeheimnissen weichzuspülen, wird mit schwierigen Lebensphasen besser fertig und bleibt gesünder als ein Mensch, der nicht über diesen Schutzfilter aus Illusionen verfügt.

Der Psychologe Richard Lazarus spricht von einem »intrapsychischen Tranquilizer«, der uns helfen kann, die Realität und uns selbst in ein gnädigeres Licht zu tauchen. Illusionen geben der Realität einen »Drall ins Positive«, wie Shelley Taylor meint. »Illusionen dienen dazu, aus einer gegebenen schwierigen Situation das Beste zu machen, indem man ihr gegenüber eine möglichst positive Einstellung einnimmt.«

Unsere Psyche hat ganz offensichtlich »blinde Flecken«. Mithilfe von Selbsttäuschungen nimmt sie Schmerzen und unangenehme Wahrheiten nicht oder nur in einem erträglichen Maße wahr. Die blinden Flecken helfen uns, Niederlagen und beschämende Ereignisse aus dem Gedächtnis zu verbannen. Sie helfen uns auch, uns eher an positive Erlebnisse zu erinnern und die negativen auszublenden. Mit der Unterstützung von Selbsttäuschung und Geheimnissen, die wir vor uns selbst haben, kommen wir eindeutig besser durchs Leben. Auch Henrik Ibsen, der die Fähigkeit des Menschen zur Selbsttäuschung in vielen seiner Werke thematisiert hat, schreibt ihr eine wichtige Funktion zu: »Nimm dem Durchschnittsmenschen seine Lebenslüge, und du hast ihn auch seines Glückes beraubt.«

Wie zutreffend diese Aussage ist, bestätigen Studien mit Depressiven. Die Ergebnisse zeigen, dass depressive Menschen die Welt, sich selbst und ihre eigenen Fähigkeiten realistischer wahrnehmen als nichtdepressive. Sie haben weniger Illusionen, sie machen sich nichts vor und sie wissen sehr genau, wie viel Einfluss sie auf ihr Leben haben. Diverse Studien belegen den schonungslosen, illusionsfreien Blick depressiver Personen auf die Realität:

Amerikanische Forscher hatten in einer Studie depressive und nichtdepressive Patienten über ein Thema diskutieren lassen. Danach sollten alle Teilnehmer beurteilen, wie ihr eigener Redebeitrag bei den anderen angekommen war. Zusätzlich gaben unabhängige Beobachter ein Votum ab. Dabei schnitten die depressiven Patienten erwartungsgemäß schlechter ab als die nichtdepressiven. Sie hielten sich selbst in der Diskussion nicht für sonderlich überzeugend. Die Nichtdepressiven jedoch waren sehr von sich überzeugt: Ihre Selbstbeurteilung fiel deutlich besser aus als die der Beobachtergruppe.

Depressive Menschen erinnern sich auch eher an negative als an positive Ereignisse – und auch hier bestätigen Studien: Die Erinnerung der Depressiven ist nicht ins Negative verzerrt, sondern realistisch. Depressiven Menschen scheint ein Schutzschild zu fehlen, der die Härte der Realität von ihnen fernhält. Sie können sich selbst nicht belügen, sie haben keine Geheimnisse vor sich. Sie nehmen ungeschützt wahr, was andere ausblenden, sie finden keine Tröstung in Selbsttäuschungen und Selbstberuhigungen.

Gerade die Forschungsergebnisse im Bereich Depression bestätigen, was Shelley Taylor über die Funktion von Selbstlügen und positiven Illusionen schreibt: »Wir definieren eine psychisch gesunde Person heute nicht als jemand, der die Dinge so sieht, wie sie sind, sondern als jemand, der die Dinge so sieht, wie er sie sehen will.«

### Warum ist es wichtig, Geheimnisse vor sich selbst zu haben?

Wollen wir wirklich genau wissen, wie wir sind? Wollen wir immer und jederzeit unsere kleinen und größeren Schwächen, unsere Fehlleistungen und Fehltritte in schonungsloser Klarheit wahrnehmen? Nein, das wollen wir nicht. Schon Sigmund Freud hat darauf aufmerksam gemacht, dass wir die glasklare Wahrheit mithilfe von Abwehrmechanismen aus unserem Leben fernhalten. Doch anders als der Begründer der Psychoanalyse, sehen moderne Sozialpsychologen darin kein bedenkliches, neurotisches Verhalten. Im Gegenteil: Sie belegen, dass positive Illusionen gut für unsere seelische und körperliche Gesundheit sind.

Wenn es uns gelingt, Geheimnisse vor uns selbst zu haben, wenn wir mithilfe von positiven Illusionen den Glauben an uns selbst und das Gute in der Welt bewahren können, dann ist unser Leben nicht nur lebenswerter, wir schützen auch unsere seelische und körperliche Gesundheit vor schädlichen Angreifern. Geheimnisse, die uns vor allzu schmerzlicher Selbsterkenntnis bewahren, tragen also einen Großteil zu unserem Wohlbefinden bei.

## 7. Geheimnisse ermöglichen ein zweites Leben

»Ich habe festgestellt, dass sich ganz in der Nähe des Lebens, in dem man zufällig gelandet ist, ein anderes befindet, das man seelenruhig genauso hätte führen können.« In dem Roman *Erst grau dann weiß dann blau*, von dem bereits die Rede war, legt die Autorin Margriet de Moor ihrer Hauptperson Magda diese Worte in den Mund. Magda hatte eines Tages ihr gutsituiertes Leben verlassen. Zwei Jahre lang hörten weder ihr Ehemann noch ihre Freunde etwas von ihr. Als sie wieder nachhause zurückkehrt, beschließt sie zu schweigen über die andere Magda, die sich für zwei Jahre eine Auszeit genommen hat: »Hatte ich mich verändert? Älter geworden? Ach, eigentlich nicht. Jeder wird mich erkennen, meinen Körper, meine Kleidung, meinen Tonfall … niemand wird aus meinem Verhalten schließen können, dass meine Augen klarer sehen, dass ich Entfernungen einschätzen und im Dunkeln sehen kann. Und wenn ich gleich dasitze und die Zeitung lese oder Freunde zum Essen kommen: Wen wird es stören, dass ich zwischendurch auf eine Landschaft schaue, die niemand außer mir kennt, und mir Dinge ins Gedächtnis rufe, an die zu denken angenehm ist, stolze, barbarische, persönliche Dinge, die ich nie, mit wem auch immer, teilen können werde.«

Ein anderes Leben. Wer möchte das nicht hin und wieder? Die Frage, ob man mit einem anderen Partner, mit einem anderen Beruf, an einem anderen Ort nicht glücklicher wäre, drängt sich wohl jedem zu irgendeinem Zeitpunkt seines Lebens auf. Die Routine des Alltags, Zwänge, Sorgen und oft auch Langeweile machen die ungelebten, zu kurz gekommenen Seiten der eigenen Persönlichkeit schmerzhaft deutlich. Normalerweise vergraben wir die Sehnsucht nach einem anderen Leben tief in uns. Selten erzählen wir unserem Partner davon oder einer engen Freundin, manchmal offenbaren wir sie in einer Therapie, doch meist wagen wir es nicht, dieser Sehnsucht wirklich Raum zu geben. Denn würden wir nachgeben, dann wäre möglicherweise die Sicherheit des bestehenden Lebens bedroht, wir müssten neu anfangen, ohne Netz und doppelten Boden ins Unbekannte gehen. Aus Angst vor Veränderung arrangieren sich die meisten Menschen mit dem einmal gewählten Lebensweg. Doch manche wollen ihre Träume nicht vollständig begraben oder sie nur gelegentlich in der Fantasie ausleben. Sie wollen auf ihre Wünsche und Bedürfnisse, die in ihrem normalen Leben keinen Platz finden, nicht verzichten. Deshalb suchen sie nach einer Möglichkeit, wie sie den zu kurz gekommenen Seiten einen Raum verschaffen können, auch dann, wenn sie nicht vereinbar sind mit ihrem Alltag, ihrem gegenwärtigen Partner, mit ihrem Beruf, mit ihrem sozialen Status. Diese Menschen leben mithilfe von Geheimnissen ein zweites Leben neben ihrem offiziellen.

Diese Funktion von Geheimnissen hat bereits im Jahr 1908 den Soziologen Georg Simmel veranlasst, es als eine der »größten Errungenschaften der Menschheit« zu feiern. Durch das Geheimnis, so schrieb er, wird »eine ungeheure Erweiterung des Lebens erreicht, weil vielerlei Inhalte desselben bei völliger Publizität überhaupt nicht auftauchen können.« Ein zweites Leben liefert den Spielraum, Neues zu erproben, anstehende Entscheidungen zu testen, unterdrückte Gefühle zu befreien und bislang ungelebte Seiten der eigenen Persönlichkeit zu zeigen. Wer ein Geheimnis hat, so Simmel, lebt »eine zweite Welt neben der Offenbaren«.

Aber wozu brauchen wir ein zweites Leben neben dem, das wir öffentlich führen? Haben wir nicht schon mit unserem ersten Leben alle Hände voll zu tun, wächst uns nicht dieses Leben immer mal wieder über den Kopf? Eben das ist oft der Grund, warum ein zweites Leben neben dem normalen sinnvoll sein kann. Weil das erste Leben relativ ungeschützt vor neugierigen Blicken, vor Ratschlägen und Forderungen, vor Erwartungen und fremden Bedürfnissen ist, kann in manchen Lebenssituationen ein zweites Leben – eines, das nur einem selbst gehört und zu dem niemand ohne ausdrückliche Erlaubnis Zugang hat – einen Rückzugsraum bieten. Im zweiten Leben darf man so sein, wie man wirklich ist, darf Seiten ausleben, die im ersten Leben auf Missfallen und Verurteilung stoßen würden, oder kann einfach nur die Ruhe und den Abstand finden, für die im normalen Alltag kein Platz ist.

Dieses zweite Leben kann ganz unterschiedlich motiviert sein. Manche Menschen gönnen sich im zweiten Leben eine heimliche Liebe; manche verwirklichen in der zweiten Welt ihre sexuellen Wünsche, die nicht den Normen der ersten entsprechen; manche wollen einfach nur zeitweise mal jemand anderer sein und schlüpfen im Internet in eine neue Rolle; und wieder andere schaffen sich im zweiten Leben eine Art Refugium, in dem sie Kraft tanken für das anstrengende erste Leben.

Ein Geheimnis, das wohl viele Menschen kennen – wenn nicht aus eigener Erfahrung, dann aus Erzählungen anderer –, ist die heimliche Liebe. Hier ist die Rede vom »zweiten Leben« auch wohl am besten nachvollziehbar, denn nicht selten führen heimlich Liebende tatsächlich zwei völlig voneinander getrennte Leben.

## Das zweite Leben: heimlich lieben

»Hold the utmost secrecy!« Das soll Charles Lindberghs letzte Botschaft an seine deutsche Geliebte Brigitte Hesshaimer kurz vor seinem Tod gewesen sein. Absolute Geheimhaltung verlangte er von der Mutter seiner drei unehelichen Kinder Astrid, Dyrk und David. Die Münchner Hutmacherin gehorchte und schwieg. Erst im Jahr 2003 lüfteten die inzwischen erwachsenen Kinder das Geheimnis ihrer

Herkunft: Sie belegten mit einer DNA-Analyse, dass sie die leiblichen Kinder des US-Fliegerhelden sind. Eine staunende Öffentlichkeit erfuhr von Lindberghs Doppelleben mit verschiedenen Frauen und insgesamt sieben unehelichen Kindern. Denn Lindbergh liebte nicht nur die Münchnerin Brigitte, sondern auch deren Schwester Marietta und seine deutsche Privatsekretärin Valeska. Der berühmte Flieger hatte über mehrere Jahrzehnte hinweg – von Mitte der 1950er Jahre bis zu seinem Tod im Jahr 1974 – ein perfektes Doppelleben geführt, von dem außer ihm nur die Geliebten etwas wussten. Weder die Autoren seiner insgesamt 14 Biografien noch seine Ehefrau Anne Morrow hegten irgendwelchen Verdacht. Und dies, obwohl der flotte Flieger über 150 Liebesbriefe allein an Brigitte Hesshaimer schrieb.

Lindbergh führte nicht nur ein privates Doppelleben, er war auch im Geheimen nachrichtendienstlich tätig. Im Geheimauftrag von US-Regierung und -Militär spionierte er die deutsche Luftfahrt- und Raketenforschung aus. Er war an geheimen Waffenentwicklungsprogrammen beteiligt und erkundete weltweit US-Bomber-Stützpunkte. Offiziell war er Repräsentant und Direktor der Fluggesellschaft Pan Am. Für den Journalisten Rudolf Schröck, der ein Buch über das geheime Leben des Charles Lindbergh schrieb, waren das ideale Bedingungen: »Seine Konditionen bei US-Regierung, Air Force und Pan Am waren identisch: Er konnte zu jeder Tages- und Nachtzeit jedes amerikanische Flugzeug besteigen und zu jedem Punkt der Erde fliegen – in der ersten Klasse und immer ohne Bezahlung.«

Auch der berühmte Architekt Louis Kahn hatte mit drei Frauen drei Kinder. Und mit jeder dieser Familien lebte er. Erst nach seinem Tod erfuhren die drei Familien von ihrer gegenseitigen Existenz.

Kein totales Geheimnis war es dagegen, dass François Mitterand, der von 1981 bis 1995 Präsident von Frankreich war, mit Anne Pingeot und der gemeinsamen Tochter Mazarine eine Zweitfamilie gegründet hatte. Mitterands Frau und auch seine Partei wussten davon. Die Öffentlichkeit allerdings hatte keine Ahnung.

Ein langjähriges geheimes Doppelleben fand Anfang des Jahres 2007 für einen Bundespolitiker durch einen Bericht der *Bild-*

*Zeitung* ein jähes Ende. Genüsslich verkündete das Blatt, der seit mehr als 20 Jahren verheiratete Vater dreier Kinder habe seit drei Jahren eine heimliche Geliebte. Mit ihr wohne er in einer kleinen Wohnung.

Wenn Menschen ein Doppelleben mit zwei oder mehreren Partnern führen, sind wir fasziniert und neugierig. Wie schaffen die das? Wie können sie mehrere Familien gründen und diese voreinander geheim halten? Die Biografien von Lindbergh, Kahn oder Mitterand stoßen auf Interesse, nicht nur weil es sich um Prominente handelt, sondern weil sie möglicherweise auch einen Nerv treffen. Vielleicht hat man selbst ein außereheliches Verhältnis und kennt das damit verbundene Glück, aber auch die Belastungen? Vielleicht hat man von einem solchen Doppelleben selbst mal geträumt, vor der Umsetzung in die Realität aber zurückgescheut? Vielleicht erscheint einem das eigene Liebesleben ausgedörrt und ohne Zukunft? Wenn der Alltag einen aufzufressen droht, wenn das tägliche Einerlei nur noch routiniert und gelangweilt abgespult wird, wenn es keine neuen Anregungen gibt und auch keine spannenden Perspektiven, dann denkt man schon mal über einen Ausstieg nach. Was wäre wenn ... – solche Gedankenspiele sind verlockend. Hört oder liest man dann von Menschen, die sich ihre Wünsche im Geheimen erfüllen, ist man möglicherweise fasziniert: Ein zweites Leben, ohne das erste gleich aufs Spiel setzen zu müssen – wäre das nicht eine elegante Lösung für so manches Problem? Das Bewährte behalten und dennoch ungelebte Bedürfnisse befriedigen?

Lucy Fontaine Werth und Jenny Flaherty ziehen aus den Befragungen der vier Frauen, von denen an früherer Stelle bereits die Rede war, folgende Schlussfolgerung: »Es scheint, als ob sie bestimmte Beziehungsanforderungen erfüllen, diese aber gleichzeitig auch verletzen wollen. Ihr Geheimnis erlaubt ihnen, in einer Beziehung zu bleiben, während sie sich gleichzeitig in einer anderen engagieren oder einen anderen Aspekt ihres Lebens leben, der für sie wichtig ist, der ihnen aber inkompatibel mit ihrem anderen Leben erscheint. Indem sie die alte Beziehung aufrechterhalten, nutzen sie die Zeit der Täuschung, um ihr anderes Leben zu testen oder ihr Problem zu lösen – immer mit dem Rückhalt ihres bisherigen Lebens.«

Natürlich: Diese Argumentation erregt Widerspruch. Zu egoistisch erscheint ein solches Ansinnen, zu unmoralisch ein Leben à la Lindbergh oder Mitterand. Schließlich wird bei einer solchen »Lösung« der feste Partner betrogen und belogen. Ein Leben mit der Lüge, das kann doch keine Lösung sein! Und doch gibt es diese Lösungen, und sie sind noch nicht einmal so selten, wie die Alltagserfahrung zeigt. Der Psychoanalytiker Wolfgang Schmidbauer, ein Sympathisant der heimlichen Liebe, berichtet von folgendem Fall:

**X** *Beispiel:* Eine Patientin führt mit ihrem Ehemann eine Wochenendehe und hat seit vielen Jahren einen Liebhaber. Ihr Mann gibt ihr Sicherheit und Geborgenheit, der Liebhaber – ebenfalls verheiratet – befriedigt ihre anderen Bedürfnisse: nach Abwechslung, nach Erotik, nach Sexualität. Obwohl der Liebhaber sie heiraten will, möchte sie ihr Doppelleben nicht beenden. So sehr sie ihn liebt, einiges gefällt ihr an ihm doch nicht: Er ist zu dominant, zu anstrengend, sie möchte die Erotik nicht dem Alltag opfern. Irgendwann wird sie schwanger, weiß nicht von welchem Mann. Sie bringt das Kind zur Welt, ihr Mann hält sich für den Vater, der Liebhaber weiß, dass er zu 50 Prozent der Vater sein könnte. Trotz Kind führt sie ihr Doppelleben weiter.

Ein verwerfliches Verhalten? Wolfgang Schmidbauer warnt vor einer voreiligen Verurteilung von heimlich Liebenden. Selbstverständlich, so gibt er zu, ist es am besten und schönsten, wenn zwei Menschen sich ausschließlich lieben und miteinander vollkommen zufrieden sind. »Am zweitbesten ist der liebende Partner, der deshalb zufrieden ist, weil er sich anderswo holt, was er von mir nicht bekommt. Am drittbesten ist der liebende, jedoch unzufriedene Partner. Und am schlechtesten ist der Partner, der mir, konkret lieblos, abstrakt im Namen der Liebe, sein Elend zum Vorwurf macht, ohne imstande zu sein, sich anderswo zu holen, was ihn befriedigen könnte.«

Nach dieser Argumentation kann es also sogar für den festen Partner, die feste Partnerin einen Vorteil haben, wenn der andere seine Unzufriedenheit durch eine Außenbeziehung aufzulösen versucht. Diesen Gedankengang können wohl die wenigsten nachvollziehen, auch wenn er nicht völlig von der Hand zu weisen ist. Schiebt man alle sich aufdrängenden moralischen Bedenken zur Seite, dann wird klar: Eine heimliche Liebe hat für den, der sie sich »gönnt«, einige Vorteile, die nicht unbedingt in die Rubrik »Egoismus« einzuordnen sind. Eine heimliche Liebe bietet unter Umständen Entwicklungschancen, die sonst nicht möglich wären:

**Die heimliche Liebe bringt verlorene Freiheit zurück** »Der heimliche Liebhaber, die heimliche Geliebte stehen oft dafür, dass in einer früheren Verliebtheit zuviel Terrain preisgegeben wurde. Wo einst Freiheit war, übt nun der Partner des damals begeisterten Opfers eine Macht aus, der sich zu entziehen schwerfällt«, schreibt Wolfgang Schmidbauer über den Nutzen, den eine außereheliche Beziehung haben kann.

Auch *Horst* glaubt, dass er sich vor allem deshalb in eine andere Frau verliebte, weil ihm seine Ehefrau keinen Raum mehr zum Atmen ließ. Nach 20 Jahren Ehe genoss er die ungewohnte Freiheit, die ihm die heimliche Liebe bot.

*Beispiel:* Meine Frau hat immer zu mir gesagt: Ich bin die einzige, die  dich kennt. Ich kenne dich besser als du dich selbst. Das Schlimme daran war: Sie hatte in gewisser Weise Recht. Ich hatte in all den Ehejahren die Erfahrung gemacht, dass ich absolut nichts vor ihr geheim halten konnte. Sie war mir immer zwei Schritte voraus. Ich hatte kein eigenes Leben. Sie bestimmte, wie ich zu leben hatte. Und das war wohl auch der Grund dafür, dass ich ausgebrochen bin. Ich wollte endlich mal mit jemandem zusammen sein, für den ich neu und interessant und fremd war. Und ich wollte mir wohl selbst beweisen, dass es mir möglich ist, etwas vor meiner Frau geheim zu halten.

*Horst* hatte kein Gefühl mehr für sich selbst, weil seine Frau für ihn dachte und handelte. Er brach aus einem Leben aus, in dem er Gefahr lief, seine eigene Identität zu verlieren. Im Laufe seiner Ehe hat er zu viel von seinem eigenen Ich aufgegeben und sich dem Wir der Partnerschaft untergeordnet.

Aufgefressen von den Pflichten des Alltags, von der Routine des Liebeslebens, von den Erwartungen der Umwelt, bleibt für den Einzelnen oftmals kein Raum mehr übrig, in dem er ganz er selbst sein kann. Wo sind die Spontaneität, die Lebendigkeit, die Unvernunft von damals geblieben? Was ist aus dem jungen Mädchen geworden, das mit seiner großen Liebe barfuß durch den Park gelaufen ist? Wohin ist der junge Mann entschwunden, der nächtelang leidenschaftlich über die großen Themen des Lebens diskutieren konnte? Eine heimliche Liebe bietet einen »ersehnten Freiraum, eine Möglichkeit, Neues zu erleben oder alte Erlebnisse aufzufrischen«, so Schmidbauer. Im Idealfall kehrt der heimlich Liebende »erfrischt, entspannt, bereichert an den gemeinsamen Tisch und in das gemeinsame Bett zurück, um so ausgeprägter, je weniger ihn Schuldgefühle plagen und je mehr er von Herzen überzeugt ist, dass das, was er tut, zwar von ihm verantwortet werden muss, aber allein in seiner Verantwortung liegt.«

**Die heimliche Liebe bietet einen Zufluchtsort** Manchmal sind es moralische Gründe, die eine Frau oder einen Mann vor einer Trennung zurückschrecken lassen. Vielleicht gibt es berufliche Hindernisse (man hat eine gemeinsame Firma), vielleicht sind es die Kinder oder die finanziellen Verhältnisse, die ein Paar zusammenschweißen. Man kann nicht auseinander, hat sich aber auch nicht mehr viel zu sagen. Das Paar lebt nur noch nebeneinander her. Bedürfnisse nach Nähe, Zuneigung, Körperlichkeit bleiben unbefriedigt. Eine Situation, die auf lange Sicht krankmachen kann.

Baut sich ein Mensch in einer solchen Situation ein zweites Leben auf – mit einem anderen Mann oder mit einer anderen Frau –, dann hat er einen Ort, an den er sich flüchten kann, an dem er findet, was ihm im ersten Leben fehlt. Er kann Kraft tanken und macht sich mit der heimlichen Liebe immun gegen die Schwierigkeiten seines

Alltags im ersten Leben. Die Belastung, eine bestehende Beziehung nicht auflösen zu können, wird durch das zweite Leben deutlich verringert. Das erste Leben wird wieder erträglicher und verbessert sich oft sogar.

**Die heimliche Liebe gibt Sicherheit** Möglicherweise würden sich Menschen, die ein Doppelleben führen, gerne für ein einziges Leben entscheiden. Aber sie können es nicht. Aus Gründen, die möglicherweise in ihrer frühen Kindheit liegen, fehlt ihnen das Vertrauen oder die Bereitschaft, sich vollständig auf einen Menschen einzulassen. »Zur Sicherheit« schaffen sie sich dann ein zweites Leben. Wolfgang Schmidbauer verdeutlicht dies am Beispiel einer untreuen Frau, indem er ihre Situation mit der eines Bauern im Dreißigjährigen Krieg vergleicht: »Sie fürchtet es so sehr, verlassen zu werden, alles zu verlieren, dass sie ein zweites Leben aufbaut, wie ein Bauer zur Zeit des Dreißigjährigen Krieges, tief in den Wäldern versteckt, einen zweiten Haushalt einrichtete, der als Zuflucht dienen könnte, wenn sein Hof im Dorf geplündert wurde.«

Auch *Marianne* schuf sich aus Sicherheitserwägungen ein zweites Leben. Allerdings war ihr dies lange nicht bewusst. Seit 15 Jahren verheiratet, hatte sie seit über zwei Jahren eine heimliche Außenbeziehung mit einem Kollegen. Sie litt unter diesem Doppelleben sehr und suchte eine Psychotherapeutin auf. Diese sollte ihr helfen, sich zu entscheiden. Doch es kam anders, wie sie berichtet:

*Beispiel:* Die Psychotherapeutin interessierte sich nicht, wie ich erwartet hatte, nur für meine beiden Männer. Natürlich ließ sie sich zunächst ausführlich meine emotionale Verstrickung erzählen, das allein war schon sehr entlastend für mich. Aber dann fragte sie nach meinen Eltern, meiner Herkunft, meiner Kindheit. Im Laufe der Gespräche bekam ein Ereignis in meinem frühen Leben eine ganz andere Bedeutung: Als ich etwa sechs Jahre alt war, musste mein Vater wegen eines kleinen Betrugsdeliktes für etwa zwei Jahre ins Gefängnis. Die Folgen für unsere Familie waren gravierend: Wir mussten aus einem sozial angesehenen Stadtviertel in eine Unterschichtgegend ziehen, ich kam auf eine andere Schule, wurde eine schlechte Schülerin. Wir verloren alles, was wir bislang hatten: Geld, Ansehen, Status, Freunde. Unsere kleine Familie war isoliert. Niemand wollte mehr etwas mit uns zu tun haben. Auch nach der Haftentlassung meines Vaters wurde es nicht besser. Er fand keine Arbeit mehr, meine Mutter nahm viel zu viele Putzstellen an – und erkrankte schließlich an Krebs. Sie starb, als ich 14 Jahre alt war. Diese Ereignisse, so glaubte ich, hatte ich gut bewältigt. Ich bin meinen Weg gegangen. Was mir aber erst in der Therapie klar wurde: Durch diese Erfahrungen ist mein Sicherheitsbedürfnis sehr stark geworden. Ich habe das Gefühl bekommen, dass man sich auf nichts und niemanden verlassen kann. Deshalb habe ich mich in meinem bisherigen Leben auch meist nur auf mich selbst verlassen. Auf meine Ehe bezogen bedeutet das: Ich wollte mich nicht auf meinen Mann verlassen. Ich hatte Angst, dass sich auch diese Lebenssituation eines Tages in Luft auflösen könnte. Erst durch die Liebe meines Kollegen fühlte ich mich wieder sicher, ja, richtiggehend abgesichert. Mit zwei Männern konnte ich auf dem Seil des Lebens sicher entlangtänzeln. Sie gewährleisteten mein Gleichgewicht. Schien mir der eine unsicher, hatte ich ja noch den anderen und umgekehrt.

*Marianne* hatte in der Therapie erkannt, warum sie ein Doppelleben führte – und dass sie dieses nicht so einfach beenden konnte. Das heimliche Leben vergrößerte ihre Sicherheit und verringerte ihre Verlustangst. Wenn die eine Beziehung schiefgehen sollte, dann hätte sie auf jeden Fall noch die andere. Möglicherweise war auch Charles Lindbergh ein von Verlustängsten geplagter Mann – wir wissen es nicht. Denkbar aber wäre es, dass er mehrere Haushalte und Kinder von unterschiedlichen Frauen benötigte, um sich auf sicherem Boden zu wähnen.

Selbstverständlich ist es keine Dauerlösung, wenn ein Mensch seine Verlustängste oder andere Probleme durch die Schaffung eines zweiten Lebens bewältigt. Aber es kann ein erster Schritt sein zu mehr

Stabilität, zu mehr Selbstvertrauen. Das zweite Leben ermöglicht die Erfahrung von Unabhängigkeit und senkt damit die Angst vor Verlassenwerden oder vor dem Scheitern. Mit der Zeit kann jemand, der aus Sicherheitsgründen zwei Leben lebt, möglicherweise auf eines davon verzichten: nämlich dann, wenn er stark genug geworden ist und sich nicht mehr so verzweifelt abhängig und ausgeliefert fühlt.

So beschrieb die verheiratete Frau, die ihren Mann nicht mehr liebte, den Wissenschaftlerinnen Werth und Flaherty folgenden Zustand: »Ich fühlte mich als wäre ich an einem großen, schwarzen, bodenlosen Abgrund und ein großer, schwarzer Bär schlägt nach mir. Aber ich wusste nicht, was mich erwartete, wenn ich floh. Aber ich wusste auch, dass es genauso schrecklich war, in den Abgrund zu fallen oder dort zu bleiben. Manchmal aber hatte ich Triumphgefühle: Ich konnte weg gehen. Ich dachte, ich war bemerkenswert mutig, mich dem zu stellen. Ich fühlte mich mit der Zeit immer stärker.«

Auch die lesbische Frau, die ihre Mutter über ihre sexuelle Orientierung im Unklaren ließ, berichtete von einem Kraftzuwachs. Sie empfand neben all den Schuldgefühlen auch Stärke und Mut. Sie war zum ersten Mal in der Lage, sich ihrer Mutter zu widersetzen. Zwar bedauerte sie es, diese Unabhängigkeit nur über ein Geheimnis zu erreichen. Aber immerhin war es ein erster Akt des Widerstands gegen zu viel Kontrolle.

Wer sich für ein geheimes Leben entscheidet, trifft damit nur selten – wie Charles Lindbergh – eine lebenslängliche Entscheidung. Oftmals existiert ein Doppelleben nur so lange, bis eine Entscheidung als richtig erkannt wird oder ein wichtiger Entwicklungsschritt abgeschlossen ist.

Wie wichtig die Existenz einer »zweiten Welt« für viele Menschen ist, zeigen nicht nur heimlich Liebende. Auch auf andere Weise versuchen Menschen, eine andere Identität zu leben oder wenigstens zeitweise aus dem normalen Leben auszusteigen. Immer mehr stillen diese Sehnsucht mithilfe des Internets.

## Das zweite Leben: mal ein anderer Mensch sein

Im realen Leben hat man oft nur wenige Veränderungsmöglichkeiten. Alles scheint festgelegt: der Beruf, der Partner, die Familie, das Haus, die Freunde, die Freizeit. In einem immer gleichen Rhythmus vergeht das Leben. Der Unruhe, die man bei der Frage »War das schon alles?« verspürt, liegt dabei oftmals gar nicht der Wunsch nach einer radikalen Richtungsänderung zugrunde. Meist geht es nur um die Möglichkeit, wenigstens ab und zu mal aus seiner Haut zu können, wenigstens ab und zu mal ein anderer und eine andere zu sein. Diese Chance bietet das Internet.

Die Soziologin Sherry Turkle vom *Massachusetts Institute of Technology* befragte 200 Nutzer des Internetspiels *Die Sims* nach dessen Faszination. Dieses Spiel hat das wahre Leben zum Thema, denn die Spieler können nach eigenem Gutdünken mit der Sims-Familie umgehen: Sie haben die Freiheit, die einzelnen Figuren mit Persönlichkeitszügen auszustatten, ihnen die Wohnung einzurichten, Freunde zu besorgen, Berufe zu verleihen, mit ihnen einzukaufen. Sind die Sims-Mitglieder einmal zum Leben erweckt, kann man beobachten, wie sie ihren Weg gehen, man kann aber auch ihr Schicksal steuern. Das Interessante daran: Die virtuellen Menschen werden zu Stellvertretern der Spieler. Ohne ein Risiko einzugehen, können diese ein alternatives Leben ausprobieren. Was wäre wenn ... – diese Überlegung können die Computerspieler von den Sims-Figuren ausprobieren lassen. Was wäre, wenn ich attraktiver und unverheiratet wäre? Was wäre, wenn ich reich wäre? Was wäre, wenn ich keine Frau, sondern ein Mann (oder umgekehrt) wäre? Die Spieler können ihre Wünsche und Fantasien durch die Sims-Familie ausleben lassen und sehen, was passiert. Diese Möglichkeit, ein anderes Leben zu erproben, eine andere Identität anzunehmen, neue Rollen auszuprobieren, macht denn auch den enormen Erfolg dieses Computerspiels aus. Die Spieler erschaffen sich eine Familie, wie sie sie schon immer wollten, sie legen sich Geschwister zu, die sie nie hatten, sie geben Figuren wilde, ausschweifende Persönlichkeitszüge, die sie selbst gerne hätten – kurz, sie probieren mit den Spielfiguren ein anderes Leben aus, ohne irgendwelche Konsequenzen befürchten zu müssen.

Ähnlich wie das Spiel *Die Sims* funktioniert auch ein anderes Computerspiel, das die verlockende Botschaft schon in seinem Titel trägt: *Second Life*. Erschaffen von der kalifornischen Computerfirma *Linden Lab*, hat sich dieses Spiel inzwischen eine Fangemeinde von mehreren Millionen Mitspielern geschaffen. Und wöchentlich melden sich im Schnitt 100 000 neue Spieler an. In *Second Life* erschaffen die Spieler eine Art Alter Ego von sich, einen Avatar. Dieses zweite Ich »hört« auf die Cursorbefehle des ersten. Dieses kann nun seinen Avatar mit all dem ausstatten, was es im realen Leben vielleicht nicht besitzt: Muskeln, Designerklamotten, eine schlankere Gestalt, ein Traumhaus, verlässliche Freunde und auch ein anderes Geschlecht. Wie eine Umfrage zeigt, verbirgt sich hinter 27 Prozent der weiblichen Avatare ein Mann und hinter 8 Prozent der männlichen eine Frau. In *Second Life* kann jeder seine Träume ausleben und sich eine Auszeit vom weniger aufregenden realen Alltag nehmen. Ganz nebenbei kann man in diesem zweiten Leben auch reich werden. Wer geschickt mit der *Second-Life*-Währung, dem »Linden-Dollar« umgeht, kann sich sogar den Traum vom Millionär erfüllen.

Durchschnittlich 15 Stunden pro Monat leben die Spieler in ihrem »zweiten Leben«, manche davon sogar noch deutlich länger: Ein Drittel der Spieler über 21 Jahre verbringt mehr Zeit in der virtuellen Welt als am realen Arbeitsplatz.

Die Faszination, die Computerspiele wie *Die Sims* oder *Second Life* ausüben, verweist auf die große Sehnsucht, die ganz offensichtlich viele Menschen nach einem anderen, nach einem zweiten Leben haben. Das Bedürfnis nach einem Identitätswechsel, nach einer wenigstens zeitweisen Befreiung von realen Zwängen und einem anderen Ich ist groß. Ganz besonders gilt das für Menschen, die es im wahren Leben eher schwer haben: schüchterne, sozial ängstliche, zurückhaltende Personen. Sie wagen im Netz, was sie sich in ihrem realen Alltag nicht trauen würden: Sie werden tatkräftig und gehen aus sich heraus. Das bestätigt beispielsweise eine britische Studie.

Die Wissenschaftler führten mit Internetnutzern im Alter zwischen 18 und 62 Jahren Persönlichkeitstests durch und stellten fest, dass ein Teil davon ein extrem schwaches Selbstwertgefühl hatte. Gerade diese Menschen fühlen sich im Netz wohl. Hier sind sie weniger gehemmt und machen sich seltener Gedanken darüber, was andere von ihnen denken. »Im Internet vertraue ich anderen Menschen Dinge an, die ich zum Beispiel auf einer Party niemandem erzählen würde«, sagte einer der Befragten. Und ein anderer meinte: »Ich habe durch das Internet Kontakt zu Leuten, die mich normalerweise nicht einmal anschauen würden.«

Im Internet geben sich Menschen anders als im realen Leben und machen dementsprechend auch andere Erfahrungen. Wie eine außereheliche Liebesbeziehung bietet auch das World Wide Web die Chance, ein »zweites Leben neben dem offenbaren« zu führen. Was ein Mensch in den virtuellen Welten so treibt, wie er auftritt, welche Identität er sich verleiht, das bleibt dabei sein Geheimnis. Im Netz ist er nur mit seiner virtuellen Persönlichkeit bekannt, in der realen Welt weiß normalerweise niemand etwas von seinem anderen Ich, das er sich selbst erschaffen hat. »Ich denke, was Menschen im Internet heute tun, hat tiefe psychologische Bedeutung in dem Sinne, dass sie verschiedene Identitäten benutzen, um Probleme auszudrücken und Lösungen auszuprobieren, ohne die Konsequenzen fürchten zu müssen«, sagt Sherry Turkle. »Ein solcher Wechsel der Identität ermöglicht wenigstens zeitweise ein geschütztes Leben im Geheimen, in dem die Identitätsswitcher sich Ideen und Kraft für das wirkliche Leben holen – oder sich eine erholsame Auszeit davon gönnen.«

## Das zweite Leben: »verbotene« Wünsche ausleben

Séverine Serizy, eine junge und schöne Pariser Hausfrau, ist mit dem Arzt Pierre verheiratet. Séverine liebt ihren Mann, jedoch ist es ihr nicht möglich, physisch intim mit ihm zu werden. Stattdessen gibt sie sich verworrenen, erotischen, teilweise masochistischen Fantasien hin, um ihre sexuellen Wünsche zu befriedigen. Schließlich wird sie eine Prostituierte und arbeitet in einem Etablissement an den Nachmittagen, während sie vormittags ihrem Mann die tugendhafte Arztgattin vorspielt. Als *Schöne des Tages (Belle de jour)* fasziniert sie bei ihren Liebesdiensten an den Nachmittagen den kriminellen Marcel und Henri, den Freund ihres Mannes, der Séverine schon eine Zeit lang begehrt hat.

Séverine Serizy ist eine Romanfigur. Erschaffen von dem Autor Joseph Kessel und bekannt geworden durch die Verfilmung des spanischen Regisseurs Luis Buñuel, in der Catherine Deneuve die doppelbödige Séverine verkörpert. Eine schillernde Figur, die es so im realen Leben nicht gibt? Wer glaubt, dass derartige Doppelexistenzen nur der Fantasie eines Romanautors entspringen können, irrt. Auch reale Menschen führen manchmal ihr Leben in zwei völlig voneinander unabhängigen Sphären. Zum Beispiel *Josephine*:

*Beispiel:* In ihrem offiziellen Leben ist Josephine verheiratet und arbeitet als Grafikerin. In ihrem anderen Leben lässt sie sich schlagen und schlägt selbst zu, demütigt und wird gedemütigt. Josephine ist eine Domina. Sie traktiert ihre Kunden mit Wäscheklammern und verpackt sie in Frischhaltefolie. Zu ihr kommen Sadisten und Masochisten – sie leben bei Josephine ihr Geheimnis aus und Josephine mit ihnen das ihre. Als junges Mädchen, mit 15, entdeckte sie ihre Lust am Schmerz. An sich selbst probierte sie aus, wie weit sie gehen konnte, und spürte den lustvollen Wunsch, sich zu unterwerfen und andere zu unterwerfen.

Josephine kommt mit ihrem Doppelleben gut klar. Ihre Kollegen haben keine Ahnung davon, sie ist beliebt, macht bereitwillig Überstunden. Danach verschwindet sie in ihrem Studio und bringt mit Fesseln, Haken und Ketten ihre Kunden zum Winseln. Abends schwingt sie die Peitsche, am Morgen sitzt sie wieder brav am Computer.

*Josephine* will und kann auf keines ihrer beiden Leben verzichten. Die Ruhe, Sicherheit und Geborgenheit ihrer bürgerlichen Welt ist ihr ebenso wichtig wie die lustvolle Spannung in ihrem geheimen Leben. Sie verdient viel Geld mit ihren Kunden. Spielend könnte sie von den Einnahmen als Domina leben. Aber dann wäre ihre Welt nur eine halbe Welt. Sie braucht beide Leben, um sich ganz zu fühlen. Sie will auf keines verzichten.

Ein zweites, geheimes Leben führt auch ein Richter, der sich unter dem Pseudonym *Jupkatom* auf die Anzeige »Geheimnisse gesucht« meldete. Auch seine Geschichte zeigt, dass es Menschen durchaus möglich ist, neben ihrem offiziellen Dasein ein völlig anderes, geheimes Leben zu führen.

**X** *Beispiel:* Ich trage sehr gerne Röcke. Das fing schon im Alter von zwölf Jahren an. In meinem Zimmer standen damals zwei Kleiderschränke. In dem einen Schrank hingen auf der Stange meine Sakkos und Hosen, in dem anderen Schrank hatte meine Mutter ihre Röcke untergebracht. Aus Neugierde habe ich dann einmal einen Rock, genauer gesagt einen Schottenkilt angezogen, als ich alleine zuhause war. Das wiederholte sich dann ständig.

Auch meine Internatszeit hat dieser Leidenschaft keinen Abbruch getan. Am letzten Abend vor den Ferien oder einem Heimfahrwochenende habe ich oft im Bett gelegen und voller Vorfreude gedacht: Welchen Rock ziehe ich an, wenn ich wieder zuhause bin?

Meine ersten beiden Röcke habe ich gekauft, kurz bevor ich mit dem Studium begann. Vorher habe ich mich an den alten Röcken bedient, die meine Mutter für die Altkleidersammlung aussortiert hat. So habe ich fast jeden Rock einmal getragen, den meine Mutter je besaß.

Zum Glück sind meine Eltern nie hinter mein geheimes Leben gekommen. Beide sind inzwischen tot. Nur die Zimmerwirtin, bei der ich als Student zeitweilig wohnte, hat meine Leidenschaft für Röcke herausgefunden. Anschließend hat sie mir den Auszug nahegelegt. Für eine Frau von damals über 70 war das vielleicht zu viel.

Inzwischen bin ich sechseinhalb Jahre verheiratet, und meine Frau weiß nichts von meinem Geheimnis. Etwa alle vier Wochen fährt meine Frau einige Tage zu ihrer Schwester. Für mich sind das immer »Rocktage«. Ich fahre dann in Gegenden, mindestens 100 Kilometer von meinem Wohnort weg, wo ich im Rock herumlaufe. Dort kennt mich niemand.

Gut, dass es mittlerweile Internet und E-Mail gibt. Dort habe ich eine E-Mail-Adresse eingerichtet, unter der ich mich als Jupkatom im Schutz der Anonymität mit anderen Betroffenen austauschen kann.

Den Namen *Jupkatom* habe ich aus folgenden Gründen gewählt: Tom oder Thomas heißen viele Männer, und als Freund der russischen Sprache weiß ich, dass »jupka« die russische Übersetzung für Rock ist. Übrigens kenne ich mittlerweile die Übersetzung für Rock in mehr als zehn Sprachen.

Meine Vorliebe für Röcke ist eine Art »Gegenkraft«. Dieses Geheimnis gibt mir Stärke. Es hilft mir zum Beispiel, beruflichen Stress abzubauen. Nach einem unbefriedigend verlaufenen Prozess war ich einmal völlig zermürbt. So habe ich eine Auszeit genommen und bin für zwei Tage weggefahren. Als ich während der Fahrt einen Rock anzog, spürte ich Erleichterung.

Grundsätzlich ziehe ich Stärke daraus, dass es mir gelungen ist, meine Leidenschaft für Röcke jahrzehntelang zu verheimlichen. Sehr oft denke ich: Ich habe etwas, was mir zu 100 Prozent alleine gehört. Es hat für mich eine große Bedeutung.

In einer ähnlichen Situation wie *Jupkatom* befindet sich ein Mann, der sich ebenfalls von der Anzeige angezogen fühlte und sein Geheimnis offenbarte:

*Beispiel:* Ist mein Geheimnis das eines Mannes oder das einer Frau?  Damit habe ich fast schon hinreichend mein Thema beschrieben. Ich bin 45 Jahre alt, verheiratet, habe ein Kind und bin Rechtswissenschaftler. Für (fast) alle bin ich ein normaler Mann, beruflich, familiär und sozial integriert. Der Mann heißt Uwe. Es gibt keine Auffälligkeiten. Andererseits lebe ich aber Teile meines Lebens als Frau. Dann heiße ich Jula. Ich habe Freundinnen, gehe zu einer

Hobbygruppe von Bücherfreunden, mache Ausflüge ... alles in weiblicher Identität. Ob ich jetzt in fachlich korrekter Terminologie ein Transvestit bin oder ein Crossdresser, weiß ich nicht. Transsexuell, also der Überzeugung, eigentlich eine Frau zu sein mit dem Ziel der entsprechenden körperlichen Anpassung, bin ich nach eigener Einschätzung nicht. Ich bin ein Mann mit einem männlichen Körper und ebensolcher Identität. Aber ich habe auch das unstillbare beziehungsweise beständig wiederkehrende Bedürfnis, auch die zweite Seite von mir, die eindeutig weiblich ist, zu leben.

Ein heimliches zweites Leben führt auch *Gerd.* Er ist verheiratet und von Beruf Geschäftsführer einer mittelständischen Firma. Er hat ein ausgeprägtes Faible für Nylonstrümpfe – und fand einen Weg, wie er seine Leidenschaft ausleben kann, ohne Gefahr zu laufen, von seiner Umwelt dafür geächtet zu werden:

**X** *Beispiel:* Mein Geheimnis ist, dass ich auf Frauen, die Nylons und Strumpfhosen tragen, sehr stark reagiere. Allein der Gedanke an das feine Material macht mich schon an. Mein Verlangen nach diesem Material ist mittlerweile so stark, dass ich mir schon eine riesige Sammlung angelegt habe. Und da es im Internet anonym zugeht, ist es heute auch kein Problem mehr, sich welche zu beschaffen.

Ich habe ungefähr mit 13 Jahren gemerkt, dass mich Frauen in Strumpfhosen ansprechen. Da ich jetzt 37 bin, lebe ich schon 24 Jahre mit diesem Geheimnis. Sprechen kann ich nur mit meinen Internetbekanntschaften über meine Leidenschaft. Meine Frau ahnt zwar, dass ich eine Vorliebe für Nylons habe, aber reden kann ich mit ihr nicht darüber. Meine Sammlung muss ich immer sehr gut vor ihr verstecken.

Zum Geheimnis ist meine Strumpfvorliebe geworden, weil ich mir als Jugendlicher dachte, dass mein Verhalten nicht normal ist. Meiner Frau gegenüber ist es ein Geheimnis, weil ich sie liebe und sie nicht verlieren will. Auch in meinem Bekanntenkreis kann ich mit niemandem darüber reden. Bleibt also nur die Geheimhaltung. Belastend ist das schon, da ich immer innerlich diesen Druck verspüre, dieses feine Material zu spüren und zu berühren. Ich muss aufpassen, dass ich bei einer Feier oder anderen Veranstaltung nicht mal einer Frau über ihre bestrumpften Beine streichele. Genauso gerne trage ich auch selber Strumpfhosen. Nur leider immer mit der Angst, dass es jemand merken könnte. Teilweise ist mein Verlangen so groß, dass ich in Strumpfhosen zur Arbeit gehe.

Für *Gerd* ist es die Leidenschaft für Nylonstrümpfe, für *Jupkatom* sind es Röcke, für *Uwe* ist es die Möglichkeit, sich in Jula zu verwandeln, für *Josephine* ist es eine notwendige Lebensergänzung – alle vier wollen auf die Möglichkeit eines anderen Lebens neben ihrem offiziellen auf keinen Fall verzichten. Weil Männer in Nylons oder in Röcken in unserer Gesellschaft undenkbar sind, weil Menschen, die sich in beiden Geschlechtern wohlfühlen, schnell als anormal abgestempelt werden, müssten sie ihre Neigungen unterdrücken, gäbe es nicht die Möglichkeit zu einem zweiten Leben im Geheimen. Im ersten Leben dürften sie kaum auf Verständnis stoßen. Wie es um das seelische Wohlbefinden dieser Menschen bestellt wäre, wenn sie ihr zweites Leben nicht hätten, darüber kann man nur spekulieren. Die Wahrscheinlichkeit, dass sie in irgendeiner Form seelischen Schaden erleiden würden, ist jedoch groß.

## Das zweite Leben: sich das Recht auf Glück nehmen

Was der Soziologe Georg Simmel bereits Anfang des 20. Jahrhunderts wusste, bestätigt sich in all den Geschichten, die Menschen auf die Anzeige »Geheimnisse gesucht« anonym erzählen: Geheimnisse ermöglichen eine »ungeheure Erweiterung des Lebens«, weil »vielerlei Inhalte desselben bei völliger Publizität überhaupt nicht auftauchen könnten«. Ein Richter kann nicht in der Öffentlichkeit Röcke tragen, ein Familienvater kann nicht bei der Geburtstagsfeier seines Sohnes in Nylons erscheinen, eine Domina kann sich nicht am Arbeitsplatz outen – viele Menschen wären wohl sehr unglücklich, gäbe es nicht die Möglichkeit zu einem zweiten Leben. Auch *Charlotte*, deren Geschichte ihre Halbschwester Sabina erzählt, wäre wohl ein unglücklicherer Mensch gewesen, hätte sie nicht für sich die Möglichkeit eines Lebens im Geheimen entdeckt.

Manche Menschen nehmen ihr Geheimnis mit ins Grab. Doch das ist keine Garantie dafür, dass niemand je davon erfährt. In manchen Fällen wird das Geheimnis gelüftet, sobald der Geheimnisträger oder die Geheimnisträgerin gestorben ist. Auch folgende Geschichte nahm auf einem Friedhof ihren Anfang:

**X** **Beispiel:** Bei der Beerdigung ihrer um 29 Jahre älteren Halbschwester Charlotte, einer Studienrätin, traf Sabina H. einen älteren Herrn, der ihr bekannt vorkam. Als er auf sie zutrat, erkannte sie ihn: Es war ein ehemaliger Schüler ihrer Schwester, der damals in der Nachbarschaft gewohnt hatte und um den sich, wie sie sich erinnern konnte, Charlotte immer sehr gekümmert hatte. »Du bist Herbert«, begrüßte sie den Trauergast erfreut. »Meine Schwester hat dich geliebt, wie einen Sohn!« Herbert sah sie ernst und traurig an und meinte: »Mehr als das!«

Für Sabina, die um ihre Halbschwester trauerte, blieb für einen Moment die Zeit stehen. Sie konnte nicht glauben, was sie da gerade gehört hatte. Charlotte sollte mit einem um 24 Jahre jüngeren Schüler, dem Nachbarssohn, eine Affäre gehabt haben? Ihre Schwester, die für sie der Inbegriff einer Dame war, gebildet und ernsthaft, sollte dem Jungen, dem sie einst Nachhilfe gegeben hatte, mehr als pädagogische Gefühle entgegengebracht haben? Es erschien ihr unmöglich. Doch Herbert hatte Beweise: Briefe, Fotos, Erinnerungen. Erleichtert, dass er endlich nach all den Jahren des Schweigens das Geheimnis mit jemandem teilen konnte, erzählte er der Halbschwester seiner Geliebten von der ersten und wie es schien wichtigsten Liebe in seinem Leben.

Und langsam merkte die jüngere Schwester, wie sich ihr Erstaunen langsam in eine stille Freude wandelte. Hatte sie doch Charlotte wegen ihres schweren Schicksals bedauert: Diese war 17 Jahre alt, als die Mutter an Tuberkulose starb. Als ältestes von fünf Geschwistern musste sie die Verantwortung für die Familie übernehmen. Sie kümmerte sich um die Geschwister wie eine Mutter und pflegte auch eine jüngere Schwester, die an Enzephalitis unheilbar erkrankt war. Trotz dieser Belastung schaffte sie das Abitur, studierte und wurde Lehrerin. Eine tüchtige Lehrerin, die es bis zur Studienrätin schaffte.

Als der Vater sich nach acht Jahren wieder verheiraten wollte, war sie gar nicht glücklich. Sie hielt die Heirat für überflüssig, denn sie hatte ja alles im Griff. Die Familie brauchte keine neue Mutter. Doch sie konnte die Heirat nicht verhindern, und als dann ihre Halbschwester Sabina geboren wurde, akzeptierte sie den Familienzuwachs und war auch dem 29 Jahre jüngeren Nesthäkchen eine fürsorgliche ältere Schwester. Bis zu ihrem Tod lebte sie mit ihrer jüngsten Schwester aus der ersten Ehe des Vaters zusammen, nicht unbedingt konfliktfrei.

Sabina bewunderte ihre um so viele Jahre ältere Halbschwester für ihre Kraft und ihre Opferbereitschaft. Aber sie tat ihr auch leid, denn sie hatte, so war sie jedenfalls bis zu jenem denkwürdigen Zusammentreffen auf dem Friedhof überzeugt, kein eigenes Leben und wenig Freude. Herbert aber zeichnete nun ein anderes Bild ihrer Schwester. Da war Charlotte plötzlich eine Frau mit Begierden, mit einem Liebesleben, eine Frau mit Mut: Wäre die Affäre aufgeflogen, wäre sie sicherlich wegen Verführung eines abhängigen Minderjährigen bestraft und auch gesellschaftlich geächtet worden. Dabei waren Lehrerin und Schüler keineswegs ein so ungleiches Paar, wie es aufgrund des Altersunterschieds scheinen mag. Herbert war ihrer Schwester trotz seiner Jugend wohl ein richtiger Partner, davon ist Sabina überzeugt. Denn wie er ihr in einem Brief nach dem Zusammentreffen auf Charlottes Beerdigung schrieb, war er aufgrund der politischen Umstände schnell erwachsen geworden: »Nach dem Krieg waren wir erfahrene, selbstbewusste, ehrgeizige, dem eigentlichen Alter entwachsene junge Männer.«

»Die Beziehung zu ihrem Schüler muss für meine Schwester das große Glück gewesen sein«, sagt die Halbschwester heute und sieht nun eine Episode kurz vor Charlottes Tod in einem anderen Licht: Diese war bereits schwer krank, als sie einen Brief an ihren ehemaligen Schüler Herbert schrieb und ihre jüngere Schwester bat, diesen zu übermitteln. Die Schwester aber kannte die Adresse nicht, und sie wusste auch nicht, was dieser Brief sollte. Sie erzählte Sabina davon, und beide kamen zu dem Schluss, dass der Brief wohl dem verwirrten Zustand ihrer älteren Schwester zuzuschreiben sei. Sie verbrannten das Schreiben. Nach dem Gespräch mit Herbert auf dem Friedhof ist der Halbschwester jetzt jedoch klar: Charlotte war nicht verwirrt. Sie wollte von der Liebe ihres Lebens Abschied nehmen. So sehr sie es bedauert, dass der Brief den Adressaten nicht erreicht hat, so sehr freut sie sich aber im Stillen über das Geheimnis, das ihrer Schwester das Leben ganz offensichtlich erleichtert und lebenswerter gemacht hat. Denn dass die Liebesbeziehung zu Herbert mehr als eine Affäre war, bestätigte dieser selbst in einem Brief, den er als nun alter Mann an Sabina schrieb: »Für mich bleibt sie die wunderbarste Frau, die ich in meinem Leben getroffen habe.«

Hätte *Charlotte* nur ihr pflichtbewusstes, verantwortungsvolles Leben als Tochter, Schwester und Lehrerin gelebt, dann wäre sie höchstwahrscheinlich unglücklich gestorben. Ihre weibliche Seite wäre ungelebt geblieben, sie hätte wohl niemals eine andere Liebe als die fürsorgliche, geschwisterliche Liebe erfahren. Doch sie war in der Lage, alle Konventionen und alle sicher auch vorhandenen Ängste beiseitezuschieben und sich zu ihren Gefühlen zu bekennen. Sie hat neben dem offiziellen ein zweites Leben gelebt – und dafür natürlich einen hohen Preis bezahlt. Aber durch ihr Geheimnis erfuhr sie auch eine »ungeheure Erweiterung« ihres Daseins, sie konnte Seiten ihrer Persönlichkeit entfalten und ausleben, die in ihrem ersten, normalen Leben höchstwahrscheinlich verkümmert wären, hätte sie die Liebe zu ihrem Schüler Herbert unterdrückt.

Dass es ein Recht auf Glück gibt und dass man dafür sogar einen Menschen, den man sehr liebt, anlügen darf – davon ist auch *Mustafa* überzeugt.

*Beispiel:* Geboren in der Türkei, kam Mustafa als junger Mann nach Deutschland. Zunächst hatte er erhebliche Anpassungsprobleme, geriet kurzzeitig sogar auf die schiefe Bahn. Doch dann lernte er eine junge Deutsche kennen, die ihm mit ihrer Liebe und ihrer Tatkraft auf die Beine half. Sie heirateten. Mustafa nahm ihren Nachnamen an, weil seine Frau fand, dass niemand seinen türkischen Namen aussprechen konnte. Gemeinsam bauten sie Mustafas Schuldenberg ab und eine kleine Firma auf. Anfangs fand er es gut, dass sie alles für ihn erledigte, da er mit den deutschen Behörden noch nicht so gut klarkam. Auch dass sie ihm kein eigenes Geld zugestand, sah er ein. Schließlich hatte er sich als ziemlich unbegabt erwiesen, was alles Finanzielle anging. Schwerer fiel es ihm, eine andere Forderung seiner jungen Frau zu erfüllen: Die Freunde aus seiner Heimat durften ihn zuhause nicht besuchen. Um seine Integration zu erleichtern, sollten nur deutsche Freunde und Bekannte zu ihrem sozialen Umfeld gehören. Doch Mustafa beugte sich allen Wünschen und Vorschlägen seiner Frau. Er liebte sie. Und sie waren glücklich miteinander. Was Mustafas Frau aber nicht wusste: Er führte ein türkisches Leben neben dem deutschen. Er hatte seine Stammcafés und Kneipen, in denen er seine Landsleute traf, und er hatte sogar eine türkische Geliebte. Ohne dieses Gegenleben hätte er, so glaubt er heute, seine Ehe nicht so gut führen können. »Ich wäre irgendwann sicher ausgerissen, hätte vermutlich alles hingeschmissen. So aber hatte ich meine eigene Welt, die mich stärkte. Wüsste meine Frau von dieser Welt, würde sie sich wahrscheinlich hintergangen und betrogen fühlen. Aber ich bin der Meinung: Nur mit dieser heimlichen Welt, in der ich meiner Heimat nahe sein konnte, bin ich in der Lage, ihr der Ehemann zu sein, den sie sich wünscht.

Ungewöhnliche sexuelle Neigungen, außereheliche Liebessehnsucht, Schüchternheit, das Bedürfnis, sich aus einengenden Zwängen wenigstens zeitweise zu befreien, der Wunsch, seine kulturellen Wurzeln nicht verleugnen zu müssen – gleichgültig, welche Gründe zu einem geheimen Leben führen, das Motiv, ein zweites Leben zu wählen, ist in allen Fällen gleich: Man will den ungelebten Seiten der eigenen Persönlichkeit, die sich im normalen Alltag nicht entfalten können, zu ihrem Recht verhelfen. Man will, geschützt vor unerwünschten Grenzziehungen und Übergriffen aus dem »normalen« Leben, sich eine Zeit lang als ganzer Mensch fühlen, will wenigstens hin und wieder wichtige Bedürfnisse ausleben. Und man will unbeeinflusst von anderen seinen eigenen Weg gehen. Wie sagt *Jupkatom*? »Ich habe etwas, was mir zu 100 Prozent alleine gehört. Es hat für mich eine große Bedeutung.«

Wer es sich aus moralischen oder sonstigen Gründen versagt, ein Geheimnis aus einem bestimmten Bereich seiner Persönlichkeit zu machen, der versagt sich in gewisser Weise auch ein ganzheitliches Leben. Es müssen nicht immer so spektakuläre Aspekte wie besondere sexuelle Neigungen, eine verbotene Liebe oder ein Identitätswechsel sein – auch weniger wichtig erscheinende Wünsche und Bedürfnisse, die man glaubt, nicht offen leben zu können, sind es wert, wenigstens in einem zweiten Leben verwirklicht zu werden. So gönnt sich beispielsweise *Erika* hin und wieder Gespräche mit einer Psychologin, von denen niemand etwas weiß:

**X  Beispiel:** Ich bin mit einem Kommunalpolitiker verheiratet. Unsere Familie ist in unserer Gegend natürlich sehr bekannt. Wir leben in gewisser Weise auf dem Präsentierteller. Von mir erwartet mein Mann, dass ich ihm eine mustergültige Gattin bin, die ihm den Rücken frei hält. Das tue ich auch. Aber in unserer Beziehung bin immer ich die Gebende, er nimmt nur: Ich unterstütze ihn, ich versorge ihn, ich kümmere mich um die sozialen Kontakte und um ein behagliches Heim. Woher ich die Kraft nehme, fragt er nicht. Eine Zeit lang war ich sehr verzweifelt, denn meine Batterien liefen langsam leer. Ich fürchtete, depressiv zu werden. Glücklicherweise fand ich damals eine Psychologin, die mir aus diesem Stimmungstief heraushalf. Es war keine Psychotherapie, wir führten nur Gespräche. Irgendwann meinte sie, ich bräuchte sie nun nicht mehr. Und das stimmte auch. Doch die Vorstellung, in Zukunft wieder niemanden zum Reden zu haben, machte mir Angst. Deshalb gönne ich mir hin wieder den Luxus, mir bei dieser Psychologin Kraft zu holen. Sie bringt mir Wertschätzung entgegen und macht mir Mut. Niemand weiß davon, und das ist gut so. Diese Gespräche sind mein alleiniges Eigentum, sie sind mein Geheimnis, das mir den Rücken frei hält und es mir möglich macht, die Anforderungen meines Mannes – und des Lebens – zu erfüllen.

Welche Motivation auch immer zu einem zweiten Leben führt – über eines muss sich der Geheimnisträger im Klaren sein: Wenn er »auffliegt«, wenn sein Refugium entdeckt wird, kann er in den meisten Fällen nicht mit Verständnis rechnen. Insofern ist ein zweites Leben immer auch ein riskantes Leben.

Der Erzählband *Der Zitronentisch* von Julian Barnes enthält eine Geschichte (»Der Obstbaumkäfig«), in der der Autor beschreibt, wie ein ursprünglich harmloses zweites Leben alles durcheinanderbringen kann, wenn es entdeckt wird:

*Die Entdeckung kam folgendermaßen zustande. Es ging um Blumenzwiebeln. Eine Freundin in einem Nachbardorf hatte ein paar überzählige Narzissen abzugeben. Meine Mutter sagte, mein Vater werde sie auf dem Rückweg von der British Legion abholen. Sie rief im Club an und wollte ihn sprechen. Die Sekretärin sagte, er sei nicht da. Wenn meine Mutter eine Antwort bekommt, mit der sie nicht gerechnet hat, schiebt sie das gern auf die Dummheit ihres Gesprächspartners.*

*»Er spielt Billard«, sagte sie.*

*»Nein, das tut er nicht.«*

*»Seien Sie doch nicht so vernagelt«, sagte meine Mutter, und ich kann mir ihren Tonfall nur allzu gut vorstellen. »Er spielt Mittwochnachmittag immer Billard.«*

*»Gute Frau«, bekam sie dann zu hören. »Ich arbeite schon zwanzig Jahre als Sekretärin hier im Club, und in dieser Zeit wurde mittwochnachmittags noch nie Billard gespielt. Montags, dienstags, freitags ja. Mittwochs nicht. Drücke ich mich klar aus?«*

*Als meine Mutter dieses Gespräch führte, war sie achtzig, mein Vater einundachtzig.*

Wie sich herausstellt, hatte der Vater seit längerer Zeit ein Verhältnis mit Elsie, einer verwitweten Nachbarin. Jetzt, nachdem sein Mittwochnachmittag-Alibi aufgeflogen ist, verlässt er seine Frau. Auf die vorwurfsvolle Frage des Sohnes:

*»Aber ... warum gerade jetzt? Ich meine, wenn das schon jahrelang so geht ...«* antwortet der Vater: *»Wieso jahrelang?«*

*»Weil du jahrelang angeblich in deinem Club warst und Billard gespielt hast.«*

*»Meistens war ich ja im Club, mein Sohn. Ich habe immer Billard gesagt, um die Sache zu vereinfachen. Manchmal habe ich einfach nur im Auto gesessen. Und habe auf ein Feld geschaut. Nein, Elsie kam erst ... vor kurzem.«*

---

**Warum ist ein zweites Leben im Geheimen sinnvoll?**
Manchmal ist es nicht möglich, alle wichtigen Facetten der eigenen Persönlichkeit in einem Leben zu entfalten. Vielleicht passen sie nicht in das Wertesystem der Gesellschaft, in der man lebt. Vielleicht möchte man auch gar nicht auf das »normale« Leben verzichten, sondern nur hin und wieder mal ein anderer Mann, eine andere Frau sein. Welches Motiv auch immer dahintersteckt: In einem zweiten, geheimen Leben kann man den ungelebten Seiten der eigenen Persönlichkeit und ungestillten Sehnsüchten zu ihrem Recht verhelfen und sich wenigstens hin und wieder als ganzer Mensch fühlen.

---

## 8. Geheimnisse geben Frauen Kraft

Selbstständig werden, Schutz bekommen und geben, ungelebte Sehnsüchte verwirklichen, Ziele erreichen, Privates von Öffentlichem abgrenzen, Liebesbeziehungen stärken, die harte Realität schönfärben – sieben gute Argumente, die für ein Geheimnis sprechen. Alle gelten für beide Geschlechter, Männer wie Frauen können einen

Gewinn aus Geheimhaltung ziehen. Konstruktive Geheimnisse sind allen Menschen dienlich. Doch in mancherlei Hinsicht ist das weibliche Geschlecht noch sehr viel mehr darauf angewiesen. Frauen haben mehr noch als Männer Anlass zur Geheimhaltung. Das liegt an ihren besonderen Lebensumständen, die Frauen oftmals keinerlei Raum für sich selbst zugestehen. Frauenleben sind häufig noch gläserner als Männerleben, und das bedeutet, dass es ihnen schwerfällt, mal für sich zu sein, etwas Eigenes zu haben, sich unbeobachtet zu fühlen. Im Leben von Frauen trampeln viele herum – meist mit guter Absicht und nachvollziehbaren Bedürfnissen –, doch den Frauen selbst tut diese Unruhe in den seltensten Fällen gut. Deshalb müssen sie gezielt für Ruhezonen sorgen, in denen sie zu sich selbst finden, ihre Pläne und Ziele überdenken und sich ungestört entwickeln können.

Frauen brauchen Geheimnisse, weil sie sonst möglicherweise nicht ausreichend Kraft haben, sich den besonderen Herausforderungen ihres Lebens stellen zu können. Aufgrund ihrer Sozialisation und auch aufgrund immer noch wirksamer traditioneller Rollenmuster sind viele Frauen nach wie vor in Gefahr, durch zu große Anpassung und Unterordnung, aber auch durch Unsicherheiten und Ängste in eine ohnmächtige Position zu geraten und ihre eigenen Ziele aus den Augen zu verlieren.

Frauen haben – anders als Männer – nicht automatisch »ein Zimmer für sich allein«, wie es schon die Schriftstellerin Virginia Woolf gefordert hat. Damit kann ein realer Raum gemeint sein, aber auch ein Lebensbereich, zu dem nur die Frau selbst Zugang hat. Die Wissenschaftlerin Christiane Kraft Alsop, die Männer und Frauen nach Objekten befragte, die sie vor dem Partner geheim hielten (siehe Abschnitt *Geheimnisse dienen der Liebe*), hat in ihrer Studie festgestellt, dass mehr Frauen als Männer ein Geheimnis wahrten. Alsop zog daraus den Schluss: »Noch immer ist für Frauen eine Partnerschaft mit größeren Konsequenzen verbunden. Ihre Investition ist höher und damit konfliktreicher. Männer, so ist zu vermuten, schaffen sich andere Räume freier Bewegung.«

Frauen haben es nicht nur oft schwerer als Männer, sich »Räume freier Bewegung« zu verschaffen. Häufig ist ihnen die Bedeutung und Wichtigkeit dieser Freiräume gar nicht bewusst. Sie reiben sich auf zwischen Beruf, Partnerschaft und Kindererziehung, sie kümmern sich bereitwillig um die Belange und Probleme anderer – um sich selbst aber kümmern sie sich oft zuletzt. Frauen stehen heute unter enormem Stress – und das hat viele Gründe, die so und in dieser Ausprägung nur in einem Frauenleben vorkommen:

*Chronische Überlastung und Zeitmangel* Frauen verbringen deutlich mehr Zeit mit Berufstätigkeit, Hausarbeit und Kindererziehung und der Betreuung älterer Familienmitglieder als Männer. 25- bis 35-jährige Frauen kommen beispielsweise pro Woche auf 90 Stunden, die gleichaltrigen Männer nur auf 68 Stunden.

*Traditionelle Rollenteilung* Wenn Paare Kinder bekommen, lebt die alte traditionelle Rollenteilung wieder auf. Die Frau bleibt zuhause, der Mann wird zum Alleinversorger. Die jungen Mütter sind gezwungen, ihre Lebens- und Berufspläne für unbestimmte Zeit auf Eis zu legen. Das führt zu großer Unzufriedenheit und unter Umständen zu Niedergeschlagenheit und Resignation. Frauen, die einen Beruf ausüben, sind psychisch stabiler. Sie haben in ihrem Beruf einen »Raum freier Bewegung«, nicht gerade ein Geheimnis, aber doch einen eigenen Bereich, der von ihrer Familie nicht vereinnahmt werden kann.

*Beziehungsarbeit* Frauen fühlen sich für das Klima in der Partnerschaft und der Familie zuständig. Und sie spüren auch sofort, wenn Menschen außerhalb des Familiensystems Hilfe und Unterstützung benötigen. Frauen kümmern sich – um andere. Sie selbst, ihre Interessen und Bedürfnisse geraten da schnell ins Hintertreffen.

Erschöpft von den Anforderungen des Lebens gehen Frauen sich oft selbst verloren. Sie fühlen sich überfordert, fremdgesteuert, hilflos, ohnmächtig. Während es Männern oftmals besser gelingt, sich ei-

gene Räume zu bewahren, sehen viele Frauen nur wenige Rückzugs-
möglichkeiten. Eine Situation, die Folgen haben kann: Frauen leiden
doppelt so häufig wie Männer unter Depressionen. Ihr Risiko für die
Krankheit liegt bei 10 bis 25 Prozent, bei Männern zwischen 5 und
12 Prozent. Gefühle der Hilflosigkeit und des Ausgeliefertseins sind
ein wesentlicher Auslöser für die Krankheit Depression. Der amerikanische Sozialpsychologe Martin Seligman hat festgestellt, dass
Frauen im Laufe ihres Lebens »überreichliche Erfahrung« mit Hilflosigkeit machen müssen. Er schreibt: »Das Verhalten von Knaben
wird von Eltern und Lehrern gelobt oder kritisiert, während das von
Mädchen häufig ignoriert wird. Knaben werden zu Selbstvertrauen
und Aktivität erzogen, Mädchen zu Passivität und Abhängigkeit.
Wenn sie erwachsen sind, finden sich Frauen in einer Kultur vor, die
die Rolle der Hausfrau und Mutter verachtet. Wendet sich eine Frau
der Arbeitswelt zu, stellt sie fest, dass ihre Leistungen weniger Anerkennung finden als die von Männern.«

Die Bedingungen für Frauen in unserer Gesellschaft sind nach wie
vor deutlich schlechter als für Männer. Erschwerend kommt noch
hinzu, dass es sich Frauen selbst auch nicht gerade leichtmachen:
Sie wollen perfekt sein, sie wollen es allen recht machen, sie wollen
alle Anforderungen gleichermaßen erfüllen und sie neigen dazu, sich
viele Gedanken und Sorgen zu machen. Über ihre Liebsten, über sich
selbst, über »Gott und Welt«. Frauen neigen zum Grübeln, und das
ist gefährlich.

Wenn die Gedanken ausgefüllt sind mit fremden oder eigenen
Problemen, mit Selbstzweifeln und Zukunftsängsten, dann bleibt
erst recht kein »Raum freier Bewegung«, in dem sich Neues oder
wenigstens Stärkendes entwickeln kann. Susan Nolen-Hoeksema,
Professorin für Psychologie an der Universität von Michigan, hat in
ihren Studien den fatalen Zusammenhang zwischen Grübeln und
Depressionen immer wieder belegen können. Frauen bestätigten in
diesen Untersuchungen wesentlich häufiger als Männer, »dass sie ins
Grübeln gerieten, wenn sie traurig oder niedergeschlagen sind«, berichtet Nolen-Hoeksema und ergänzt: »Im Zusammenhang mit der

Frage, inwieweit Zu-viel-Denken und andere untersuchte Faktoren die Wahrscheinlichkeit von Depressionen bei Frauen beeinflussten, stellten wir fest, dass das Zu-viel-Denken statistisch gesehen mit den höchsten Stellenwert besaß.«

### Das Geheimnis als Rückzugsmöglichkeit

Geheimnisse können gerade für gestresste und überforderte Frauen eine wirksame Gegenstrategie sein. Geheimnisse verschaffen Frauen eine Auszeit, sie geben ihnen Raum zum Atmen, zum Kraftschöpfen, zum Distanzfinden. Weil Frauen überbeansprucht werden, weil zu viele Aufgaben in ihren Händen liegen, brauchen sie dringend ein Gegengewicht. Geheimnisse bieten diesen Ausgleich. Sie können ein in Schieflage geratenes Leben wieder ins Gleichgewicht bringen, indem sie es einer Frau erlauben, sich – innerlich oder äußerlich – für eine gewisse Zeit abzuwenden und sich auf eine Insel zurückzuziehen, zu der nur sie oder Auserwählte Zugang haben. Eine Frau, die ein Geheimnis hat, spürt Stärke. Denn sie besitzt etwas Eigenes, etwas, das ihr niemand nehmen kann, etwas, das für sie eine Energiequelle darstellt. Gleichgültig, ob es sich um ein heimlich verfasstes Tagebuch handelt, um verheimlichte regelmäßige Museumsbesuche, um im Geheimen besuchte Vorlesungen, um hilfreiche Gespräche mit dem Exfreund oder vielleicht sogar eine heimliche Liebesbeziehung, die das Selbstwertgefühl stabilisiert – Geheimnisse geben einer Frau die Kontrolle über ihr eigenes Leben zurück und machen sie unabhängiger von äußeren Einflüssen und Zumutungen. Das »Zimmer für sich allein« erfüllt in einem Frauenleben wichtige Funktionen:

- Eine Frau, die ein Geheimnis hat, kann zu sich selbst finden. Ungestört von äußeren Einflüssen kann sie im Schutz ihres geheimen Wissens über sich selbst nachdenken, über ihre Beziehung zu anderen, über ihre Ziele und ihre Sehnsüchte.

- Eine Frau, die ein Geheimnis hat, besitzt einen schützenden »Mantel«, der allzu aufdringliche oder belastende Situationen auf gesunder Distanz hält.
- Eine Frau, die ein Geheimnis hat, kann zeitweise locker lassen. Sie kann Seiten ausleben, die sonst keinen Platz in ihrem Leben finden würden.
- Eine Frau, die ein Geheimnis hat, kann in eine andere flüchten, wenn die »richtige« Welt ihr zu anstrengend, zu fordernd, zu schwierig wird.
- Eine Frau, die ein Geheimnis hat, kann sich und auch ihre Kinder schützen, indem sie mithilfe ihres geheimen Wissens ein Leben möglich macht, das ohne das Geheimnis nicht denkbar wäre oder gar zerstört würde.
- Eine Frau, die ein Geheimnis hat, besitzt eine ganz persönliche Tankstelle, an der sie sich mit all dem Wichtigen versorgen kann, das sie braucht, um nicht aus dem Gleichgewicht zu kommen.
- Wie bedeutsam Geheimhaltung für ihr Leben ist, das wussten Frauen schon zu allen Zeiten, was ihnen den Ruf einbrachte, Meisterinnen der Verstellung zu sein.

## »Das Weib ist verlogen«

Frauen sind den Männern seit jeher suspekt. »Was will das Weib?«, fragte ratlos Sigmund Freud. Was denken, fühlen diese seltsamen Wesen, die für Männer so schwer zu durchschauen sind und nicht selten sogar als bedrohlich empfunden werden? Die fatale Geschichte von Adam vor Augen, der von Eva verführt und getäuscht in den verbotenen Apfel biss und dafür mit ihr aus dem Paradies vertrieben wurde, fragen sie sich bis heute: Kann Mann einer Frau trauen?

Auf keinen Fall! Niemals! Der Philosoph Arthur Schopenhauer, nicht gerade als Frauenfreund bekannt, bezog zu dieser Frage eindeutig und vehement Stellung. Er war der Ansicht, dass ein weibliches Wesen zum Lügen, zum Vertuschen und Täuschen geradezu geboren sei. Denn die Natur, so Schopenhauer, habe die Frau mit Verstellungskunst ausgerüstet, weil sie körperlich schwächer und weniger vernunftbegabt sei als der Mann. Um aufgrund intellektueller Schwäche nicht unterzugehen, besäßen Frauen die Fähigkeit zur Täuschung und Verstellung. Ein gerechter Ausgleich! Ähnlich argumentiert auch Friedrich Nietzsche, wenn er schreibt: »Was liegt dem Weibe an Wahrheit! Nichts ist von Anbeginn dem Weibe fremder, widriger, feindlicher als Wahrheit – seine große Kunst ist die Lüge, seine höchste Angelegenheit der Schein und die Schönheit.«

Ins gleiche Horn stößt der österreichische Philosoph Otto Weininger. Er schreibt in seinem 1903 erschienenen Buch *Geschlecht und Charakter* von einem »Unvermögen der Frauen zur Wahrheit« und war überzeugt: Der Mangel an einem »freien Willen zur Wahrheit bedingt ihre Verlogenheit. ... Wer mit Frauen Umgang hatte, der weiß, wie oft sie, unter dem momentanen Zwang auf eine Frage zu antworten, ganz beliebig falsche Gründe für das, was sie gesagt oder getan haben, aus dem Stegreif angeben.« Weiningers Urteil über die Psychologie der Frau fällt vernichtend aus: »Das Weib ist verlogen. ... Um die Wahrheit reden zu können, muss man etwas sein; denn die Wahrheit geht auf ein Sein, und zum Sein kann nur der ein Verhältnis haben, der selbst etwas ist. Der Mann will die ganze Wahrheit, das heißt, er will nur sein. ... Wer dagegen über einen Tatbestand etwas aussagt, ohne wirklich mutig ein Sein behaupten zu wollen; wem die äußere Urteilsform gegeben ist ohne die innere; wer, wie die Frau, nicht wahrhaft ist: der muss notwendig immer lügen. Darum lügt die Frau stets, auch wenn sie objektiv die Wahrheit spricht.« Der Mann dagegen ist immer wahrhaftig, er kann gar nicht lügen. Anders als eine Frau, die »beliebig lachen, weinen, erröten, ja ... schlecht aussehen (kann) auf Verlangen«, fehlten dem Mann »zu solcher Verlogenheit ... offenbar auch die organischen physiologischen Bedingungen«.

Physiologische »Besonderheiten« macht auch der deutsche Nervenarzt Paul Julius Möbius 1907 in seiner Schrift *Über den physiologischen Schwachsinn des Weibes* für dessen Unwahrhaftigkeit, an deren

Existenz der Psychologe nicht zweifelte, verantwortlich: Möbius hält es für »nachgewiesen, dass für das geistige Leben ausserordentlich wichtige Gehirntheile, die Windungen des Stirn- und Schläfenlappens, beim Weibe schlechter entwickelt sind als beim Manne, und das dieser Unterschied schon bei der Geburt besteht«. Darin sieht Möbius den Grund, dass »Heuchelei, also Lüge, die naturgegebene und unentbehrliche Waffe des Weibes« sein müsse.

Auch wenn man heute über die Herren Schopenhauer, Nietzsche, Weininger und Möbius nur noch lächelt – sie hatten in gewisser Weise Recht mit ihrer Analyse: Frauen sind tatsächlich geschickt im Täuschen und Ablenken, im »So-tun-als-ob« und in der Verstellung. Allerdings sind diese Fähigkeiten weder auf ihre angebliche angeborene Schwäche oder Dummheit zurückzuführen noch auf einen möglicherweise schlechten Charakter, ganz im Gegenteil: Sie sind ein Zeichen von besonderer Klugheit und Stärke. Vor allem in der Vergangenheit waren Geheimnisse und Lügen wichtige Überlebensstrategien des weiblichen Geschlechts, weil sie keinen Zugang zu anderen Machtmitteln und Einflussmöglichkeiten hatten. Frauen griffen zu List und Tücke, weil sie in einer Gesellschaft lebten, in der ihre eigenen Wünsche, Bedürfnisse und ihr Wille wenig zählten. In Ermangelung wirklicher öffentlicher Macht mussten sie Machtstrategien der Ohnmächtigen einsetzen. »Wir waren gezwungen, Männer zu belügen, um zu überleben«, schreibt die Dichterin Adrienne Rich.

### Das Geheimnis: Die Waffe der Ohnmächtigen

Frauen waren jahrhundertelang in machtlosen, dem Manne untergeordneten Positionen. Sie hatten keinerlei Rechte, waren dem Wohlwollen ihres Mannes ausgeliefert und mussten sich den männlichen Regeln der Gesellschaft anpassen und unterordnen. Um ihr Selbstwertgefühl zu schützen und ihre Eigenständigkeit zu wahren, blieb ihnen oftmals keine andere Wahl, als sich mit weiblicher List wenigstens ein wenig Macht und Einfluss zu verschaffen. Nach außen hin verhielten sie sich, wie es sich für eine Frau gehörte und wie die Gesellschaft es von ihnen erwartete, und trotzdem gelang es ihnen, ihre eigenen Vorstellungen durchzusetzen, indem sie sich – oftmals nur zum Schein – den Erwartungen anpassten. »Schweigen ist der Frauen schönster Schmuck«, sagt ein englisches Sprichwort. Frauen wussten immer schon, wie man mit Verheimlichen und Schweigen Ziele erreichen, sich und die eigenen Kinder schützen und über sich selbst bestimmen kann. »Wenn Wissen Macht ist, dann ist geheimes Wissen potenzierte Macht; es kann zurückgehalten, ausgetauscht und als Kapital eingesetzt werden. Für Frauen, die traditionell von prestigeträchtigen Berufen und von der Ausübung öffentlicher Macht ausgeschlossen waren, lag in den Geheimnissen, die sie hüteten, vielleicht die einzige Form von Macht, die sie kannten«, schrieb die amerikanische Autorin Letty Cottin Pogrebin.

Weil sie auf den Mann und seinen Schutz in einer patriarchalischen Gesellschaft angewiesen waren, lernten Frauen, ihre wirklichen Gedanken und Wünsche geheim zu halten und stattdessen die Spielregeln der männlichen Gesellschaft – scheinbar – zu akzeptieren. Sie spielten die treu sorgende, unterwürfige Ehefrau und erkauften sich mit diesem Täuschungsmanöver ein wenig Freiraum. »Um einen Mann zu bekommen und zu halten, musste eine Frau das männliche Ego aufbauen und in doppelter Größe widerspiegeln, musste die Geschichten, die der Mann erzählte, mit großen, glänzenden Augen anhören, ganz gleich, wie sterbenslangweilig sie waren«, beschreibt die Psychologin Harriet G. Lerner die Situation der Frauen in früheren Zeiten.

Auch die Schriftstellerin Virginia Woolf thematisiert den Zusammenhang zwischen der Unterdrückung der Frau und ihren Täuschungsmanövern in ihrem Buch *Ein Zimmer für sich allein*: Dort beschreibt sie, was passiert, wenn eine Frau dem Mann gegenüber ehrlich ist, wenn sie sich weigert, ihn zu bewundern und seine Größe zu bestätigen: »Wenn sie anfängt, die Wahrheit zu sagen, schrumpft sein Spiegelbild; seine Lebenstüchtigkeit schrumpft zusammen. Wie wird er in Zukunft Urteile fällen, Wilde zivilisieren, Gesetze machen,

Bücher schreiben, sich aufputzen und auf Banketts Reden halten, wenn er sich nicht wenigstens zum Frühstück und zum Abendessen in doppelter Größe sieht?« Die Frauen wussten, dass ihre eigene Sicherheit von der Funktionsfähigkeit ihrer Männer abhing. Deshalb stärkten sie ihnen den Rücken, stellten sie nicht infrage, auch wenn sie vielleicht in vielen Fällen anderer Meinung waren. »Das schwache Geschlecht muss das starke Geschlecht vor der Erkenntnis der Stärke des schwachen Geschlechts schützen, denn sonst würde das starke Geschlecht sich durch die Stärke des schwachen Geschlechts geschwächt fühlen«, so Lerner.

Aus Rücksicht auf männliche Regeln und männliche Verletzlichkeit unterwarfen sich Frauen früher auch einengenden Zwängen, wenn es um ihre Sexualität ging. Eigenes sexuelles Begehren zu zeigen war für sie undenkbar. Sie riskierten, entweder als verrückt ausgegrenzt oder als Hexe und Opfer des Teufels vernichtet zu werden. Eine gute Ehefrau verhielt sich im Bett züchtig; mit offen gezeigter Begierde und Lust lief sie Gefahr, ihren Gatten zu irritieren und seine Zuneigung zu verlieren. Verließ sie dennoch mal den vorgezeichneten Weg der züchtigen Frau, verliebte sie sich gar in einen anderen Mann als ihren Gatten, dann folgte die verheerende Strafe auf den Fuß. So schreibt die Autorin Catharina Lohmann: »Bibliothekenweit findet sich bis heute so gut wie keine literarische Frauengestalt, die einen Seitensprung oder sonstiges ›unzüchtiges Verhalten‹ überstanden hätte, ohne Schaden an Leib oder Seele oder beidem zu nehmen. Sofern die Ehebrecherin nicht von ihrem durchgeknallten Gatten stante pede liquidiert wird, stürzt sie sich – triefend vor Schuld und Scham – selbst ins Messer, ins Wasser oder lebenslängliche Elend.«

Leo Tolstoi beschreibt in *Anna Karenina*, wie deren Liebesaffäre mit dem Grafen Wronskij ihre Ehe zerstört und schließlich im Suizid endet: Sie wirft sich vor den Zug.

Fontanes *Effi Briest* verliebt sich in Major Crampas. Als ihr Mann Jahre später Liebesbriefe findet, tötet er Crampas und verstößt seine Frau. Effi Briest wird vor Kummer krank und stirbt.

Gustave Flaubert schildert in seinem Roman *Madame Bovary*,

wie eine unglückliche Ehefrau sich nach Liebe und Leidenschaft verzehrt und sich am Ende, nach unglücklichen Affären, vergiftet und stirbt.

Es gibt in der Literatur noch eine Fülle anderer Beispiele dafür, wie Frauen, die sich nicht mit einer unerfüllten Ehe zufriedengeben wollen, bestraft werden, wenn sie aus dem für sie vorgesehenen Korsett der braven, sittsamen, lustlosen Ehefrau ausbrechen. Frauen, die ihr Begehren zeigen, werden zu geächteten Außenseiterinnen. Die realen Frauen hörten die Botschaft wohl. Was blieb ihnen angesichts eines schlimmen Schicksals anderes übrig, als ihre Wünsche zu unterdrücken – oder nur im Geheimen auszuleben?

### Vorgetäuschte Orgasmen und heimliche Affären

Die Zeiten haben sich geändert. Niemand spricht heute mehr einer Frau ihr Recht auf eine erfüllende Sexualität und ein befriedigendes Leben ab. Zeitschriften sind voll mit hilfreichen Ratschlägen, wie das weibliche Geschlecht am besten auf seine Kosten kommt. Und sie sind voll von Bildern, die dem Betrachter und der Betrachterin vor Augen führen, dass Frauen lustvolle Wesen sind. Und doch ist das nur die Oberfläche. In der Öffentlichkeit, in der Werbung oder in Medienprodukten dürfen Frauen ihre Lust zeigen. Im Privatleben aber hat sich die Situation noch nicht so drastisch verändert. Scheinbar können Frauen auch heute noch nicht auf Verstellung verzichten. Die jahrhundertealte Geschichte der Unterdrückung weiblicher Sexualität und weiblichen Begehrens hat Spuren hinterlassen, die noch heute Frauenleben prägen. Noch immer laufen sie Gefahr, als unanständig, männergeil oder gar als Nymphomanin abgestempelt zu werden, wenn sie ihr Begehren allzu offen zeigen. Auch eine moderne Frau schweigt manchmal vornehm über ihre Lust, aber mehr noch über ihre Unlust.

Dem Partner ihre Wünsche zu verraten, mit ihm über die eigenen Bedürfnisse zu sprechen, das wagen viele Frauen immer noch nicht.

Sie tun so, als ob die Sexualität, die ihnen angeboten wird, Spaß machen würde, sie täuschen Lust und Befriedigung vor, nicht zuletzt, um den Partner nicht zu verletzen. Eine repräsentative Umfrage des Gewis-Instituts in Hamburg im Auftrag der Zeitschrift *Freundin* hat das Ausmaß der Täuschung in Ehebetten erfasst: Ein Drittel der befragten Frauen gab an, alleine leichter einen Orgasmus zu erleben als mit dem Partner. Damit sich der Partner besser fühlt, täuschen 51 Prozent Orgasmen vor. Und obwohl sie mit seiner sexuellen Vorstellung alles andere als zufrieden sind, flüstern sie ihm nach dem Sex freundliche Lügen zu: »Das war ganz toll!«, »Nie hat mich ein Mann so befriedigt wie du!«.

Wie die Umfrage ebenfalls zeigt, ist die Ursache für Probleme im Bett offenbar mangelnde Kommunikation: Mehr als die Hälfte der Befragten (55 Prozent) hat Probleme, mit dem Partner über sexuelle Wünsche zu sprechen. Lust vortäuschen, einen Orgasmus vorspielen – ähnlich wie ihre Geschlechtsgenossinnen in früheren Jahrhunderten machen Frauen auch heute noch aus ihrer Sexualität oft ein Geheimnis. Sie reden nicht über ihre Unzufriedenheit und viel zu selten über ihre Wünsche. Viele schweigen, weil sie fürchten, auf Unverständnis zu stoßen, andere wissen ganz genau, dass sie von ihrem Partner wenig Veränderung erwarten können. Von Frauen werden Lügen sogar erwartet, meint Adrienne Rich Anfang der 1990er Jahre. Welche Lügen, das hängt ihrer Meinung nach davon ab, »was die Männer der jeweiligen Epoche hören wollen. Von der viktorianischen Ehefrau wurde erwartet, dass sie unsinnlich war und einfach ›dalag‹; von der ›freien‹ Frau des 20. Jahrhunderts wird erwartet, dass sie Orgasmen vortäuscht.«

Bedeutet das: Es hat sich nicht viel verändert für Frauen seit der Zeit von Effi Briest und Co.? Diese Schlussfolgerung wäre falsch. Denn es hat sich etwas verändert. Allerdings wird diese Veränderung kaum wahrgenommen, weil sie sich weitgehend im Geheimen abspielt. Zunehmend wollen sich Frauen mit der ihnen zugestandenen und angebotenen Sexualität nicht zufriedengeben. Wie Effi Briest, Anna Karenina oder Madame Bovary sehnen sie sich nach einem erfüllten

Leben, doch anders als diese literarischen Figuren sorgen sie dafür, dass ihre Suche nicht in einem Desaster endet. Im Schutz eines Geheimnisses nehmen sie sich, was ihnen zusteht. Statt ihre Lust zu verleugnen, leben sie diese heute zunehmend aus – heimlich.

Die Untreue der Frauen hat zugenommen, konstatieren Paartherapeuten. Genaue Zahlen fehlen natürlich. Und Frauen handeln klug, wenn sie ihre Untreue verschweigen. Denn Untreue ist nach wie vor der häufigste Scheidungsgrund. Das gilt für beide Geschlechter, mehr aber für Männer. In einer Umfrage des Offenbacher Meinungsforschungsinstituts Marplan aus dem Jahr 2003 wäre für 51 Prozent der befragten Männer mit der Untreue ihrer Frau die Ehe zu Ende, von den Frauen würden nur 27 Prozent so unerbittlich auf einen Seitensprung des Mannes reagieren.

Frauen tun also gut daran, ihre brachliegenden Bedürfnisse im Geheimen zu befriedigen, wenn sie ihre festen Beziehungen nicht aufs Spiel setzen wollen – und das wollen sie häufig wirklich nicht. Meist geht es nicht darum, einen Partner gegen den anderen auszutauschen. Oftmals stecken andere Gründe hinter der »Untreue« der Frauen. Eine heimliche Liebe bietet einer Frau eine Entwicklungsmöglichkeit, die sie in ihrem »ersten« Leben nicht hat. Das zeigen Interviews, welche die Psychologin Gisela Runte mit fremdgehenden Frauen geführt hat. Manche dieser Frauen haben sich auf eine Außenbeziehung eingelassen, weil sie nicht »lebenslänglich auf die Erfüllung ihrer Wünsche verzichten« wollten, so die Autorin. So meinte eine Frau im Interview, sie hätte »keine Lust mehr, zu verzichten, zu warten, zu nörgeln und sich selbst zu kritisieren«.

Wenn Frauen untreu werden, dann oft aus dem Grund, dass sie einen eigenen Weg finden wollen – jenseits von Partnerschaft und Pflichterfüllung. Warum suchen sie diesen Weg nicht innerhalb der Partnerschaft? Die Psychologin Gisela Runte meint dazu: »Ich glaube, man hat an eine Beziehung überhöhte Ansprüche, wenn man dort alle Wünsche erfüllt bekommen und alle Seiten von sich selbst leben möchte. Es kann sein, dass eine Beziehung an eine Grenze kommt und man entscheiden muss: Ich akzeptiere die Grenze, schätze, was in dieser Beziehung da ist, und vielleicht suche ich anderes, das ich auch leben will, außerhalb der Beziehung. Oder ich entscheide mich für den Verzicht und lebe bestimmte Seiten nicht.« Letzteres käme jedoch einem Entwicklungsstillstand gleich. Will eine Frau sich nicht resigniert mit dem Gegebenen abfinden, braucht sie oft das Geheimnis, um den bislang ungelebten, wichtigen Seiten ihrer Persönlichkeit zu ihrem Recht zu verhelfen.

Wie schon im Abschnitt über das zweite Leben und die heimliche Liebe beschrieben, geht es bei geheimen Beziehungen oft darum, die Eigenständigkeit zu wahren oder wiederherzustellen. Die Paartherapeutin Rosmarie Welter-Enderlin hat häufig beobachtet, dass eine heimliche Affäre »zunächst das noch nicht bewusste Bedürfnis des einen oder anderen Partners (signalisiert), einen ›Raum für sich‹ abzugrenzen«. In diesem geheimen Raum kann dann unter Umständen eine neue Haltung zur bestehenden festen Beziehung gefunden und ein möglicherweise über die Jahre hinweg entstandenes Ungleichgewicht in der Partnerschaft ausgeglichen werden. Das gilt für Männer wie Frauen gleichermaßen. Aber mehr noch als für Männer kann eine heimliche Liebe das Selbstvertrauen von Frauen stärken und aus dem Gleichgewicht geratene Machtverhältnisse innerhalb der Beziehung wieder geraderücken.

## Es geht um die Macht

Anders als Männern geht es »untreuen« Frauen oft gar nicht so sehr – oder nicht nur – um Sexualität, wenn sie sich im Schutze des Geheimnisses einem anderen Mann zuwenden. So manche Frau versucht, durch die heimliche Affäre die Machtbalance in ihrer Partnerschaft wiederherzustellen. Wie die 45-jährige *Hannelore,* die sich auf die Anzeige »Geheimnisse gesucht« meldete und folgende Geschichte erzählte:

*Beispiel:* Ich bin verheiratet. Seit bald 20 Jahren. In den ersten Jahren meiner Ehe gab es ziemliche Schwierigkeiten. Mein Mann ist sehr er-

X

folgreich, dominant und wenig zärtlich. Ich hatte immer das Gefühl, neben ihm im Schatten zu stehen und langsam zu verdörren. Oft hatte ich Angst vor ihm, vor seiner Impulsivität, seinem Jähzorn und seiner Unerbittlichkeit. Auch die Sexualität mit ihm war nicht das, was ich mir wünschte, und manchmal lag ich nachts verzweifelt im Bett, weil ich mich eigentlich für zu jung hielt, um meine sexuellen Wünsche zu begraben. Ich überlegte, ob ich ein Inserat aufgeben sollte: »Liebhaber gesucht« – so sehr sehnte ich mich nach mehr Wärme und Zuwendung. Aber ich tat das natürlich nicht. Meinen Mann verlassen wollte ich nicht. Wir hatten trotz allem viel gemeinsam: Unsere kleine Firma – eine Werbeagentur – florierte, nicht zuletzt deshalb, weil wir sehr gut zusammen arbeiten konnten. Wir hatten zudem viele gemeinsame Interessen: Literatur, Musik, Theater. Nur eben die fehlende Emotionalität und seine Aggressionen machten mir zu schaffen. Meine Probleme wurden immer größer und äußerten sich schließlich in permanenten Migräneanfällen. Ich lief von einem Arzt zum anderen, immer wieder bekam ich neue Tabletten aufgeschrieben. Irgendwann geriet ich an einen Spezialisten. Er sorgte dafür, dass ich von den Tabletten, die mich inzwischen süchtig gemacht hatten, loskam – und überwies mich an einen Psychotherapeuten. Nicht ohne mich vorher gefragt zu haben, ob ich mal mit ihm zu Abend essen würde. Um es kurz zu machen: Er gefiel mir sehr und ich ihm wohl auch. Wir begannen eine Affäre. Auch er war verheiratet, lebte aber von seiner Frau im gleichen Haus getrennt. Überflüssig zu sagen, dass meine Migräne ziemlich schnell verschwunden war.

Zu Beginn wollte ich eigentlich meinem Mann alles erzählen, aber verschiedene Gründe hielten mich davon ab: Ich hatte Angst vor seiner Reaktion (er konnte sehr gewalttätig werden, wenn ihm jemand in die Quere kam und sein Ego kränkte), aber ich war mir auch gar nicht wirklich sicher, ob ich eine Trennung wirklich wollte. Wollte ich tatsächlich mit dem Arzt eine neue Beziehung eingehen? Wollte ich mein bisheriges Leben und auch meine berufliche Perspektive aufgeben? Mein Zögern ließ mich schweigen und machte aus meiner Affäre ein Geheimnis. Seit nunmehr sieben Jahren lebe ich ein Doppelleben. Immer weniger sehe ich die Notwendigkeit, meinen Mann zu verlassen. Denn nun stimmt die Balance: Die Machtverhältnisse zwischen uns sind ausgeglichen. Was ich bei meinem Mann vermisste, bekomme ich von meinem Geliebten. Und was mein Geliebter mir nicht geben kann – die Sicherheit, das Familienleben –, finde ich in meiner Ehe. Inzwischen will ich mit beiden Männern leben. Denn nur mit beiden habe ich das Gefühl, »ganz« zu sein. Mit jedem kann ich eine Seite von mir ausleben. Obwohl dieses Leben sehr anstrengend ist, kann ich es nicht beenden. Manchmal frage ich mich schon, ob ich noch normal bin, und manchmal wünschte ich mir, ich könnte mich mit einem Mann begnügen. Aber allein der Gedanke, einen der beiden aufzugeben, macht mir Angst.

Wie dieses Beispiel zeigt: Manchmal hilft ein geheimes Leben, mit Ängsten und Ohnmachtsgefühlen fertig zu werden und aus dem Lot geratene Machtverhältnisse in einer Beziehung wiederherzustellen. *Hannelore* half das Doppelleben, mit ihrem Mann weiter arbeiten und leben zu können, ohne neben ihm emotional zu verhungern. Wenn sie ihren Liebhaber aufgeben würde, so fürchtet sie, wäre sie nicht nur wieder in die emotionale Diaspora zurückgeworfen, sie wäre auch weniger stark, den Launen und der Unberechenbarkeit ihres Mannes Paroli zu bieten. Die Machtbalance, die sie durch ihre Außenbeziehung hergestellt hat, wäre dann wieder gefährdet. Dass die Lösung, die *Hannelore* für sich gefunden hat, wahrscheinlich keine auf Dauer tragfähige Lösung ist, liegt auf der Hand in einer Gesellschaft, die nur monogame Beziehungen duldet. Aber immerhin hat sie sich auf diese Weise einen Schutz vor den destruktiven Kräften ihrer Ehe geschaffen und die Bedingungen in der Ehe für sich zum Positiven verändert. Vielleicht kann sie im Schutz des Doppellebens irgendwann einmal eine gute Entscheidung für ihr weiteres Leben treffen. Vielleicht aber auch nicht.

Wenn Frauen in einer Beziehung langfristig das Gefühl haben, zu kurz zu kommen, wenn der Partner dominiert und sie sich anpassen müssen, dann kann ein geheimes Leben kurz- oder auch langfristig eine Rettung sein, wenn Trennung nicht möglich oder nicht gewünscht ist.

Machtverhältnisse lassen sich aber nicht nur durch geheime Liebesbeziehungen wiederherstellen, sondern auch auf andere Weise, wie ein Beispiel zeigt, das von der Familientherapeutin Evan Imber-Black stammt:

**X** *Beispiel:* Jahrelang hatte Selma Alexander ihren Ehemann Henry gedrängt zu verraten, wie hoch das Vermögen der Familie war. Immer wieder kam es zum Streit, weil sie ihn aufforderte, die Finanzen offenzulegen. Aber jedes Mal wies er sie kühl ab und erklärte, das sei seine Angelegenheit, und solange sie gut versorgt werde, müsse sie keine Einzelheiten wissen. Schließlich teilte ihm Selma gelassen mit, sie werde für ein paar Wochen verreisen, sich von unterwegs zwar regelmäßig melden, aber ihm nicht genau angeben, wo sie sich aufhielt. Als sie zurückkehrte, hatte er einen Termin mit seinem Steuerberater vereinbart, um seine Frau über alle Einzelheiten ihrer finanziellen Situation aufzuklären.

Die Ehefrau suchte Zuflucht in einem Geheimnis und machte ihrem Mann damit klar, dass sie nicht mehr bereit war, ihm die Machtposition in der Beziehung zu überlassen. Sie wollte nicht mehr länger um Gleichstellung und Gleichbehandlung betteln und von seiner Gnade abhängig sein. Durch ihre geheimnisvolle Reise zeigte sie ihm, dass auch sie alles andere als ohnmächtig war.

### Nur keine Skrupel!

Über die Jahrhunderte hinweg haben sich Frauen mithilfe von Geheimnissen eigene »Räume freier Bewegung« geschaffen. Oft mit List und Tücke, mit Täuschung und Irreführung. Kann man daraus schließen, dass Frauen, weil gewohnt, ihre wahren Absichten zu verhüllen, auch besser mit einem Leben in Lüge zurechtkommen als Männer? Sind sie so geschickt im Täuschen und in der Verstellung, wie es die Herren Schopenhauer, Nietzsche, Weininger und Möbius behauptet haben? Die zu dieser Frage vorliegenden Studien lassen eine solche Schlussfolgerung nicht zu. Ganz im Gegenteil: Frauen mögen die Lüge dringender benötigen als Männer, aber sie gehen skrupulöser damit um.

Geheimnisse und Lügen belasten Frauen mehr als Männer. Die emotionalen Konsequenzen scheinen Frauen schwerer ertragen zu können. Schuld und Schamgefühle machen dem weiblichen Geschlecht mehr zu schaffen als dem männlichen. Frauen gehen mit sich strenger ins Gericht als Männer, wenn sie Normen übertreten und eine »Sünde« begangen haben. Ein Frau sagt eher: »Ich lüge, ich habe ein Geheimnis, also bin ich moralisch schlecht«, während Männer dazu neigen, ihre Lüge vor sich zu rechtfertigen und anderen die Schuld geben: »Ich lüge, weil du mich dazu zwingst« oder »Ich lüge, aber ich tue das, weil du die Wahrheit nicht verkraftest«. Männer gehen mit der Unwahrheit lockerer um. Sie halten sich nicht gleich für einen moralisch schlechten Menschen, wenn sie ein Geheimnis durch eine Lüge wahren.

Hier zeigt sich ein Konflikt: Frauen brauchen Geheimnisse, sie benötigen sie, um wichtige Entwicklungsschritte in Sicherheit gehen zu können, um sich gegen Zumutungen zu wehren und um ihre berechtigten Machtansprüche durchzusetzen. Gleichzeitig aber scheinen Frauen in sehr viel größerem Maße als Männer Skrupel zu haben, wenn sie von der Wahrheit abweichen. Sie quälen sich mit Selbstbeschuldigungen, halten sich für unmoralisch, wenn sie lügen und täuschen. Guten Gewissens erlauben sie sich eine Täuschung nur, wenn sie damit andere Menschen schützen und sie nicht bloßstellen wollen. Im Denken des weiblichen Geschlechts ist die altruistische Lüge erlaubt, die egoistische Lüge ist verwerflich.

Frauen machen sich unnötig das Leben schwer. Skrupel und moralische Bedenken sind fehl am Platze, wenn es darum geht, dem eigenen Leben mehr Raum zu verschaffen. Geheimnisse können das Leben einer Frau leichter, bunter und lebenswerter machen. Geheimnisse verschaffen ihr Entwicklungsmöglichkeiten und Freiheiten, für die in ihrem Alltag kein Platz ist. Verzichten Frauen aus übergroßen Skrupeln und falsch verstandener Moralität auf diese Chance, dann berauben sie sich selbst eines besseren Lebens. Und das tun sie auch, wenn sie sich zwar Geheimnisse leisten, diese aber nicht genießen und nutzen können, weil sie sich mit Schuldvorwürfen und schlechtem Gewissen herumplagen.

»Wir Frauen haben gerade erst begonnen, unsere eigenen Wahrheiten zu entdecken«, meint Adrienne Rich. Vielleicht sollten Frauen diese Wahrheiten nicht gleich in die Welt hinausposaunen, solange sie noch nicht wirklich gefestigt sind. Aus strategischen Gründen und zum eigenen Schutz sollten sie ihre Wahrheiten für sich behalten – das gibt ihnen Stärke und den nötigen Freiraum für weitere Entwicklungen.

### Warum brauchen Frauen Geheimnisse?

Ein Geheimnis kann für eine Frau ein wichtiger Hebel sein, um sich auf diese Weise Lebensbedingungen zu schaffen, in denen sie selbstbestimmt existieren kann. Frauen brauchen in besonderem Maße einen Schutz ihrer Privatsphäre, weil diese oftmals in den Anforderungen der Familie, des Berufs, der Umwelt unterzugehen droht. Frauen brauchen in besonderem Maße einen Machtausgleich, weil sie immer noch gefährdet sind, ihre eigenen Interessen den Interessen anderer unterzuordnen. Frauen brauchen in besonderem Maße den Schutz des Geheimnisses, um ihre Ziele und Ideen – so vage und unausgegoren sie auch sein mögen – auszutesten.

Ein zweites Leben neben dem normalen kann gerade dann für Frauen eine gute Lösung sein, wenn sie an den Anforderungen des Alltags zu ersticken drohen. Ein zweites Leben, zu dem weder der Partner oder die Partnerin, weder die Kinder noch die anderen Familienmitglieder, weder die Freunde noch die Kolleginnen den Zugangscode kennen, schafft Luft zum Durchatmen und gibt einer Frau das Bewusstsein für den eigenen Wert zurück. Ohnmachtsgefühle und Hilflosigkeit werden dadurch in Schach gehalten – die seelische Stabilität wird gestärkt.

# Du sollst nicht lügen – oder doch?

»Ich liebe die Wahrheit. Ich glaube, die Menschheit
braucht sie. Sicher aber braucht sie noch viel mehr
die Lüge, die ihr schmeichelt, Trost spendet und ihr
endlos Hoffnung macht.«

*Anatole France*

Wer ein Geheimnis hat, kommt meist um die Lüge nicht herum. Mag
sein, dass es manchmal ausreicht, zu schweigen, etwas ganz einfach
nicht zu sagen und den Mund zu halten – aber in den meisten Fällen
können Geheimnisse nur gewahrt werden, wenn man sie durch gezielte Lügen und bewusste Täuschung schützt. Die Lüge und das Geheimnis sind Geschwister. Ein Geheimnis ohne Lüge ist in der Regel
undenkbar, und umgekehrt schützt eine Lüge oft ein Geheimnis. Wie
der Lügenforscher und Philosoph David Nyberg aufzeigt, können
diese Geschwister auf zwei unterschiedliche Arten ihre Arbeit erledigen: Sie können aktiv oder passiv vorgehen:

- *Aktive* Täuschung liegt vor, wenn man zur Entstehung einer falschen Überzeugung beiträgt und dafür sorgt, dass ein anderer
diese falsche Überzeugung für wahr hält (»Ich lüge nie« oder »Ich
habe die Beziehung zu Anne beendet« oder »Ich liebe dich«).
- Eine *passive* Täuschung liegt vor, wenn man zulässt, dass sich ein
anderer eine falsche Meinung bildet (die Ehefrau geht davon aus,
dass ihr Mann Überstunden macht) oder eine falsche Meinung behält (da sie nicht nachfragt, gibt er keine anderen Erklärungen).

Ob passiv oder aktiv – Täuschung ist Täuschung, Lüge ist Lüge. Für
viele Geheimnisträger ist diese Situation äußerst belastend und verursacht ihnen große Gewissensbisse. Denn das christliche Gebot »Du
sollst nicht lügen« ist den meisten Menschen in Fleisch und Blut über-

gegangen, selbst wenn sie nicht religiös geprägt sind und sich auch nicht für gläubig halten. Die Wahrheit gilt als gut und erstrebenswert, die Lüge als schlecht und verwerflich.

Das moralische Gebot »Du sollst nicht lügen« (genauer: »Du sollst kein falsches Zeugnis ablegen wider deinen Nächsten«) wurde nicht nur durch die christliche Lehre verbreitet, es bekam auch von Philosophenseite viel Unterstützung. So lässt beispielsweise Aurelius Augustinus keinen Grund gelten, der eine Lüge rechtfertigt. Selbst wenn man mit einer Lüge das Leben eines anderen Menschen retten könnte, müsse man bei der Wahrheit bleiben, mahnt er. »Da durch die Lüge das ewige Leben verwirkt wird – so darf man doch nicht lügen, nur, um ein vergängliches Leben zu retten.« Auch Immanuel Kant bezeichnet Wahrhaftigkeit als »eine unbedingte Pflicht« und bemühte als Beispiel einen ähnlichen Fall wie Augustinus. Auf die Frage: »Darf ich einen Mörder belügen, der von mir wissen will, ob mein von ihm verfolgter Freund sich in meinem Haus versteckt?«, antwortet Kant mit einem klaren »Nein«. Die Lüge sei »ein Verbrechen an der eigenen Person«, meint der Philosoph kategorisch. Es gebe keine denkbare Situation, in der dieses »Verbrechen« gerechtfertigt wäre. Selbst dann nicht, wenn man das Leben eines Freundes mit der Wahrheit aufs Spiel setzt. »Wahrhaftigkeit in Aussagen, die man nicht umgehen kann, ist formale Pflicht des Menschen gegen jeden, es mag ihm oder einem andern daraus auch noch so großer Nachteil erwachsen.«

Auch Michel de Montaigne bezieht in seinen *Essais* eindeutig Stellung gegen das Lügen: »Das Lügen ist ein lumpiges Laster, und ein Alter brandmarkt es in seiner ganzen Schändlichkeit, wenn er sagt, es bezeuge, dass man Gott verachte, im selben Atemzug aber die Menschen fürchte. Überzeugender lässt sich die Gemeinheit, Verworfenheit und Ungeheuerlichkeit dieses Lasters unmöglich ausdrücken, kann man sich doch nichts Niedrigeres denken, als gegenüber Menschen feige und Gott gegenüber kühn zu sein.« Und weiter meinte er: »Wenn uns Schwere und Abscheulichkeit dieses Lasters bewusst wären, würden wir es berechtigter mit Feuer und Schwert verfolgen als andere Schandtaten.«

Die Philosophen und die christliche Kirche – ihre Haltung der Lüge gegenüber hat uns sehr geprägt. Aber ist die Lüge wirklich so verdammenswert, wie Religion und Philosophie uns lehren? Warum eigentlich sollen wir nicht lügen? Weil es das Leben des Belogenen in unzulässiger Weise einschränkt? Weil er gekränkt und verletzt sein könnte, wenn er von der Lüge erfährt. Weil wir fürchten, wir würden unsere Glaubwürdigkeit völlig verlieren, würde die Lüge entdeckt? Oder sollen wir ganz einfach deshalb nicht lügen, weil »Lügen kurze Beine haben« oder weil »eine Lüge zwanzig andere notwendig macht, um diese Lüge zu stützen«, wie ein italienisches Sprichwort meint?

*Du bist längst erkannt,*
*hört doch auf mit den Faxen!*
*Die Nase wird länger,*
*wann hört sie auf zu wachsen?*
*So geht's allen,*
*die lügen und immerzu betrügen.*
*Lügst Du weiter, du Schlingel,*
*wächst die Nase in den Himmel.*

Diese Ermahnung der guten Fee an die Holzpuppe Pinocchio haben Generationen von Kindern gehört und sehr wohl verstanden. Wer lügt, dem wächst eine lange Nase. Von klein auf verinnerlichen sie so die Regel: Ein guter Mensch lügt nicht.

In den USA wird zur moralischen Erziehung der Kinder folgende Geschichte von George Washington, dem ersten Präsidenten der Vereinigten Staaten, erzählt. Sie handelt von dem sechsjährigen George, der mit seiner kleinen Axt einen schönen Kirschbaum malträtiert hat. Es gibt zahlreiche Versionen dieser Geschichte, eine lautet folgendermaßen:

*Beispiel:* »George«, sagte sein Vater, »weißt du, wer den schönen kleinen Kirschbaum da drüben im Garten getötet hat?« Das war eine heikle Frage; und George wankte einen Augenblick lang unter ihrem Gewicht; doch schnell fand er zu sich selbst zurück. Er sah seinen Vater mit seinem lieblichen Jungengesicht an, aus dem der unaussprechliche Charme der alles überwindenden Wahrheit leuchtete, und rief tapfer: »Ich kann nicht lügen, Papa; du weißt, ich kann nicht lügen. Ich habe ihn mit meiner kleinen Axt zerhackt.« – »Komm in meine Arme, mein liebster Junge, rief sein Vater, außer sich vor Rührung, komm in meine Arme: George, ich will mich darüber freuen, dass du meinen Baum zerstört hast, denn du hast es mir tausendfach wiedergutgemacht. Solches Heldentum in meinem Sohn ist mir mehr wert als tausend Bäume, und wenn sie silberne Blüten trügen und Früchte aus reinem Gold.«

Das Pikante daran: Die süßliche Geschichte, die amerikanischen Kindern erzählt wird, um ihre Wahrheitsliebe zu stärken, ist frei erfunden, wie der Philosophieprofessor David Nyberg aufdeckt: »Somit wurde also mehr als ein Jahrhundert lang amerikanischen Schulkindern der Wert der Wahrheit durch eine Lüge nahegebracht.« Die Moral von der Geschicht', so Nyberg: Menschen sind »manchmal nicht ganz ehrlich, wenn sie tun, was sie für richtig halten: und dass Täuschung nicht immer schlecht ist«.

Schwarz-Weiß-Denken ist im Falle von Dichtung und Wahrheit offensichtlich fehl am Platz. Sogar Montaigne, der heftige Lügengegner, räumt ein, dass es Umstände geben kann, die eine Lüge rechtfertigen: »Wenn ich freilich jemals in die Lage käme, mich aus einer offenkundig tödlichen Gefahr durch eine dreiste, in aller Form vorgebrachte Lüge retten zu können, bin ich nicht sicher, ob ich stark genug wäre, dieser Versuchung zu widerstehn.«

Nicht nur im Falle »tödlicher Gefahr«, auch in weniger dramatischen Situationen ist es zu einfach, die Lüge als eindeutig »falsch« und die Wahrheit als eindeutig »richtig« zu bewerten. Oder wie der Dichter Ralph Waldo Emerson es ausdrückt: »Die Wahrheit ist zweifellos schön, die Lüge aber auch.« Dieser Ansicht war lange Zeit vor ihm auch der Bischof von Konstantinopel, Johannes Chrysostomus (344–407). Er reiht sich nicht ein in die Riege der Lügenverdammer, sondern meint, man müsse herausfinden, *warum* ein Mensch lügt. Erst dann könne man entscheiden, ob er moralisch verwerflich handelt oder nicht. Die Beweislast, so Chrysostomus, läge dabei nicht beim Lügner, sondern bei demjenigen, der ihm einen Vorwurf macht: Dieser müsse nachweisen, dass die Lüge aus schlechten Motiven heraus begangen wurde.

Die Lüge an sich ist also zunächst etwas Neutrales. Sie wird erst dann unmoralisch und verwerflich, wenn sie aus unlauteren Absichten heraus geschieht. Das heißt, wer lügt, weil er anderen bewusst Schaden zufügen will oder sich einen Vorteil auf Kosten anderer verschaffen möchte, ist moralisch zu verurteilen. Wer aber aus guten Gründen lügt, zum Beispiel, um seine Privatsphäre zu schützen, um andere nicht zu verletzen, um höflich zu sein oder weil er Angst vor Strafe und Demütigung hat, ist deswegen noch lange kein schlechter, unmoralisch handelnder Mensch.

Der Philosoph Ludwig Marcuse verweist noch auf einen weiteren wichtigen Aspekt: So manche Lüge ist menschlicher und moralischer als die Wahrheit: »Es gibt eine liebenswürdige Lüge und eine unliebenswürdige Wahrheit ... Viele Aufrichtigkeiten sind nichts als barbarische Manieren – und viele Lügen sind Zeichen von Menschlichkeit.« Wenn wir lügen, weil wir andere Menschen vor einer unbarmherzigen Wahrheit bewahren wollen, dann ist an diesem Verhalten nichts Verwerfliches. Ehe man über einen Lügner, eine Lügnerin den Stab bricht, sollte man also genau prüfen und sowohl nach den Ursachen fragen, die zur Lüge führten, als auch die Absichten und Motive des Lügners ins Kalkül ziehen.

## Lügen – aus Rücksicht

Welches Motiv hatte *Ulla,* als sie sich entschloss, ihrer sehr alten, gebrechlichen Mutter nicht die Wahrheit über ihren Enkel zu sagen?

*Beispiel:* Meine Mutter lebt schon seit vielen Jahren im Pflegeheim. **X** Sie ist jetzt 88 Jahre alt und sehr, sehr gebrechlich. Wie hätte ich dieser Frau sagen sollen, dass sich Tobias, einer ihrer Enkelsöhne, der Sohn meiner älteren Schwester, das Leben genommen hat? Das konnte ich nicht. Ich hätte ihr erzählen müssen, dass der Junge an schweren Depressionen litt. Ich hätte ihr erzählen müssen, dass er deshalb in stationärer Behandlung war. Ich hätte ihr sagen müssen, dass er sich aus dem vierten Stock der Klinik gestürzt hat. Gott sei Dank war meine Schwester in ihrem großen Leid so vernünftig, sich meiner Ansicht anzuschließen. Wir beschlossen, ihr gegenüber den Suizid von Tobias nicht erwähnen.

*Ulla* log aus Menschlichkeit und aus Fürsorge. Sie wollte ihrer alten Mutter unnötige Sorgen und Schmerzen ersparen. »Log ich je, so log ich aus Liebe«, lässt Nietzsche seinen Zarathustra sagen. So manche Wahrheit kann schlimmer sein als eine Lüge, weshalb ein kaukasisches Sprichwort rät: »Wer die Wahrheit sagt, sollte sein Pferd gesattelt lassen.« Wenn man weiß oder auch nur ahnt, dass jemand die Wahrheit nicht verkraften kann, ist die Lüge oft der humanere Weg. Das sollte man selbst dann berücksichtigen, wenn ein anderer Mensch einem glaubhaft versichert: Ich will immer die Wahrheit wissen!

*I made him swear he'd always tell me nothing but the truth.*
*I promised him I never would resent it.*
*No matter how unbearable, how harsh, how cruel.*
*How come*
*He thought I meant it?*

*Ich ließ ihn schwören: Sag mir immer die Wahrheit, nichts als die Wahrheit.*
*Ich versprach ihm, ich würde sie ihm nicht übel nehmen*
*Gleichgültig wie unerträglich, wie hart, wie grausam sie auch sei.*
*Wie kommt es,*
*dass er mir glaubte?*

Die Schriftstellerin Judith Viorst beschreibt in ihrem Gedicht *Nothing but the truth* (Nichts als die Wahrheit) das Dilemma, in dem sich viele Menschen befinden. Sie wollen nicht belogen werden, sie wollen die Wahrheit wissen – aber ob sie sie ertragen könnten, diese Frage stellen sie sich nicht. Liebende versprechen sich nicht nur oft das Blaue vom Himmel, sondern neben ewiger Liebe auch ewige Wahrheit: Zwischen uns wird es keine Lüge geben, geloben sie sich, wir wollen immer ehrlich zueinander sein und uns die Wahrheit sagen. Doch erwarten sie wirklich, dass der andere immer bei der Wahrheit bleiben wird? Und erwarten sie von sich selbst absolute Wahrhaftigkeit? Wer ehrlich zu sich selbst ist, muss zugeben: Man sagt nicht immer die Wahrheit, weil man nicht immer die Wahrheit sagen will. Und genauso wenig will man immer und um jeden Preis die Wahrheit wissen. »Was ich nicht weiß, macht mich nicht heiß«, sagt klug der Volksmund. Denn: Wenn ich es wüsste, würde es mich unter Umständen um den Schlaf bringen.

*Elke* zum Beispiel musste diese schmerzliche Erfahrung machen:

**Beispiel:** Mein Freund und ich hatten uns Beginn unserer Beziehung **X** gegenseitig das Versprechen gegeben, uns niemals anzulügen. Wir wollten immer ehrlich zueinander sein. Nach ein paar Jahren kriselte es in unserer Beziehung. Ich hatte nur noch selten Lust, mit meinem Freund zu schlafen, und entsprechend unserer Abmachung sagte ich ihm dies auch offen. Er schien dankbar für meine Ehrlichkeit, versuchte meinen Rückzug zu verstehen und zu akzeptieren.

Eines Tages bat er mich dann um ein Gespräch. Er wolle mir nur mitteilen, dass er eine Kontaktanzeige aufgegeben hätte. Er würde die Sexualität vermissen und suche jetzt eine Frau, die ihm gibt, was ich ihm verweigere. Ich müsste keine Angst haben, er würde mich nicht verlassen wollen. Diese Mitteilung traf mich wie eine Keule. Ich wurde damit nicht fertig. Als er mir dann etwas später sagte, er könne mit keiner der Frauen, die auf seine Anzeige geantwortet hatten, eine sexuelle Beziehung aufnehmen, er liebe mich zu sehr, da war das Kind schon im Brunnen. Ich hätte mir gewünscht, er wäre nicht so ehrlich gewesen. Ich hätte mir gewünscht, er hätte die Sache mit den Kontaktanzeigen für sich behalten. So habe ich jetzt immer Angst, er könnte es wieder tun. Und ich verfluchte auch meine eigene Offenheit: War es wirklich notwendig, ihm ehrlich zu sagen, dass ich keine Lust mehr auf Sex habe? Hätte ich nicht zunächst für mich klären sollen, was hinter meiner Unlust steckt?

Die Lüge, die Unwahrheit am richtigen Ort und zum richtigen Zeitpunkt erlaubt den zivilisierten Umgang miteinander und schützt unsere Seelen. Denn so gelobt die Wahrheit auch wird, sie kann es ganz schön in sich haben: Sie kann verletzen, vernichten, Vertrauen zerstören.

Die Sozialpsychologen Klaus Fiedler und Jeannette Schmid, die sich ausführlich der wissenschaftlichen Erforschung der Lüge gewidmet haben, halten es für »bemerkenswert, dass viele Verstöße gegen die Wahrheit prosozial motiviert sind, also der Schonung und Rücksicht gegenüber anderen dienen. Man kann sagen, dass ein kompromisslos wahres Ausdrücken aller ehrlichen Reaktionen mit zentralen kulturellen Normen unvereinbar wäre und dass ein ›dosierter Umgang mit der Wahrheit‹ eines der wichtigsten Ziele der menschlichen Sozialisation darstellt.«

Der Publizist und Ethikexperte Rainer Erlinger, der im Magazin der *Süddeutschen Zeitung* regelmäßig moralische Fragen beantwortet, zieht normalerweise »immer wieder gegen die Lüge« zu Felde. Doch auch er kann nicht umhin, die Lüge in bestimmten Situationen gutzuheißen. Zum Beispiel in diesem Fall, den ihm eine Leserin schrieb (*SZ-Magazin*, 42/2006): »Vor einiger Zeit war ich auf der Hochzeit von guten Freunden eingeladen. Auf diesem Fest fühlte ich mich überhaupt nicht wohl. Die Stimmung war unterkühlt, das Essen reichte nicht, die Gespräche waren mühsam, die Örtlichkeit trist. Offensichtlich empfand nicht nur ich dies so – viele Freunde verließen die Feier relativ früh. Nur das Hochzeitspaar war von dem Fest restlos begeistert und sprach noch Tage danach sehr glücklich darüber. Auf Nachfragen der beiden, ob mir der Abend auch gefallen habe, äußerte ich mich, entgegen meiner eigentlichen Meinung, positiv, um sie nicht zu verletzen. Habe ich richtig gehandelt?«

Rainer Erlinger muss der Fragenden Recht geben. Zwar wäre es ihm ein Leichtes, »Ihr Lügen mit einer Batterie von Zitaten und schwergewichtigen Namen streng logisch und konsequent zu verdammen«, aber es erscheint ihm in diesem Fall »nicht sinnvoll«. Denn: »Ehrlichkeit ist ein hoher Wert, aber nicht der einzige. Daneben gibt es auch das Gebot, andere nicht zu verletzen, und das wiegt meiner Meinung nach in diesem Fall schwerer.«

## Lügen – zur Selbsterhaltung

»Der Beste muss mitunter lügen, zuweilen tut er's mit Vergnügen«, wusste schon Wilhelm Busch. Das bringt zum Ausdruck: Die Lüge ist ein ganz normales Phänomen. Und kommt nicht nur beim Menschen vor. Schon sehr einfache biologische Arten können sich falsche Identitäten zulegen, um ihre Feinde zu täuschen. Der Autor Jeremy Campbell meint, dass »manche der heute bestehenden Arten womöglich längst ausgestorben (wären), wenn ihr Gedeihen stets auf Wahrheitstreue allein beruht hätte. Travestie gehört zum Repertoire der Evolution. Orchideen ahmen das Aussehen weiblicher Insekten nach und verführen auf diese Weise Männchen zur Bestäubung. Trauerschnäpper geben sich als Junggesellen aus, indem sie ihre Partnerinnen verstecken, und verleiten so weitere ahnungslose Weibchen zur Paarung mit den vermeintlichen Singles. Der tropische Schleimfisch erschwindelt sich das Vertrauen anderer Fische, indem er sich als Putzerfisch verkleidet; dieser ist als Befreier von lästigen Parasiten wohlgelitten. … Kuckuckseier ähneln den Eiern jener Vögel, in deren Nester sie gelegt werden.«

Auch Affen verstehen sich auf die Methoden der Täuschung. Sie können Desinteresse mimen, andere bewusst ablenken, durch neutrales Verhalten einen falschen Eindruck erwecken und vieles mehr. Eine Studie mit Lemuren belegt auf eindrucksvolle Weise, dass diese mit Schimpansen und Menschen eine überraschende kognitive Fähigkeit gemeinsam haben: Sie können ihre Umwelt täuschen.

Die Primatenforscherin Emilie Genty von der schottischen *Univer-*

*sity of St. Andrews* brachte drei Lemuren bei, von zwei umgedrehten Tassen jene durch Zeigen zu identifizieren, unter der eine Rosine versteckt war. Die Rosine war vor den Augen der Tiere versteckt worden und die Tiere wurden so lange trainiert, bis sie auf die richtige Tasse zeigten. Sobald sie dies in 80 Prozent der Fälle taten, wurde eine zweite Versuchsleiterin eingeführt. Diese trug einen weißen Kittel und näherte sich freundlich dem Tier, sobald die Rosine versteckt worden war. Die zweite Trainerin legte ihre Hand zwischen die beiden Tassen und wartete auf die Zeigegeste des Lemuren. Entschied sich das Tier richtig, wurde es von der zweiten Frau mit der Rosine belohnt. Machte es einen Fehler, wurde die Rosine entfernt.

In einer dritten Versuchsvariante kam statt der freundlichen Trainerin ein böser Mensch ins Spiel. Dieser war dunkel gekleidet, trug eine Sonnenbrille und einen Hut. Zeigte der Lemur auf die richtige Tasse, dann tat der böse Trainer so, als wolle er die Rosine selbst essen. Das brachte einen der Lemuren in Rage, er gestikulierte wild und zeigte auf die zweite Tasse, unter der keine Rosine lag. Ein zweites Tier zeigte weder auf die eine noch auf die andere Tasse. Der dritte Lemur verweigerte völlig die Mitarbeit, er starrte auf den Boden und nahm nicht mehr teil.

Alle drei aber konnten die richtige Tasse wieder identifizieren, sobald sie wieder mit der kooperativen Versuchsleiterin zusammenarbeiteten. Damit ist für Emilie Genty und ihre Kollegen trotz der kleinen Zahl der tierischen Versuchsteilnehmer klar, dass Lemuren zu Täuschungsmanövern fähig sind.

Was Lemuren können, das beherrschen Katzen schon lange, wie jeder Liebhaber dieser eigenwilligen Spezies nur zu gut weiß: Manche Mieze klagt so lange an der Tür, bis der Mensch von seinem Lieblingssessel aufsteht, um sie rauszulassen. Doch sie denkt gar nicht daran, das Weite zu suchen. Das war gar nicht ihre Absicht. Vielmehr springt sie in Windeseile auf den Platz, wo gerade eben noch Herrchen oder Frauchen gesessen hat. Sie hat ihre Besitzer über ihre wahren Absichten getäuscht, denn sie wollte nicht raus, sie wollte auf den gemütlichen Sessel, auf dem dummerweise ihr »Dosenöffner« saß.

Aus der Tatsache, dass Täuschung und Lüge in der Natur so häufig anzutreffen sind, folgert der Autor Jeremy Campbell, »dass die Betrügereien der Menschen irgendwie unvermeidlich sind, da sie in unserer Biologie gründen«.

In der Tier- und Pflanzenwelt wird die Täuschung zum Zwecke des Überlebens eingesetzt. Auch beim Homo sapiens geht es in manchen Fällen, wenn nicht ums nackte Überleben, so doch um sein soziales Überleben, wenn er Lüge und Täuschung einsetzt. Manchmal muss man zur Lüge greifen, um sich gegen eine übergroße Macht, gegen Unterdrückung und eigene Ohnmacht zu wehren. Die Lüge gibt Schwächeren die Kraft, sich gegen zu große Dominanz und Macht zur Wehr zu setzen.

Der Philosoph Ludwig Marcuse beschreibt den enormen Stellenwert, den die Lüge gerade für diejenigen Menschen hat, die zu den Schwachen in einer Gesellschaft gehören. Für ihn ist die »Unterdrückung der Vater der Lüge«. Wer aufgrund seiner gesellschaftlichen Position über keine andere Waffe verfügt, der kann die Lüge als Abwehrmaßnahme einsetzen und sich aus der Rolle des Unterlegenen wenigstens durch dieses Hintertürchen befreien. »Wenn man noch nicht kräftig genug ist, mit den Fäusten sich zu wehren, dann ist man doch schon kräftig genug, mit der Lüge zu entwischen. Die Lüge ist die Defensive der Unbewaffneten«, so Marcuse. Zwar sieht auch er die Gefahr, dass mit Lüge und Täuschung Gewalt ausgeübt werden kann, aber der positive Aspekt überwiegt seiner Ansicht nach: »Mag die Lüge bisweilen auch Vergewaltigung sein – sie ist in viel höherem Grad das genaue Gegenteil: Befreiung von einer Vergewaltigung.« Und er fügt hinzu: »… mit der Lüge wird die Freiheit nicht immer vermindert und sehr oft vermehrt.« Geheimhaltung spielt für Marcuse eine zentrale Rolle in jeder Form von Widerstand.

Wer etwas geheim halten kann, hat die Macht zu entscheiden, was andere über ihn wissen dürfen und was nicht. Wer diese Entscheidung nicht treffen kann – zum Beispiel Bürger in einem Überwachungsstaat –, gehört zu den Machtlosen. Er muss unter Umständen mit Verfolgung rechnen, wenn er ein Geheimnis nicht gut hütet. In einer

Diktatur, so schreibt der Philosophieprofessor Pascal Mercier in seinem Roman *Nachtzug nach Lissabon*, ist es eine Frage von Leben oder Tod, »dass man gut lügt«. Wer kein Geheimnis um sich machen kann, lebt völlig ohne Schutz.

Aber auch in demokratischen Gesellschaften kann Geheimhaltung eine Form des Widerstandes sein und der Selbsterhaltung dienen. Ein Beispiel dafür sind Frauenhäuser: Sie halten zum Schutz ihrer Bewohnerinnen ihre Adresse geheim. Gewalttätige Ehemänner wissen nicht, wo sich ihre Ehefrauen aufhalten. So geschützt können diese sich in Ruhe darüber klar werden, wie ihre weitere Zukunft aussehen soll.

Nicht nur Frauen, die von ihren Männern misshandelt werden, brauchen den Schutz, den Geheimhaltung bietet. Auch in einem anderen Fall wird deutlich, wie wichtig es für Menschen in schwächeren Positionen sein kann, Mächtigeren gegenüber etwas zu verschweigen und sich ihnen gegenüber zu behaupten. Diese Meldung wurde im Jahr 2002 von der Deutschen Presseagentur verbreitet:

»Auf die Frage nach einer bestehenden Schwangerschaft dürfen schwangere Frauen bei Einstellungsgesprächen lügen. Nach einem Urteil des Europäischen Gerichthofs hat eine Schwangere demnach auch dann ein ›Recht zur Lüge‹, wenn die angestrebte Tätigkeit für die Gesundheit von Mutter und Kind eine Gefahr darstellt. Auf den Richterspruch verwies die bayerische Sozialministerin Christa Stewens (CSU). Die Frage nach einer Schwangerschaft sei unzulässig und eine Diskriminierung von Frauen. Daher müsse der Frau das Recht zu lügen eingeräumt werden, um gleiche Chancen auf einen Arbeitsplatz zu haben wie männliche Bewerber. Wenn der Arbeitgeber von der Schwangerschaft später erfahre, könne der Vertrag nicht aufgehoben werden, betonte Stewens.«

Gleiche Chancen, gleiche Rechte, gleiche Freiheiten – die Lüge und das Geheimnis stehen im Dienste der Schwächeren und Ohnmächtigen. Sie sind all jenen eine Waffe, die über keine anderen Waffen verfügen. Die Lüge und das Geheimnis können Leben schützen und Freiheitsrechte wahren.

## Lügen – zum Selbstschutz

Die Lüge ermöglicht es einem Menschen nicht nur, sich aus macht-vollen Umklammerungen zu befreien, sie gibt ihm auch die Freiheit, sich der Öffentlichkeit so zu präsentieren, wie er es für richtig hält. Um bei anderen gut anzukommen, um in Harmonie mit ihnen leben zu können, um sich vor unliebsamen Übergriffen zu schützen, muss man selbst bestimmen können, welches Bild man anderen bietet, welchen Eindruck man hinterlassen möchte. Nicht jede Eigenschaft, nicht jeder Charakterzug, nicht jede Vorliebe und Abneigung muss für die Mitwelt sichtbar werden. Aus Selbstschutz und Klugheit sollte man manches lieber im Verborgenen halten, weil sonst das eigene Ansehen unter Umständen rapide sinken würde. Wüssten andere immer hundertprozentig über uns Bescheid, wären sie wahrschein-lich häufig irritiert oder verstört.

Am Beispiel von *Else-Marie,* die als alleinerziehende Mutter mit ihren beiden Kindern, acht und zehn Jahre alt, in einem kleinen Ort im Odenwald lebt, wird deutlich, wie existenzsichernd eine Lüge sein kann. *Else-Marie* meldete sich auf die Anzeige »Geheimnisse gesucht« zunächst schriftlich und erzählte dann ihre Geschichte am Telefon:

*Beispiel:* Ich war von Anfang an alleine für meine Kinder zuständig und verantwortlich. Niemals gab es einen Mann, der mich unter-stützt hätte. Die jeweiligen Väter haben sich immer gleich aus dem Staub gemacht. Lange Zeit habe ich versucht, uns mit meinem Sekre-tärinnenjob über Wasser zu halten, das ging auch so lange gut, bis ich meine Stelle verlor. Ich war verzweifelt. Schrieb eine Bewerbung nach der anderen, ohne Erfolg. Aus irgendeinem komischen Gefühl heraus habe ich niemandem von meiner Arbeitslosigkeit erzählt. Und das stellte sich als klug heraus. Denn eines Tages lernte ich in einer Kneipe eine Frau kennen – ich hatte mir mal selbst einen Abend frei gegeben und war in der nahe liegenden Kleinstadt einen trinken gegangen –, der ich mein Leid klagte. Und die erzählte mir dann, dass sich in ihrer

Branche gutes Geld verdienen ließ. Sie hatte einen privaten Hostessendienst, na ja, so nannte sie das. Einsamen Geschäftsleuten, von denen es in unserer Gegend eine Menge gibt, es sind große Firmen in der Nähe, vermittelt sie für den Abend eine Begleitung, Sexuelles inklusive. Als ich hörte, was man da verdient, habe ich ein paar schlaflose Nächte verbracht, aber dann bei dem Hostessendienst angefangen. Meinen Nachbarn, meinen Kindern, meinen Freunden erzähle ich, dass ich ein paar Putzstellen angenommen hätte. Niemand weiß, was ich wirklich tue. Das heißt natürlich, dass ich viel lügen muss. Aber das macht mir immer weniger was aus. Meine Kinder haben jetzt genug zu essen, ich kann ihnen alles kaufen, was sie brauchen. Das ist mir das Wichtigste.

So wie im Leben von *Else-Marie* gibt es wohl in jedem Leben einen Bereich, der – mehr oder weniger – nicht der Norm oder den gängigen Erwartungen entspricht. Das Gesicht, das man nach außen zeigt, ist niemals die ganze Wahrheit. Es gibt immer noch weitere Facetten der Persönlichkeit, die nur ausgewählte Menschen kennen oder manchmal sogar niemand. Die Lüge kann diesen geheimen Bereichen das Existenzrecht sichern. Sie hilft uns, sozial zu überleben, nicht diskriminiert zu werden und ins Abseits zu geraten. Nicht jeder Mensch in unserer Umgebung hat ein Recht auf vollständige, lückenlose, absolut ehrliche Information. Offenheit hat da ihre Grenzen, wo unser innerster Kern bedroht sein könnte. Kommt jemand diesem innersten Kern zu nahe, haben wir die Wahl: Wir können ihm sagen »Das geht dich nichts an« oder »Darüber will ich mit dir nicht reden« oder wir können einen freundlicheren, sozial verträglicheren Weg wählen: Wir können lügen.

Für den Philosophen David Nyberg steht fest, dass ein »gesundes, praktikables und lebenswertes Zusammenleben in der menschlichen Gemeinschaft mit anderen ohne Täuschung undenkbar« ist. Es gibt kein moralisches Gebot, dass uns dazu verpflichtet, jedem Menschen immer die Wahrheit zu sagen. Täuschung, so Nyberg, gehört »zu unserer menschlichen Natur. Ja, ich gehe sogar noch einen Schritt weiter und vertrete die These, dass es manchmal geradezu ungesund und unmoralisch wäre, auf den Einsatz einer Täuschung zu verzichten.«

## Es gibt ein Recht auf Lüge

Allein mit der Wahrheit kommen wir also nicht gut durchs Leben. Ganz offensichtlich brauchen wir die Lüge. Ohne Lüge, so meint Friedrich Nietzsche, sind wir der »abstoßenden Wirklichkeit« schutzlos ausgeliefert. Die Lüge hilft uns, andere Menschen auf gewünschtem Abstand zu halten und uns vor Zudringlichkeiten aller Art zu schützen. Würden wir immer nur die Wahrheit aussprechen, dann würden wir nicht nur Verletzungen und Kränkungen hinterlassen, wir wären den anderen auch völlig ausgeliefert: ihren abschätzigen Blicken, ihren Urteilen und Verurteilungen, ihrer Neugierde, ihrem Gelächter und ihrem Unverständnis. Wir hätten keine Rüstung, die all das von uns abhalten kann. Geheimnisse sind eine solche Rüstung, sie bieten Schutz vor einer nicht immer wohlgesinnten Umwelt.

Wenn es darum geht, einen Sicherheitszaun zwischen uns und den Mitmenschen zu errichten, dann spricht sich der ansonsten so sittenstrenge Philosoph Arthur Schopenhauer sogar für ein »Recht auf Lüge« aus. Lügen dürfe man, wenn etwas geheim gehalten werden muss, »dessen Kenntnis mich dem Angriff anderer bloßstellen würde«. Dieses Recht auf Lüge »tritt ein bei jeder völlig unbefugten Frage, welche meine persönlichen oder meine Geschäftsangelegenheiten betrifft, mithin vorwitzig ist, und deren Beantwortung nicht nur, sondern schon deren bloße Zurückweisung durch ›ich will's nicht sagen‹ als Verdacht erweckend, mich in Gefahr bringen würde. Hier ist die Lüge die Notwehr gegen unbefugte Neugier.« So wie man nachts böse Hunde loslassen dürfe, wenn Unbefugte in den Besitz einzudringen versuchen, so dürfe man sich Unbefugte, die einem auf zudringliche, allzu neugierige Weise auf die Pelle rücken, durch Unwahrheit vom Leibe halten, meint der Philosoph.

Beschränkt Schopenhauer das Recht auf Lüge auf den Fall, dass die Kenntnis der Wahrheit »mich dem Angriff anderer bloßstellen würde«, so geht der Philosoph Christian Thomasius noch einen Schritt weiter: Die Lüge ist zulässig, »wenn der Fall vorliegt, dass der Andere kein Recht auf die Wahrheit hat«. Thomasius stellt damit das Recht auf Selbstbestimmung eindeutig vor die Pflicht zur Wahrhaftigkeit. Das heißt: Fragen darf uns jeder, was er will, aber eine wahre Antwort sind wir ihm nicht schuldig, wenn er kein Recht darauf hat. Wenn wir unsere Privatsphäre schützen wollen und deshalb den anderen belügen, verstoßen wir zwar gegen das achte Gebot, das da lautet »Du sollst kein falsches Zeugnis ablegen wider deinen Nächsten«. Aber wir handeln unter Umständen im Sinne unserer eigenen Interessen richtig. Abzuwägen ist allerdings in jedem Fall, ob der andere wirklich kein Recht auf die Wahrheit hat oder ob man ihn in seinem Selbstbestimmungsrecht verletzt, wenn man etwas vor ihm geheim hält.

Verletzt man beispielsweise das Selbstbestimmungsrecht des Partners, wenn man auf die unter Paaren so häufige Frage »Was denkst du gerade?« mit »nichts« oder »nichts Bestimmtes« antwortet, obwohl dies nicht der Wahrheit entspricht? Ganz sicher nicht. Der Gefragte hat das Recht, seine Gedanken für sich zu behalten, gleichgültig wie harmlos oder beleidigend sie für den Frager oder die Fragerin auch sind. Wahrscheinlich will der Gefragte den neugierigen Frager vor der Wahrheit schützen oder sich selbst, weil er mit der ehrlichen Antwort »Das sage ich dir nicht« oder »Das geht dich nichts an« nur Misstrauen und weitere bohrende Nachfragen ernten würde.

»Was hast du heute Nacht geträumt?« Hat der Frager ein Recht darauf zu erfahren, was sich in unserem Traumkino abgespielt hat? Wenn es sich um harmlose Inhalte handelt, warum nicht? Wenn man viel Vertrauen in den anderen hat, warum nicht? Aber wenn man selbst spürt, dass der Traum zu viel von einem selbst preisgeben würde oder dass er von Hobbypsychologen falsch gedeutet werden könnte, dann hat der Frager kein Recht darauf, an unserem nächtlichen Film Anteil zu haben.

Muss der Ehemann, der später als sonst nachhause kommt, seiner

Frau unbedingt die Wahrheit sagen? Darf er lügen und behaupten, die Sitzung hätte länger gedauert, obwohl das nicht der Fall ist? Wenn er nur einen Abstecher in die Kneipe gemacht hat oder sich beim Autohändler über das neueste Modell seines Lieblingsfabrikanten informieren ließ, darf er schweigen, wenn er das Gefühl hat, dass es ihm Probleme bringen würde (»Und deshalb lässt du mich mit dem Essen warten?!«) oder auf Unverständnis stoßen würde (»Warum informierst du dich über Autos, du weißt doch, dass wir uns keines leisten können!«).

Verletzt die Ehefrau das Selbstbestimmungsrecht ihres Mannes, wenn sie auf seine Frage »Bist du mir immer treu gewesen?« mit »Ja« antwortet, obwohl dies nicht der Wahrheit entspricht? Das ist ganz sicher nicht der Fall, wenn sie eine kurze Affäre, welche die Ehe nicht bedroht, als ihre Privatsache ansieht, die ihr möglicherweise über quälende Selbstzweifel und Unzufriedenheiten hinweggeholfen hat. Antwortet sie jedoch mit »ja«, obwohl sie seit Jahren eine Außenbeziehung hat und plant, ihren Mann zu verlassen, sobald die Kinder aus dem Haus sind, dann stellt sie ihr Selbstbestimmungsrecht über das des Mannes. Damit nimmt sie ihm die Möglichkeit, zu handeln und eine eigene Position einzunehmen. Und sie gibt der Ehe nicht die Chance, die Krise zu einer Weiterentwicklung zu nutzen.

Wer die Lüge grundsätzlich als unmoralisch verdammt, macht es sich zu leicht. Wie das Geheimnis hat auch die Lüge zwei Gesichter: ein konstruktives und ein destruktives. Ehe man sich selbst oder andere als »Lügner« verurteilt, sollte man prüfen, welches Gesicht die jeweilige Lüge zeigt.

»Worin also besteht der Wert oder der Unwert der Lüge?«, fragt Ludwig Marcuse. Und beantwortet diese Frage mit einem Gleichnis: »Worin besteht eigentlich der Wert des Hammers? Ich kann mit dem Hammer eine Landkarte an die Wand nageln – und einem Menschen den Kopf einschlagen. Ich kann mit der Lüge einem alternden Mädchen eine freundliche Illusion schenken – und mit derselben Lüge ein junges Mädchen vernichten. Die Lüge ist ein Werkzeug, zu vielem verwendbar. ... Die Lüge ist ein Produkt der Gewalt – und kann nach beiden Seiten schlagen. Und erst, wenn wir die Lüge im Interesse der Gewalt unmoralisch und die Lüge gegen die Gewalt moralisch nennen – haben wir einen Maßstab zur Bewertung der Lüge in jedem konkreten Fall.« Mit »Gewalt« ist dabei nicht immer reale Gewalt gemeint. Gewalt kann einem auch dann angetan werden, wenn der private Raum nicht respektiert wird; und Gewalt kann man einem anderen antun, wenn man glaubt, man müsse ihm die Wahrheit um jeden Preis offenbaren, und sich nicht darum schert, welche Folgen das haben kann.

### Warum dürfen wir lügen?

Manchmal gibt es gute Gründe, die Wahrheit zu verschweigen. Das ist dann der Fall, wenn die Wahrheit einen anderen Menschen unnötig verletzen würde oder wenn wir der Meinung sind, dass eine andere Person kein Recht auf unsere Ehrlichkeit hat. Lügen aus Rücksichtnahme, Lügen aus Selbsterhaltung und Lügen aus Selbstschutz sind notwendig und nützlich. Schädlich aber wird die Unwahrheit, wenn sie das Selbstbestimmungsrecht eines anderen verletzt und ihn in seiner eigenen Entwicklung blockiert.

# Das Geheimnis wahren – eine Anleitung

»Das beste Mittel, ein Geheimnis zu hüten,
ist der Verzicht auf fremde Hilfe.«

*Sprichwort*

»Als ich mir die Aufgabe stellte, das, was die Menschen verstecken, nicht durch den Zwang der Hypnose, sondern aus dem, was sie sagen und zeigen, ans Licht zu bringen, hielt ich die Aufgabe für schwerer, als sie wirklich ist. Wer Augen hat zu sehen und Ohren zu hören, überzeugt sich, dass die Sterblichen kein Geheimnis verbergen können. Wessen Lippen schweigen, der schwätzt mit den Fingerspitzen; aus allen Poren dringt ihm der Verrat.« Sigmund Freud, der Begründer der Psychoanalyse, war überzeugt davon, dass ein Mensch ein Geheimnis nicht wirklich für sich behalten kann. Auf die eine oder andere Weise würde er sich verraten – wenn nicht mit Worten, dann mit Körperreaktionen. Auch Georg Simmel, der doch so leidenschaftlich für ein zweites Leben neben dem offenbaren eintrat, war eher skeptisch, ob ein Geheimnis auf Dauer vor der Neugierde anderer geschützt werden kann. »Für den psychologisch Feinhörigen verraten die Menschen unzählige Male ihre geheimsten Gedanken und Beschaffenheiten nicht nur obgleich, sondern oft gerade weil sie ängstlich bemüht sind sie zu hüten.«

Ist es also aussichtslos, ein Geheimnis auf Dauer zu wahren? Kommt früher oder später die Wahrheit ans Licht – ob man es will oder nicht? Die Fallgeschichten in diesem Buch lassen diesen Schluss nicht zu. Viele, die hier ihre Geschichte erzählen, konnten über Jahre hinweg ein Geheimnis hüten, manche werden es wahrscheinlich mit ins Grab nehmen. Es ist also durchaus möglich, etwas für sich zu behalten. Tatsache ist jedoch: Es ist nicht leicht. Wahrscheinlich kostet es weniger Aufmerksamkeit und Mühe, einen Sack Flöhe zu beaufsichtigen, als ein Geheimnis in sich zu verschließen. Wer jemals ein Geheimnis hüten musste oder wollte, weiß, wie schwer diese Aufgabe ist. Man muss ständig wachsam sein, seine Zunge unter Kontrolle halten, ein gutes Gedächtnis haben, schweigen können, vor Täuschungen und Lügen nicht zurückschrecken und die Einsamkeit ertragen, die mit einem Geheimnis verbunden sein kann.

## Ein Geheimnis wahren ist harte Arbeit

Geheimnisse sind anstrengend. Viel Energie muss allein für das Versteckspiel aufgewandt werden. Ein unachtsamer Augenblick, eine Nachlässigkeit, ein nicht gleich beseitigter Brief, ein Foto, verräterische Spuren auf der Kleidung – kurz: ein unkontrollierter Moment, und das Geheimnis ist nicht mehr länger ein Geheimnis. Die von Lucy Fontaine Werth und Jenny Flaherty befragten vier Geheimnisträgerinnen bestätigten, wie schwer es ist, sich nicht selbst zu verraten: »Ich wurde sehr aufmerksam, damit ich das Geheimnis nicht offenlege, und machte mir einen Plan, wie ich es geheim halten konnte.« Und eine andere der Befragten meinte: »Täuschung ist harte Arbeit. Man muss immer wie auf Eiern gehen, und das ist erschöpfend.« Die dritte Geheimnisträgerin achtete immer auf die Reaktionen ihrer Partnerin, die sie mit einer anderen betrog: »Ich musste aufpassen, dass ich nichts verriet, musste logische Entschuldigungen finden, damit sie mein Tun nicht infrage stellte. Das war immer sehr nervenaufreibend. Ich musste immer sehr wachsam sein.«

Jeder Mensch kann ein Geheimnis haben. Doch nicht jeder ist in der Lage, es zu bewahren. Ein ganz banales Beispiel macht dies deutlich: Welche Leistungen muss ein Ehemann erbringen, wenn er seiner Frau verheimlichen will, dass er nicht länger im Büro arbeiten musste, sondern nach der Arbeit seine Geliebte getroffen hat?

1. Er muss lügen können.
2. Er muss sein Auftreten kontrollieren: Seine Stimme darf ihn nicht verraten, und auch nicht seine Mimik oder seine Körpersprache. Der Ehemann muss also wissen, wie er aussieht und wie er spricht, wenn er ehrlich ist.
3. Er muss sein Äußeres kontrollieren: Seine Krawatte muss richtig sitzen, es dürfen keine Lippenstiftspuren auf seinem Hemdkragen sein, keine weibliche Duftmarke darf ihn verraten.
4. Er muss seine Ehefrau gut kennen. Er muss wissen, worauf sie achtet und was sie für »normal« an ihm hält.

Wie kann der untreue Ehemann gewährleisten, dass ihm dies alles gelingt? Wie muss er vorgehen, soll seine Affäre unentdeckt und seine Ehe sicher bleiben? Die Psychologin Jeannette Schmid hat erforscht, welche Voraussetzungen gegeben sein müssen, damit ein Geheimnis nicht gleich bei der ersten Gelegenheit aufgedeckt wird. Sie unterscheidet die »Phase der Planung« und die »Phase der Ausführung«.

In der Planungsphase muss der Ehemann, um bei dem Beispiel zu bleiben, eine Täuschungsstrategie auswählen. »Dazu muss er nicht nur ein Inventar verschiedenster Techniken zur Verfügung haben, sondern auch eine Vorstellung davon, wie die Technik funktionieren wird«, schreibt Schmid. Im Fall des Ehemanns heißt das, er muss sich plausible Ausreden zurechtlegen: »Wenn ich sage, ich musste länger arbeiten: Was genau habe ich im Büro noch tun müssen? Wer war noch anwesend? Würde dieser Kollege mir eventuell ein Alibi geben? Wenn nicht, darf er dann überhaupt erwähnt werden? Habe ich die Restaurantrechnung vernichtet?« In einem zweiten Schritt muss er sich dann überlegen, welche dieser Ausreden ihm seine Frau am ehesten abkauft.

Schließlich muss der Ehemann in der »Ausführungsphase« einen gelungenen Auftritt hinlegen. Er muss die Wahrheit verbergen, muss normal erscheinen, kurz: Er muss »kommunikative Kompetenz und Flexibilität« beweisen, wie Schmid schreibt.

## Geheimhaltung ist eine Gedächtnisleistung

All das ist nicht einfach. Wer ein Geheimnis über einen längeren Zeitraum für sich behalten will, muss sehr aufmerksam sein und eine Menge Energie aufbringen – selbst dann, wenn ein Geheimnis nur durch Schweigen gehütet werden muss, wenn also keine aktive Lüge oder Täuschung notwendig ist. Braucht man aber die Lüge, um sich nicht zu verraten, wird es besonders schwer. Lügen, so klärt der Philosoph Ludwig Marcuse auf, ist eine »mühselige Kunst«, die »schauspielerisches Talent« und ein »gutes Gedächtnis« verlangt. Letzteres wusste auch schon der Philosoph Montaigne. Er schreibt in seinen *Essais* im Kapitel »Über die Lügner«: »Aus gutem Grund heißt es, wer seinem Gedächtnis nicht völlig trauen könne, sollte sich vorm Lügen hüten.« *Carola* kann ein Lied davon singen:

**X**    **Beispiel:** Ich war in meiner Jugend dazu gezwungen, ein Geheimnis aus meinem Leben zu machen. Meine Mutter überwachte mich auf Schritt und Tritt, sie erlaubte mir keinerlei Freiraum. Ständig wollte sie wissen, was ich machte, mit wem ich mich traf. Wenn sie gekonnt hätte, hätte sie auch alle meine Gedanken lesen wollen. Ihre Übergriffe gingen sogar so weit, dass ich – nach dem Tod meines Vaters, ich war gerade 15 Jahre alt geworden – bei ihr im Ehebett schlafen musste. Das bedeutete: Ich hatte nun gar keinen Raum mehr für mich. Zu dieser Zeit fing ich an, ihr nicht mehr die Wahrheit zu sagen. Wenn ich mich mit Freundinnen zum Eislaufen treffen wollte, erzählte ich was von »Prüfungsvorbereitungen«, wenn ich bummeln gehen wollte, dichtete ich einer Freundin eine Krankheit an und musste sie angeblich besuchen. Eigentlich log ich ohne Not. Ich präsentierte meiner Mutter akzeptable Gründe für mein Fernbleiben, weil ich wusste, reines Vergnügen würde sie mir nicht gönnen. Das Dumme war nur: Ich war keine gute Lügnerin. Ich vergaß oft, was ich ihr erzählt hatte. Dafür hatte meine Mutter ein viel besseres Gedächtnis. So erwähnte ich beispielsweise im Gespräch beiläufig, dass ich beim letzten Schaufensterbummel einen tollen Pulli gesehen hätte, und schon begann das Kreuzverhör: »Wann warst du denn bummeln? Ich dachte, an diesem Tag hast du deine Freundin im Krankenhaus besucht?« Bingo. Da hatte sie mich wieder ertappt. Das geschah häufig. Ich war eine unbegabte Lügnerin. Ich konnte kein Geheimnis wahren, weil ich so vergesslich war.

Geheimnisträger brauchen also ein gutes Gedächtnis. Sie dürfen niemals so entspannt und gelassen werden, dass sie Gefahr laufen, sich bei der nächsten Unachtsamkeit zu verplappern. Das Geheimnis muss ihnen ständig präsent sein. Vom Versuch, es bewusst aus dem Gedächtnis zu verbannen, um auf diese Weise auf der sicheren Seite zu sein, ist dagegen abzuraten. Wie die amerikanischen Psychologen Julie D. Lane und Daniel M. Wegner in einer Reihe von Studien belegen konnten, gelingt die bewusste Unterdrückung von bestimmten Gedanken nicht. Wer etwas vor anderen verbergen will und deshalb versucht, jeden Gedanken an das Geheimnis zu unterdrücken, um sich nicht durch eine unüberlegte Äußerung, Mimik oder Handlung zu verraten, wird scheitern. Denn der Versuch, willentlich an etwas Bestimmtes *nicht* zu denken, bewirkt das Gegenteil: Die Gedanken an das Geheimnis drängen sich regelrecht auf.

In einer Studie verlangte Wegner beispielsweise von seinen Versuchspersonen, sie sollten auf keinen Fall an einen weißen Bären denken – prompt purzelten nur noch weiße Bären in ihrem Kopf herum. Ähnlich ergeht es Geheimnisträgern: Der Betroffene will nicht an das Geheimnis denken, aber gerade dieser Versuch lässt ihn sich geradezu zwanghaft mit dem Geheimnis beschäftigen. Es ist paradox: Je mehr man sich bemüht, an etwas nicht zu denken, umso mehr drängt es sich gedanklich auf. Wer sein Geheimnis bewusst vergessen will, um sich nicht bei der nächsten Gelegenheit zu verraten, sorgt erst recht dafür, dass die Gedanken um das Geheimnis kreisen. Ein Teufelskreis, der zu ständiger gedanklicher Unruhe führen und zu einem chronischen Stressfaktor werden kann:

*Beispiel:* Annegret ist mit ihrem Mann auf eine Party eingeladen. Sie weiß, dass auch ein Kollege von ihr anwesend sein wird. Das wäre noch nicht das Problem. Aber dummerweise hat sie sich in diesen Mann verliebt und beim letzten Betriebsausflug eine Affäre mit ihm begonnen. Seit drei Monaten geht das nun schon so. Ihr Mann hat keine Ahnung und soll auch nichts davon erfahren. Denn Annegret will ihre Ehe nicht aufs Spiel setzen. Vor der Party ist sie nervös. Sie weiß, dass ihr Mann sie gut kennt und meist sofort merkt, wenn mit ihr etwas nicht stimmt. Deshalb nimmt sie sich vor: »Ich muss mich beherrschen. Ich darf mir nichts anmerken lassen, wenn wir mit dem Kollegen ins Gespräch kommen. Am besten, ich meide ihn und denke nicht daran, was zwischen uns ist.« Doch kaum hat sie die Wohnung der Gastgeber betreten, blickt sie sich nervös suchend um. Prompt fragt ihr Mann: »Wen suchst du?« »Ach, niemanden«, wiegelt sie ab – und schon hat sie ihn aufmerksam gemacht. Als dann plötzlich ihr Geliebter vor ihr steht, wird sie rot, stottert und flüchtet auf die Toilette. Kein Wunder, dass ihr Mann nach der Party einige unangenehme Fragen stellt …

Der Versuch, ein Geheimnis unter Verschluss zu halten, ist energieraubend und erfordert sehr viel Disziplin. Und nicht nur das: Die unausweichliche gedankliche Beschäftigung mit dem, was verborgen bleiben soll, bindet den Betroffenen in ganz besonderer Weise daran und sorgt dafür, dass er sich in fast zwanghafter, obsessiver Weise damit befassen muss. Jedenfalls belegen das die Psychologen Lane und Wegner in verschiedenen Studien: So konnten sie beispielsweise zeigen, dass sich Menschen an zurückliegende Beziehungen dann noch besonders gut erinnern und häufig an diese denken, wenn diese Partnerschaften zum damaligen Zeitpunkt geheim gehalten werden mussten. Das liegt nicht zuletzt daran, dass geheime Lieben oft besonders intensiv und leidenschaftlich sind.

Aber selbst in eher neutralen Situationen scheint die Existenz eines Geheimnisses bindungsstärkend zu sein. Auch Personen, die sich gar nicht kennen, aber ein Geheimnis miteinander teilen, fühlen sich stärker voneinander angezogen. In einer weiteren Studie wurden zwei Fremde aufgefordert, sich während eines Kartenspiels mit einem anderen Paar heimlich unter dem Tisch mit den Füßen zu berühren. Danach wurden die jeweiligen Partner gefragt, wie sympathisch und attraktiv sie den anderen fanden. Im Vergleich zu Paaren, die ihre Fußberührung nicht geheim halten oder die sich nicht berühren mussten, fanden sich die Fußpartner im Anschluss an den Versuch in besonders auffälligem Maße attraktiv. Die enorme Achtsamkeit, die in dieser Situation aufgebracht werden musste – die Fußberührung sollte dem mitspielenden anderen Paar nicht auffallen –, war nach Lane und Wegner für die starke Anziehung verantwortlich.

Aus diesem Ergebnis ziehen die Forscher übrigens eine interessante Folgerung: Wenn ein Geheimnis zwei Menschen füreinander attraktiv machen kann, dann brauchen Paare, vor allem, wenn sie über längere Zeit ihre Liebe aufrechterhalten wollen, ein gemeinsames geheimes Wissen. Das müssen keine großen Geheimnisse sein. Schon ein Wochenendausflug ohne Kinder, dessen Ziel nur das Paar kennt und keinem verrät, kann schon die gewünschte Funktion haben. Aber auch Sorgen, Wünsche und Sehnsüchte, die man nur mit dem Partner teilt, können ein starkes Wir-Gefühl vermitteln.

Geheimnisträger müssen sich ständig überwachen und darauf achten, dass sie ihr Wissen nicht durch unüberlegte Worte und Taten verraten. Diese Unterdrückung von Gefühlen ist psychisch anstrengend und wie die Forschung zeigt nicht jedermanns Sache. Es gibt Menschen, bei denen die mentale Arbeit der Geheimhaltung zu solchem Stress ausartet, dass ihre körperliche oder seelische Gesundheit Schaden nimmt. Die psychische Anstrengung, die mit der Geheimhaltung verbunden ist, wird zusätzlich durch die ständige Sorge erschwert, was passieren könnte, wenn das Geheimnis auffliegt. Kein Wunder, dass manche Menschen, die etwas für sich behalten wollen oder müssen, über mehr körperliche Beschwerden klagen (Kopfschmerzen, Magen-Darm-Probleme, Rückenschmerzen) und mit ihrem Leben, ihrer emotionalen Befindlichkeit und ihrer aktuellen Situation unzufriedener sind als Menschen, die kein Geheimnis mit sich herumtragen.

Machen Geheimnisse also doch krank? Haben jene Recht, die Geheimnisse als zerstörerische Kraft beschreiben? Diese Sichtweise wäre zu undifferenziert. Sicherlich gibt es Menschen, die sich schwer tun mit Geheimnissen, die ständig darüber nachdenken müssen und die dadurch zum Gefangenen ihres Wissens werden. Doch dies trifft bei weitem nicht auf alle Menschen zu. Die Forschungsergebnisse der Psychologen Julie D. Lane und Daniel M. Wegner dürfen nicht verallgemeinert werden. Zum Beispiel beschäftigen sich nicht alle Geheimnisträger obsessiv und unausweichlich gedanklich mit ihrem Geheimnis, wie die Psychologen Albert Spitznagel und Karin Miess berichten: Sie befragten Personen, ob sie in der Vergangenheit ein wichtiges Geheimnis hatten, das zum aktuellen Zeitpunkt gelüftet war oder ob ein aktuelles eigenes Geheimnis besteht. Und sie wollten von ihnen wissen, wie stark sie sich mit dem Geheimnis gedanklich beschäftigten.

Etwa die Hälfte der Befragten gab zu: »Ich denke an das Geheimnis, ohne dass ich es will« oder »Meine Gedanken drehen sich Tag und Nacht um mein Geheimnis« oder auch »Vor dem Einschlafen muss ich oft an mein Geheimnis denken«.

Die andere Hälfte der Befragten aber dachte nur »manchmal«, »selten« oder sogar »nie« an das Geheimnis. Der Teufelskreis, den die Psychologen Lane und Wegner beschreiben, scheint also nicht zwingend zu sein, wenn Menschen ein Geheimnis für sich behalten wollen. Manche scheinen sich an ihr Schweigen zu gewöhnen und es in ihr Leben zu integrieren zu können. Ob dies gelingt, hängt von zwei Dingen ab:

- von der Einstellung, die man einem Geheimnis gegenüber hat und
- von der Charakterstruktur des Geheimnisträgers.

## Übung macht den Meister

Um die Haltung, die ein Mensch zu Geheimnissen einnimmt, zu erfragen, legten Spitznagel und Miess ihren Studienteilnehmern unter anderem folgende Aussagen vor und fragten nach ihrer Zustimmung:

- Es ist einfach, ein Geheimnis zu wahren.
- Man täuscht sich, wenn man glaubt, ein Geheimnis auf Dauer wahren zu können.
- Freunden/Partnern gegenüber lässt sich auf Dauer nichts geheim halten.
- Menschen verraten ein Geheimnis, ohne es zu wollen.
- Ich glaube, ich kann nur schwer etwas geheim halten.
- Mir ist es an der Nasenspitze anzusehen, dass ich ein Geheimnis habe.
- Ich traue mir zu, etwas so gut zu verheimlichen, dass niemand etwas merkt.

Die Auswertung zeigte: Die Mehrheit der Befragten glaubt, dass Geheimnisse gehütet werden können. Und wer der Überzeugung ist, »Es ist leicht ein Geheimnis zu wahren«, der hat, wenn er selbst Geheimnisträger ist, keine größeren Probleme damit zu schweigen. Er ist überzeugt davon, dass er sich schon nicht verrät. Zudem, so stellten Spitznagel und Miess fest, macht Erfolg die Geheimnisträger sicher. Das heißt: Wer die Erfahrung macht, dass er mit Schweigen, Täuschung oder auch einer Lüge sein Geheimnis wahren kann, wird mit der Zeit immer zuversichtlicher, sein Selbstvertrauen steigt und die Angst vor Entdeckung verringert sich. Übung macht den Meister, das gilt offensichtlich auch für die Fähigkeit zur Geheimhaltung.

Wer ein Geheimnis bewahren will, darf also nicht allzu ängstlich und zaghaft an die Sache herangehen. Zu viele Selbstzweifel können das Vorhaben zum Scheitern bringen. Ein »begabter« Geheimnisträger hingegen ist überzeugt vom Gelingen:

- Er glaubt daran, dass Geheimnisse grundsätzlich unentdeckt bleiben können.
- Er glaubt daran, dass er die Fähigkeit zur Geheimhaltung besitzt.
- Er glaubt daran, sich selbst unter Kontrolle zu haben.

Die Einstellung spielt also eine große Rolle, wenn ein Geheimnis geheim bleiben soll. Daneben aber ist auch noch die Persönlichkeitsstruktur eines Menschen ein zweiter entscheidender Faktor.

## Geheimnisse – nichts für Schüchterne!

Studien, über die die amerikanische Wissenschaftlerin Anita E. Kelly berichtet, belegen, dass nur Menschen mit einer ganz bestimmten Charakterstruktur ein Geheimnis als Belastung empfinden und unter Umständen darunter so leiden, dass sie sogar krank werden. Nicht der Prozess der Geheimhaltung selbst fügt einem Menschen Schaden zu; entscheidend ist vielmehr das Temperament des Betroffenen. Gefährdet sind danach gehemmte, schüchterne Typen. Sie leiden verstärkt unter Ängsten, Depressionen, Rückenschmerzen und Kopfschmerzen, wenn sie etwas geheim halten. In Studien stimmen Menschen mit diesem Charakterzug Aussagen wie diesen mehr zu als andere:

- »Es gibt eine Reihe von Dingen über mich, die ich lieber für mich behalte.«
- »Ich denke schlecht über mich, aber ich habe das noch nie jemandem gestanden.«
- »Wenn ich alle meine Geheimnisse mit jemandem teilen würde, würde er mich nicht mehr mögen.«
- »Wenn mir etwas Schlimmes zustößt, neige ich dazu, das für mich zu behalten.«

Schüchterne Menschen sind ihre eigenen schlimmsten Kritiker, sie beobachten ihr Verhalten und prüfen ständig, wie sie bei anderen ankommen. Von sich selbst haben sie keine gute Meinung und suchen immer nach Anzeichen dafür, dass auch andere wenig von ihnen halten. Aus diesem Grund zeigen sie sich nicht so, wie sie wirklich sind. Sie überwachen sich selbst und bemühen sich, die Erwartungen anderer zu erfüllen. Diese permanente Selbstbeobachtung belastet sie aber sehr, denn sie fürchten ständig, dass ihre Täuschungsmanöver durchschaut werden. Für Menschen, die ein eher schwaches Selbstwertgefühl besitzen und glauben, ihr eigenes Verhalten und Auftreten nicht wirklich unter Kontrolle zu haben, wird ein Geheimnis dann schnell zur unerträglichen Belastung. Denn sie müssen dann nicht nur sich selbst, sondern auch noch das geheime Wissen unter Kontrolle halten.

Dass Menschen mit einer starken Neigung zur Selbstkontrolle unter ihren Geheimnissen leiden, liegt auf der Hand. Wer sich ständig überprüft, wem die Meinung anderer wichtiger ist als das eigene Wohlergehen, wer es anderen immer recht machen will, der fühlt sich mit einem Geheimnis zwangsläufig unwohl. Ein Geheimnis wahren, das bedeutet auch, sich gegen geltende Normen zu stellen und etwas zu tun, was anderen unter Umständen gar nicht gefällt. Wer ein Geheimnis hat, verhält sich in gewisser Weise rebellisch, eigensinnig, auch egoistisch. Alles Eigenschaften, die schüchterne, gehemmte Menschen für sich niemals akzeptieren könnten.

## Ein Sonderfall – die heimliche Liebe

Wer heimlich liebt, seine Außenbeziehung nicht offenbaren und seine feste Beziehung nicht gefährden will, muss nicht nur die genannten Fähigkeiten besitzen, sondern darüber hinaus noch einige weitere Punkte beachten. Der Psychoanalytiker Wolfgang Schmidbauer gibt heimlich Liebenden folgende Ratschläge:

- Von dem Geheimnis sollten so wenig Menschen wissen wie nur möglich. Je weniger Mitwisser existieren, umso besser.
- Niemals sollte man eine Freundin oder einen Freund als Alibi benutzen, ohne dass diese davon wissen. Wie viele Affären sind schon durch einen harmlosen Anruf bei der Alibiperson aufgeflogen?

- Der getäuschte Partner darf nicht vernachlässigt werden. Wenn er sich gut versorgt fühlt, wird er nicht kontrollieren wollen, was der andere so treibt. »Wird er schlecht versorgt, wächst sein Misstrauen«, warnt Schmidbauer.
- Der Geheimnisträger muss bereit zur Lüge sein. Und zwar sollte er mutig und beherzt die Lüge einsetzen und sich nicht moralisch selbst unter Druck setzen. »Lügen sollten in Liebesbeziehungen so verwendet werden wie Penicillin bei einer Lungenentzündung. Sie müssen ausreichend dosiert werden, um wirklich die Zweifel des Partners zu besiegen«, meint Schmidbauer.
- Man muss Verantwortung für sein Geheimnis übernehmen. Der Arzt, der seine heimliche Geliebte als Sprechstundenhilfe einstellen will, handelt unverantwortlich.
- Wer glaubt, seine Heimlichkeiten nicht mehr länger ertragen zu können, ist für ein Geheimnis nach Meinung Schmidbauers nicht geeignet. Ihm gelingt es nicht, sein Geheimnis ausreichend von der anderen Realität abzugrenzen, und es zeigt, dass er nicht verantwortungsbewusst damit umgehen kann.

Zusammenfassend lässt sich feststellen: Nicht jeder ist dafür geschaffen, ein Geheimnis länger mit sich herumzutragen. Manche Menschen können die hohen mentalen Belastungen, die mit Geheimhaltung verbunden sind, gut aushalten, andere nicht. Ist Letzteres der Fall, dann wird das Geheimnis zur Belastung. Selbst ein konstruktives Geheimnis kann dann auf Dauer destruktive Wirkung entfalten. So sollte sich auf ein längerfristiges Geheimnis nur einlassen, wer sich zutraut, die damit verbundenen Kosten tragen zu können. Wer die notwendigen Fähigkeiten besitzt – also: schweigen können, Gedanken kontrollieren können, ein gutes Gedächtnis, Selbstvertrauen und Selbstsicherheit –, dem wird es auch gelingen, das Geheimnis zu einer Selbstverständlichkeit werden zu lassen. »Wenn man etwas verheimlichen will«, so meinte eine Frau in der Werth-Flaherty-Befragung, »muss man selbst daran glauben, damit man es aushält.« Und eine andere Befragte meinte: »Sie zu täuschen wurde zu etwas Normalem.

Ich war mir dessen gar nicht so bewusst. Es geschah immer automatischer. Es ging mir in Fleisch und Blut über.«

### Kann man ein Geheimnis wahren?

Menschen, die sich entscheiden, mit einem Geheimnis zu leben, sollten sich darüber im Klaren sein, worauf sie sich einlassen. Es ist keine leichte Aufgabe, ein bestimmtes Wissen für sich zu behalten. Ein zweites Leben neben dem normalen zu führen bedeutet, in jedem Moment entscheiden zu müssen, was in das eine Leben gehört und was in das andere. Das kostet sehr viel Aufmerksamkeit, Planung und unter Umständen auch viel Nervenkraft. Daneben muss man das Geheimnis natürlich auch mit seinen eigenen moralischen Standards vereinbaren und sich von Schuldgefühlen freimachen können. Wer sich all das nicht zutraut, ist möglicherweise für ein Doppelleben, welcher Art und welchen Ausmaßes auch immer, nicht geeignet. Wer sich dagegen zutraut, ein Geheimnis mit all den damit verbundenen Konsequenzen wahren zu können, dem eröffnen sich Möglichkeiten, die das »eigentliche« Leben nicht bieten kann.

Wer unsicher ist, ob er ein Geheimnistyp ist oder eher nicht, wer nicht weiß, ob das Geheimnis den Aufwand wert ist und ob sich die damit verbundene Anstrengung überhaupt lohnt, der kann mit dem folgenden Test Antworten auf seine Fragen finden.

## Der Test: Wie hoch ist das Risiko?

Das einzige Geheimnis, das sich lohnt, ist ein Geheimnis, das eine Situation verbessert. Wie aber stellt man fest, ob das in einer konkreten Situation der Fall ist? Der folgende Test, entwickelt von Robert L. Wolk und Arthur Henley, hilft, die Vor- und Nachteile einer Entscheidung für oder gegen das Geheimnis herauszufinden. Dabei sollten fünf grundlegende Faktoren bedacht werden:

1. Motivation
2. Auswirkung
3. Glaubwürdigkeit
4. Selbsteinschätzung
5. Vertrauen des Belogenen

Um diese Faktoren zu überprüfen, kreuzen Sie bitte jeweils die Antwort an, die am ehesten zutrifft.

### Der Test

**Motivation**

1. Ich habe gute Gründe, das Geheimnis für mich zu behalten.
   ○ trifft zu          ○ trifft nicht zu          ○ weiß nicht

2. Ich belüge XY nicht aus Ärger über ihn/sie, und ich hege keine feindseligen Gefühle.
   ○ trifft zu          ○ trifft nicht zu          ○ weiß nicht

3. Ich hüte mein Geheimnis nicht, weil ich Angst vor einer Situation oder vor dem Menschen habe, den ich belüge.
   ○ trifft zu          ○ trifft nicht zu          ○ weiß nicht

4. Ich bin sicher, dass es nicht gut für mich wäre, wenn ich die Wahrheit sagen würde.
   ○ trifft zu          ○ trifft nicht zu          ○ weiß nicht

Wenn Sie dreimal oder öfter »trifft zu« angekreuzt haben, vermerken Sie in der Liste am Ende des Tests unter »Motivation« ein Pluszeichen (+). Wenn nicht, notieren Sie ein Minuszeichen (–).

## Auswirkung

1. Dieses Geheimnis wird mein Problem lösen.
   ○ trifft zu          ○ trifft nicht zu          ○ weiß nicht

2. Dieses Geheimnis wird später nicht zerstörerisch wirken.
   ○ trifft zu          ○ trifft nicht zu          ○ weiß nicht

3. Wenn ich dieses Geheimnis nicht behalte, wird sich meine Situation deutlich verschlechtern.
   ○ trifft zu          ○ trifft nicht zu          ○ weiß nicht

4. Das Geheimnis wird niemanden verletzen.
   ○ trifft zu          ○ trifft nicht zu          ○ weiß nicht

Auch hier gilt: Wenn Sie dreimal oder öfter »trifft zu« geantwortet haben, notieren Sie bitte in der Liste am Ende ein + hinter der Rubrik »Auswirkung«. Bei weniger als drei positiven Antworten vermerken Sie ein −.

## Glaubwürdigkeit

1. Es fällt mir nicht schwer, mein Geheimnis durch eine Lüge zu schützen.
   ○ trifft zu          ○ trifft nicht zu          ○ weiß nicht

2. Diese Lüge ergibt sich ganz natürlich aus der Situation.
   ○ trifft zu          ○ trifft nicht zu          ○ weiß nicht

3. Ich übertreibe nicht, damit ich nicht auffliege.
   ○ trifft zu          ○ trifft nicht zu          ○ weiß nicht

4. Ich habe früher schon mal erfolgreich ein Geheimnis gewahrt.
   ○ trifft zu          ○ trifft nicht zu          ○ weiß nicht

Sie haben dreimal oder häufiger »trifft zu« angekreuzt? Dann setzen Sie hinter »Glaubwürdigkeit« am Ende des Tests ein +, wenn nicht ein –.

## Selbsteinschätzung

1. Ich würde mich nicht schrecklich schuldig fühlen, wenn man mich bei der Lüge ertappen würde.
   ○ trifft zu          ○ trifft nicht zu          ○ weiß nicht

2. Falls ich ertappt würde, hätte ich die Folgen unter Kontrolle.
   ○ trifft zu          ○ trifft nicht zu          ○ weiß nicht

3. Ich gehe kein hohes Risiko ein.
   ○ trifft zu          ○ trifft nicht zu          ○ weiß nicht

4. Ich traue es mir zu, glaubhaft zu lügen.
   ○ trifft zu          ○ trifft nicht zu          ○ weiß nicht

Bei drei und mehr Zustimmungen schreiben Sie hinter »Selbsteinschätzung« in die Liste am Ende ein +, bei weniger Zustimmungen ein –.

## Vertrauen des Belogenen

1. Die Person, vor der ich ein Geheimnis haben will, ist nicht misstrauisch.
   ○ trifft zu          ○ trifft nicht zu          ○ weiß nicht

2. Die Person, die ich belügen will, hat einen Vorteil von meiner Lüge.
   ○ trifft zu          ○ trifft nicht zu          ○ weiß nicht

3. Die Person, die ich belügen will, wird nicht nachprüfen, was ich sage.

○ trifft zu  ○ trifft nicht zu  ○ weiß nicht

4. Die Person, die ich belügen will, wird mein Geheimnis, falls sie es entdecken sollte, nicht weiterverbreiten.

○ trifft zu  ○ trifft nicht zu  ○ weiß nicht

Sie haben dreimal oder öfter »trifft zu« angekreuzt? Dann geben Sie sich ein + für die Rubrik »Vertrauen des Belogenen«. Bei weniger als drei zustimmenden Antworten notieren Sie ein –.

## Auswertung

|  | + | oder | – |
|---|---|---|---|
| Motivation | ☐ | | ☐ |
| Auswirkung | ☐ | | ☐ |
| Glaubwürdigkeit | ☐ | | ☐ |
| Selbsteinschätzung | ☐ | | ☐ |
| Vertrauen | ☐ | | ☐ |

Wenn diese Liste kein Pluszeichen aufweist, dann ist das Risiko zu groß und die Wahrung des Geheimnisses keine gute Idee. Wenn die Liste ein oder zwei Pluszeichen vermerkt, dann ist die Lüge zwar ein kalkulierbares, aber immer noch ein erhebliches Risiko. Auf der sicheren Seite sind Sie erst mit mindestens drei Pluszeichen. Und wenn Sie sogar vier oder fünf Pluszeichen haben, dann überwiegen die Vorteile die Risiken.

# Das Geheimnis lüften – eine schwere Entscheidung

»Wer den kleinsten Teil seines Geheimnisses hingibt,
hat den anderen nicht mehr in der Gewalt.«

*Jean Paul*

»Also ... warum erzählst Du mir nicht, was passiert ist?« Erst als
Freddy diese Worte sagte, wurde Sherman bewusst, dass er darauf
brannte! Er sehnte sich danach, irgendjemandem alles zu gestehen!
Egal wem! Selbst diesem nikotingetränkten Turnwart, diesem
schwulen Fatzke ... Sherman zögerte von neuem, dann stürzte er
sich in die Einzelheiten der Autofahrt in die Bronx. Er suchte in
Freddys Gesicht nach Anzeichen von Missfallen oder – schlimmer! – Freude! Er entdeckte nichts als ein freundliches Interesse
... Diese Erleichterung! Das abscheuliche Gift strömte aus ihm heraus! Mein Beichtvater!«

Sherman McCoy, Hauptfigur in Tom Wolfes Roman *Fegefeuer der
Eitelkeiten,* hat bei einem Autounfall einen schwarzen Jungen ange-
fahren und Fahrerflucht begangen. Seine Geliebte, die neben ihm am
Steuer saß, will mit alldem nichts zu tun haben und verweigert das
Gespräch. Sherman McCoy, vom Erfolg verwöhnt und wohlhabend,
steht mit seinem Problem völlig alleine da. Schuldgefühle nagen an
ihm und die Angst vor Entdeckung. Sein innerer Druck wird immer
größer. So groß, dass er nach langem Schweigen seinem Anwalt die
Wahrheit gesteht.

Irgendwann kommt wohl jeder, der ein Geheimnis hütet, an einen
kritischen Punkt. Er weiß nicht mehr, ob er richtig handelt, wenn er
es weiter für sich behält. Möglicherweise quälen ihn Schuldgefühle

oder moralische Zweifel. Vielleicht aber möchte der Geheimnisträger oder die Geheimnisträgerin einfach mal mit jemandem über die Angelegenheit reden, sich austauschen, seine Erfahrungen teilen. Es kann ein positiver oder auch ein negativer Druck sein, der den Gedanken gebiert: »Ich lüfte mein Geheimnis, ich ziehe jemanden ins Vertrauen!« Doch ehe man diesen Gedanken in die Tat umsetzt, sollte man innehalten und erst einmal prüfen, ob es wirklich sinnvoll ist, das Geheimnis zu offenbaren. Der Schritt in die Öffentlichkeit muss gut überlegt sein.

Die Bibel lässt keinen Zweifel daran, dass jedes Geheimnis irgendwann mal ans Licht kommen muss. So heißt es im Markus-Evangelium: »Denn nichts ist verborgen, außer damit es offenbar werden soll, und nichts ward geheim, außer damit es ins Offenbare kommen soll.« Dahinter steckt die Botschaft, dass man Geheimnisse nicht auf Dauer hüten kann und dass es sinnvoll und gut ist, wenn sie gelüftet werden. Die kirchliche Institution der Beichte gibt Menschen, die sich mit ihrem geheimen Wissen herumplagen, die Möglichkeit, dieses diskret zu offenbaren und – falls es sich um eine Sünde handelt – gleich an Ort und Stelle zu büßen. Eine Möglichkeit, die jedoch all jenen nicht offensteht, die ihren Glauben verloren haben oder niemals gläubig gewesen sind.

Nicht zuletzt als Reaktion auf diese Leerstelle hat der amerikanische Prediger Craig Groeschel im Internet einen virtuellen Beichtstuhl eingerichtet. Die Website *my secret* (www.mysecret.tv) lädt alle Mühseligen und Beladenen dazu ein, ihre Geheimnisse loszuwerden. »Beichte deine Geheimnisse«, »mach reinen Tisch«, wird aufgefordert, wer diese Seite im Internet anklickt. Dabei geht Prediger Groeschel von der Grundannahme aus, dass Menschen mit Geheimnissen *immer und in jedem Fall* in Sünde leben; durch eine öffentliche Beichte im Internet können sie sich reinwaschen und Absolution erhalten. Schließlich, meint Prediger Groeschel, heißt es schon in der Bibel: Wer seine Sünden bekennt und lässt, der wird Barmherzigkeit erfahren.

Diese Versprechung zeigt Wirkung: Mehr als 1 500 Menschen

haben bisher anonym erzählt, was ihr Gewissen belastet; täglich kommen neue Beichten hinzu. Es ist ein sehr einseitiges Bild, das hier von Geheimnissen vermittelt wird. Denn diejenigen, die eine Beichte ablegen, leiden ausnahmslos unter ihrem geheimen Tun und wollen sich von Schuldgefühlen befreien. Sie geben zu, Sex vor der Ehe gehabt zu haben, sie gestehen ihre sexuellen Gelüste auf das gleiche Geschlecht, berichten von Spielsünden und davon, dass sie ihre Kinder hassen. Homosexualität wird ebenso als sündiges Geheimnis gebeichtet wie die Lust nach Pornografie. Manche Geständnisse lesen sich selbst schon wie Pornografie, weshalb auf der Website auch gewarnt wird: »Einige dieser Beichten sind nur für Erwachsene geeignet und sollten nicht von unter 18-Jährigen gelesen werden.«

Geheimnisse sind etwas Schlimmes, man muss sie beichten, um Absolution zu erhalten: Diese Botschaft der Website *my secret* ist ohne Zweifel sehr amerikanisch und richtet sich ganz klar an extrem Gottesfürchtige und Gottesgläubige. In ihrem fundamentalistischen Anspruch ist sie ganz sicher nicht mehrheitsfähig. Doch die Botschaft »Geheimnisse sind etwas Schlechtes, sie müssen gelüftet werden« hat nicht nur religiöse Wurzeln, sie findet sich auch in der griechischen Mythologie.

## Geheimnisse in der Mythologie

In der Ödipus-Sage ist beispielsweise der Terror der Sphinx von Theben in dem Moment gebannt, als es Ödipus gelingt, ihr Rätsel zu lösen. Eine lange Reihe von mutigen Männern war vor ihm an den verschlüsselten Aufgaben gescheitert. Ödipus aber konnte die ihm gestellte Frage beantworten: »Was ist am Morgen vierfüßig, am Mittag zweifüßig, am Abend dreifüßig? Von allen Geschöpfen wechselt es allein die Zahl seiner Füße; aber eben wenn es die meisten Füße bewegt, sind Kraft und Schnelligkeit seiner Glieder am geringsten.« Für unauflösbar hielt die Sphinx auch dieses Rätsel, doch diesmal wurde sie eines Besseren belehrt. »Dein Rätsel ist der Mensch, der am Morgen seines Lebens als schwaches und kraftloses Kind auf seinen zwei Füßen und seinen Händen geht; ist er erstarkt, so geht er am Mittag seines Lebens nur auf den zwei Füßen; ist er endlich als Greis am Lebensabend angekommen der Stütze bedürftig geworden, so nimmt er den Stab als dritten Fuß zu Hilfe.« Ödipus triumphierte, die Macht der Sphinx, und damit die Macht ihres Geheimnisses, war gebannt – die Bürger von Theben waren gerettet. Nur Ödipus wird ein anderes, nicht gelöstes Geheimnis zum Verhängnis. Zur Belohnung seiner mutigen Tat erhielt er das Königreich Theben und die Hand der Königswitwe Jokaste. Dass sie seine eigene Mutter war, wusste er nicht, denn die Geschichte seiner Herkunft war für ihn ein Geheimnis geblieben ...

In der Mythologie gibt es aber nicht nur Beispiele für die Destruktivität von nicht aufgedeckten Geheimnissen. Die Geschichte von *Pandora* verbreitete eine entgegengesetzte Botschaft:

Pandora wurde auf Befehl des Göttervaters Zeus aus Lehm geschaffen und von den Göttern mit vielen Gaben ausgestattet: Schönheit, musikalisches Talent, Geschicklichkeit, aber auch Neugier und Übermut. Nach ihrer »Geburt« wurde sie vom Götterboten Hermes auf die Erde gebracht, um die Menschheit für den Feuerdiebstahl des Prometheus zu bestrafen. Als Geschenk gab Zeus ihr eine Büchse mit, die sie aber auf keinen Fall öffnen sollte. Neugier und Übermut verleiteten Pandora eines Tages, das Gebot Zeus' in den Wind zu schlagen. Sie wollte wissen, was in der Büchse war – und alles Schlechte kam über die Welt. Zuvor hatten die Menschen keine Übel, Mühen oder Krankheiten gekannt, bis dahin waren auch die Menschen unsterblich. Pandoras Neugier hat das Geheimnis der Büchse gelüftet und der Idylle auf Erden ein Ende bereitet.

Die Frage »Soll man ein Geheimnis lüften?« wird also ganz unterschiedlich beantwortet, je nachdem, welche Quelle man befragt. Die Bibel verkündet ein eindeutiges »Ja«, die Mythologie ein unklares »Jein«. Und was sagt der Volksmund? Von ihm erhält man eher den uneingeschränkten Ratschlag, den Mund zu halten:

- »Was Geheimnis bleiben soll, muss man niemandem anvertrauen.«
- »Wer sein eigenes Geheimnis nicht bewahren kann, dem darf man kein fremdes anvertrauen.«
- »Wer sein Herz öffnet, gibt sich gefangen.«
- »Wer schweigt, ist des Geheimnis Herr, wer spricht sein Knecht.«
- »Wer sein Geheimnis offenbart, verkauft seine Freiheit.«

Der Philosoph Arthur Schopenhauer bezieht ebenfalls eindeutig Stellung contra Offenlegung: »Wenn ich mein Geheimnis verschweige, ist es mein Gefangener: lasse ich es entschlüpfen, bin ich sein Gefangener. Am Baume des Schweigens hängt seine Frucht, der Friede.«

## Psychologische Studien zum Schweigen

Eine völlig andere Position bezieht dagegen die Psychologie. Sie belegt durch zahlreiche Studien, dass das Reden über ein Geheimnis von großer seelischer Last befreit. Wer nicht irgendwann über geheimes Wissen sprechen kann, so die Aussage dieser Studien, kann die damit verbundenen Erlebnisse und Emotionen nicht verarbeiten. Das hat zur Folge, dass das Verheimlichte in Form von zwanghaften Gedanken oder auch in Träumen immer wieder auftaucht und den betroffenen Menschen nicht zur Ruhe kommen lässt. Und nicht nur das: Wer ein schmerzhaftes oder schlimmes Erlebnis nicht kommuniziert, schadet nicht nur sich selbst, sondern kann auch seinem Partner, seiner Familie und sogar den nächsten Generationen eine schwere Last aufbürden.

Die Beweislast dieser Studien ist erdrückend und scheint eine andere Aussage als »Schweigen ist schädlich« nicht zuzulassen, wie einige Beispiele dieser Forschungsrichtung eindrucksvoll belegen:

Homosexuelle Männer, die ängstlich ihre sexuelle Orientierung geheim hielten, hatten im Vergleich zu offen homosexuell lebenden

Geschlechtsgenossen ein höheres Risiko zu erkranken. Und in einer anderen Studie mit HIV-positiven Homosexuellen stellte sich heraus, dass sich ihr Zustand in einem Zeitraum von neun Jahren dann erheblich verschlechterte, wenn sie ihre Liebe zu Männern nur im Geheimen lebten. Homosexuelle, die sich zu ihrer sexuellen Orientierung bekannten, blieben dagegen gesünder.

Zu ähnlichen Ergebnissen kam der Psychologe James Pennebaker in seinen Untersuchungen. Er stellte fest, dass Menschen, die über ein bislang geheim gehaltenes Erlebnis sprechen oder es aufschreiben, anschließend eine deutliche Erleichterung verspüren. Umgekehrt konnte er belegen: Schweigen macht krank. So untersuchte er beispielsweise 200 Angestellte einer amerikanischen Firma und fragte gezielt nach traumatischen Erfahrungen in der Kindheit – zum Beispiel Scheidung der Eltern, körperliche Strafen, sexueller Missbrauch. Ergänzend sollten die Befragten darüber Auskunft geben, ob und in welchem Maße sie über diese Erfahrungen mit anderen gesprochen haben. Von den 200 Männern und Frauen berichteten 65 über solche Erfahrungen. Diejenigen, die noch nie über ihre Erlebnisse gesprochen hatten, waren in einem deutlich schlechteren Gesundheitszustand als jene, die sich jemandem anvertraut hatten.

Auch eine weitere Studie bestätigte die wohltuende Wirkung des Redens. So fühlten sich Holocaust-Opfer, die zum ersten Mal über ihre fürchterlichen Erlebnisse sprachen, danach sehr viel gesünder und äußerten sich zufriedener über ihr Leben als vorher. Als die Stadt Dallas 1984 ein *Memorial Center for Holocaust Studies* einrichtete, wurden in Amerika lebende Nazi-Opfer interviewt und ihre Erinnerungen auf Videoband aufgezeichnet. Die meisten der Überlebenden hatten bis dahin niemals über ihre Erfahrungen gesprochen. Die häufigsten Gründe für das Schweigen: »Ich wollte es endlich vergessen«, »Ich wollte niemanden beunruhigen«. Nicht alle konnten sich vor der Videokamera wirklich öffnen, einige versuchten auch jetzt noch, ihre schmerzlichen Erinnerungen zu unterdrücken. Ein Jahr nach diesen Gesprächen wurde der allgemeine Gesundheitszustand der Zeitzeugen untersucht und mit dem Befinden vor dem Interview und mit dem während des Interviews verglichen. Es zeigte sich eine deutliche Verbesserung im allgemeinen Gesundheitszustand bei denen, die sich ihre Erfahrungen rückhaltlos von der Seele geredet hatten, während die weniger auskunftsbereite Gruppe sehr viel häufiger von Krankheiten geplagt war.

Auch der Psychologe Reinhard Tausch, inzwischen emeritierter Professor für Psychologie an der Universität Hamburg, schlussfolgerte aus einem Überblick über vorliegende Studien, dass »Gespräche mit verständnisvollen Freunden oder Bekannten eine der besten Möglichkeiten ist, Schwierigkeiten zu bewältigen. Gleichgültig, ob es um die Bewältigung von Trennungen, von Lebenskrisen, von schweren Schuldgefühlen oder belastenden Sorgen ging – immer gaben die Betroffenen an, Gespräche mit einfühlsamen Anderen hätten ihnen am meisten geholfen.«

Die psychologischen Befunde sind eindeutig: Wer Gedanken und Erlebnisse unterdrückt und nicht mitteilen kann, geht ein hohes gesundheitliches Risiko ein. Umgekehrt wirkt die Verbalisierung von Verschwiegenem befreiend und gesundheitsfördernd.

## Schweigen schadet nicht in jedem Fall

Ein Geheimnis kann krankmachen. Schweigen wirkt sich wie Blei auf die Seele, Reden dagegen befreit. Das ist richtig.

Falsch aber ist die verallgemeinernde Schlussfolgerung, die aus diesen Befunden gezogen wurde: Schweigen schadet immer und in jedem Fall. Die Bedeutung der aufgeführten Untersuchungen soll hier auf keinen Fall infrage gestellt und auch die Existenz von äußerst destruktiven Geheimnissen nicht geleugnet werden. Allerdings ereilte die Studien über die negativen Auswirkungen von Geheimhaltung ein Schicksal, das häufig psychologischen Forschungsergebnissen zuteil wird: Sie wurden verwässert, verallgemeinert und auf ein Niveau »heruntergekocht«, das mit der ursprünglichen Aussage nur noch wenig zu tun hatte: Was als (falsche) Essenz dieses Prozesses übrig blieb, war die scheinbare Erkenntnis: Reden ist *immer und in jedem Fall* gut. Schweigen ist *immer und in jedem Fall* schlecht.

Völlig aus dem Blickfeld geriet dabei, dass die gefundenen wissenschaftlichen Erkenntnisse sich ausschließlich auf traumatische Erfahrungen bezogen. Nur für zerstörerische Geheimnisse, deren Existenz auch hier nicht geleugnet werden soll, gilt, dass das Schweigen über längere Zeit hinweg verheerende Folgen haben kann. In allen anderen Fällen muss sorgfältig geprüft werden, ob es sinnvoll ist, ein Geheimnis zu lüften.

## Das Geheimnis lüften: Ist das immer ratsam?

Was soll man nun glauben? Ist es schlimm und auf Dauer schädlich, ein Geheimnis zu wahren? Oder soll, darf man es in seinem Herzen auf Dauer verschließen? Auf diese Fragen gibt keine eindeutige Antwort. Denn: Es kommt darauf an. Es kommt auf die Art des geheimen Wissens an, auf seine Schwere und auf die Belastung, die es für den Geheimnisträger und die direkt Betroffenen hat. Und es kommt auf das Motiv desjenigen an, der etwas mit sich herumträgt. All das gilt es zu prüfen, ehe man sich für Reden statt Schweigen entscheidet.

Grundsätzlich gilt, so die Familientherapeutin Evan Imber-Black: »Wenn eine Person ein Geheimnis hütet, das zunächst und vor allem ihr eigenes Leben betrifft, so ›gehört‹ ihr dieses Geheimnis, und die Entscheidung, es für sich zu behalten oder mitzuteilen, liegt zu Recht einzig und allein bei ihr selbst.«

Wer nun überlegt, ob er sein Geheimnis mit jemandem teilen soll, muss sich vorher unbedingt ein paar wichtige Fragen beantworten. Ehe er sein Schweigen bricht, sollte er seinen Motiven auf die Spur kommen und klären, ob es wirklich gute Gründe gibt, das Schweigen zu brechen.

**Geteiltes Leid ist nicht halbes Leid** Um keinen guten Grund handelt es sich, wenn man ein Geheimnis erzählen will in der Hoffnung, dass man sich danach weniger schuldig fühlt. Verantwortung abwälzen oder Verantwortung auf verschiedenen Schultern verteilen – das ist ein häufiges Motiv, wenn man die Bürde des eigenen Geheimnisses als zu schwer erlebt. Häufig lüften Menschen ihr Geheimnis, weil sie die Last der Schuldgefühle und ihrer moralischen Bedenken nicht mehr tragen können oder wollen. Ganz nach dem Motto »Geteiltes Leid ist halbes Leid« wollen sie auch ihr Wissen teilen, in der Hoffnung, sich nach dem Geständnis besser fühlen zu können. Gerade das ist aber kein gutes Motiv. Evan Imber-Black warnt davor, das eigene Gewissen durch ein Geständnis erleichtern zu wollen: »Wenn Sie mit dem Gedanken spielen, ein wichtiges Geheimnis offenzulegen, und sich in Ihrer Fantasie ausmalen, Sie seien danach völlig erleichtert, der andere akzeptiere Sie voll und ganz, und die Sache sei damit ein für allemal erledigt, dann sollten Sie dies als Warnsignal betrachten.« So wird der Ehemann, der seiner Frau einen lang zurückliegenden, eher bedeutungslosen Seitensprung beichtet, sich zunächst entlastet fühlen. Möglicherweise aber richtet er mit seinem Geständnis so großen Schaden an, dass seine Beziehung ins Trudeln gerät. Denn nur in den seltensten Fällen hat der andere, der sich betrogen und belogen fühlt, so viel Kraft, für die Geheimnistuerei Verständnis aufzubringen und dem Geheimnisträger zu verzeihen. Vielmehr wird er mit Wut und Enttäuschung reagieren und nicht selten die Beziehung abbrechen, weil er den Vertrauensbruch nicht verwinden kann.

**Rache ist nicht süß** Wenn ein Geheimnis eingestanden wird, weil man auf den anderen wütend ist oder sich rächen will, wird die Preisgabe ebenfalls keine befreiende, sondern eine verheerende Wirkung haben. Das Geständnis wird dann der Beziehung eher Schaden zufügen als irgendeinen Nutzen zu haben. Dies ist beispielsweise auch dann der Fall, wenn ein geschiedener Vater seinem Kind ein Geheimnis über die Mutter erzählt, um das Kind auf seine Seite zu ziehen und es gegen die Mutter einzunehmen.

Im Grunde gibt es nur drei wirklich gute Motive, um ein Geheimnis zu lüften, meint Imber-Black:

- Erstens, wenn man der ehrlichen Überzeugung ist, dass ein anderer Mensch ein Recht darauf hat, das Geheimnis zu kennen, weil dadurch seine eigene Lebenskraft gestärkt wird,
- zweitens, wenn man glaubt, durch Ehrlichkeit eine Beziehung retten oder wiederherstellen zu können und
- drittens, wenn man seine eigene Integrität, seine Gesundheit oder die eines anderen und sein inneres Gleichgewicht in Gefahr sieht.

## Dunkle Geheimnisse müssen offenbart werden

Beeinflusst das Geheimnis eine andere mir wichtige Person oder mich selbst? Ist der andere oder bin ich selbst als Folge des Geheimnisses häufig niedergeschlagen, hat der andere oder habe ich selbst psychosomatische Symptome entwickelt, die auf das Vorhandensein des Geheimnisses zurückgeführt werden können? Ist die Kommunikation zwischen mir und anderen mir wichtigen Menschen durch das Geheimnis gestört oder hat sie sich stark verschlechtert? Muss ich, um das Geheimnis zu wahren, ständig lügen und täuschen? Bin ich emotional überhaupt noch anwesend oder zieht das Geheimnis so viel Energie ab, dass meine Beziehungen zu anderen Menschen darunter leiden? Wenn Fragen wie diese positiv beantwortet werden, dann handelt es sich bei dem konkreten Geheimnis höchstwahrscheinlich um ein destruktives, dunkles Geheimnis. Und in solchen Fällen ist die Enthüllung oder Aufgabe des Geheimnisses der einzige Weg, um weiteren Schaden zu vermeiden.

Forschungsarbeiten aus dem Bereich der Familientherapie zeigen: Dunkle Geheimnisse können eine Partnerschaft, ein Familiensystem, ja sogar die nachfolgende Generation auf erschreckende Weise negativ beeinflussen. Das Schweigen über die Nazivergangenheit des

Großvaters, über eine Abtreibung, den Suizid eines Onkels oder die Alkoholsucht des Vaters legt einen dunklen Schatten über die Betroffenen. Nicht nur der derjenige, der ein solches Geheimnis mit sich herumträgt, muss enorme Kraft aufwenden, um es zu bewahren. Auch jene, die vom Geheimnis gar nichts wissen, leiden oft schwer. »Die Tatsache, dass man in ein sehr wichtiges Familiengeheimnis nicht eingeweiht wurde, kann Identität und Verhalten prägen. Selbstzweifel, das Gefühl des Ausgegrenztseins und Misstrauen stellen sich ein, und oft werden Lebensentscheidungen ohne ausreichende Information getroffen«, erklärt die Familientherapeutin Evan Imber-Black. Sie bezeichnet solche Geheimnisse als »vergiftet«, denn sie »rauben Energie, erzeugen Beklemmungen, belasten den, der das Geheimnis kennt, und verwirren andere, die es nicht kennen.«

Ein erschütterndes Beispiel eines destruktiven Familiengeheimnisses ist das Schicksal von Sabine H., deren Fall im Jahr 2006 Schlagzeilen machte: Sabine H. gab zu, sieben Mädchen und zwei Jungen gleich nach der Geburt getötet und in Blumenkästen auf dem Balkon verscharrt zu haben. Unbemerkt vom Ehemann, unbemerkt von Verwandten und Nachbarn blieben Sabine H.s Schwangerschaften und die Geburten.

Sabine H. war sehr jung, 17, als sie ihren Mann kennen lernte. Sie wurde sofort schwanger. Er war ein gut aussehender, flotter Typ, sie ein intelligentes Mädchen vom Lande. Er arbeitete bei der Stasi und war ein von Berufs wegen schweigsamer und schweigender Typ. Sabine H. fing an zu trinken, vor allem während ihrer Schwangerschaften. Betäubt vom Alkohol brachte sie auch ihre vielen Kinder auf die Welt, und auf diese Betäubung schieben es später auch die Experten, dass sie es schaffte, neunmal ihre Babys aus dem Weg zu räumen. Doch im Prozess gegen Sabine H. erzählte ihr Anwalt eine Geschichte, die aufhorchen ließ:

Sabine H. wuchs in dem Glauben auf, drei Schwestern zu haben. Doch als sie 16 Jahre alt war, erklärten ihr die Eltern, dass ihre jüngste Schwester nicht ihre Schwester, sondern ihre Nichte sei. Die angebliche Schwester war in Wirklichkeit die Tochter der zweiältesten Schwester. In der Familie von Sabine H. gab es also bereits einmal eine heimliche Schwangerschaft. Warum die Eltern diese vertuschten, darüber gab es im Prozess keine Aufklärung. Aber die Vermutung drängt sich auf, dass dahinter ein noch größeres Geheimnis stand.

Ein Familiengeheimnis wie dieses kann verstören und zerstören. Familiengeheimnisse können von einer Generation an die nächste weitergegeben werden, wenn sie nicht gelüftet werden. Ein Kind »erahnt ein Geheimnis bei den verschiedensten Gelegenheiten«, wie der Psychoanalytiker Serge Tisserot ausführt. Geheimnisse machen sich »in einem bestimmten Tonfall, in bestimmten Gesten, in der Verwendung unstimmiger oder ungewohnter Worte und sogar in den Gegenständen bemerkbar, mit denen der Geheimnisträger sich umgibt«. Weil Kinder emotional sehr abhängig von ihren Eltern sind, erfassen gerade sie sehr sensibel, wenn irgendetwas »nicht stimmt«. »Kinder nehmen die schmerzlichen Spaltungen ihrer Eltern viel deutlicher wahr als alle anderen, bemühen sich jedoch krampfhaft, ihre Eltern in dem Glauben zu lassen, sie hätten keine Ahnung.« Sie wollen ihren Eltern helfen, sie wollen die Spannung, die sie spüren, reduzieren, denn nicht selten fürchten sie, an dem seltsamen Verhalten der Eltern schuld zu sein. »Jeder, der mit einer Spaltung bei einem Menschen, der ihm nahesteht und ihm etwas bedeutet, konfrontiert wird, beginnt an dem zu zweifeln, was er sieht, hört, spürt und denkt, und mobilisiert einen Großteil seiner psychischen Fähigkeiten, um mit den Schwierigkeiten, die sich daraus ergeben, fertig zu werden.« Dieses Bemühen aber kann beim Kind selbst zu schweren psychischen und Verhaltensstörungen führen.

Im Fall von destruktiven, dunklen Familiengeheimnissen fällt die Antwort auf die Frage »Enthüllen oder schweigen?« eindeutig aus. Solche Geheimnisse können über Generationen hinweg Unheil anrichten, wenn sie nicht aufgedeckt werden. In allen anderen, weniger eindeutigen Fällen kommt man jedoch um eine sorgfältige Prüfung und Abwägung nicht herum.

## Welche Folgen hat die Wahrheit?

Neben den erwähnten falschen Motiven – Entlastung, Rache – hält der Psychoanalytiker Wolfgang Schmidbauer noch einen Punkt für dringend überlegenswert, ehe ein Geheimnis gelüftet wird: »Wahrheit, die heilsam sein soll, braucht einen Kontext, braucht Takt, braucht Wissen darüber, ob das Ich gegenwärtig neue Erkenntnisse überhaupt verarbeiten kann. Wer Wahrheiten ohne solche Rücksichtnahme den Leuten an den Kopf wirft, muss sich nicht wundern, dass sie öfter verletzt als gefördert werden.«

Ehe man ein Geheimnis lüftet, sollte man also prüfen, ob der andere die Wahrheit überhaupt hören will. Das gilt vor allem für sexuelle Untreue. Gerade in diesen Fällen sollten Geheimnisträger sehr genau prüfen, ob sie ihren Seitensprung beichten wollen. Denn die Schlussfolgerung, die die Psychologin Gisela Runte im Zusammenhang mit ihren Untersuchungen zum Thema weibliche Untreue herausgefunden hat, gilt für beide Geschlechter: »Offengelegte Seitensprünge haben meist derartig tiefe Kränkungen zur Folge, dass es das Ende der Beziehung bedeuten kann. Mit einem Seitensprung können nur Menschen konstruktiv umgehen, die eine starke seelische Stabilität haben. Das ist selten der Fall. Die meisten Menschen reagieren auf die Untreue des Partners hoch emotional. So gibt es zum Beispiel unglaublich viele Morde aus Eifersucht. Auch das ist ein guter Grund, den Mund zu halten. Ich kann den Betroffenen nur raten, sich von Schuldgefühlen frei zu machen und mit Offenbarungen ganz vorsichtig zu sein.«

Auf jeden Fall sollte man vor Offenlegung der Untreue mehr als nur einen Gedanken daran verschwenden, ob der Partner oder die Partnerin die Wahrheit wirklich verkraften kann und wie seine Einstellung zum jeweiligen Thema des Geheimnisses ist. Was hat der andere früher zu diesem Thema geäußert? Hat er gesagt, dass er in jedem Fall alles wissen will, oder hat er signalisiert: Was ich nicht weiß, macht mich nicht heiß?

Es gibt zwischen Partnern oftmals unausgesprochene Verträge, die derjenige, der mit dem Gedanken spielt, ein Geheimnis zu offenbaren, einhalten sollte. Natürlich sollte es nach Möglichkeit kein schwerwiegendes Geheimnis zwischen zwei Partnern geben. Eine offene Aussprache, eine Klärung ist immer die erste Wahl. Aber man darf keine Bedingung, keine Regel daraus machen, dass »alles« gesagt werden muss. Die Wahrheit auf Biegen und Brechen an den Mann oder die Frau zu bringen, kann verheerende Folgen haben. Nicht immer muss es für eine Partnerschaft hilfreich und für den Geheimnisträger entlastend sein, wenn gesagt wird, was Sache ist. Manchmal ist es sinnvoller, Gras über eine Angelegenheit wachsen zu lassen. Auch ein grüner Rasen, der mit Unwahrheit gedüngt ist, kann fruchtbar sein. Auf jeden Fall fruchtbarer als verbrannte Erde, die nach dem Offenlegen eines Geheimnisses oft zurück bleibt.

Reifliche Überlegung und Abwägung aller Risiken ist also ein erster wesentlicher Schritt, um zu klären, ob ein anderer Mensch in das Geheimnis eingeweiht werden soll. Auch wenn das Mitteilungsbedürfnis groß ist, sollte man niemals aus den Augen verlieren, welche Auswirkungen die Offenlegung auf den oder die anderen haben wird. Die Sorge und Fürsorge für diese Menschen sollte im Mittelpunkt der Überlegungen stehen – nicht in erster Linie das eigene Wohlergehen.

## Ein Geheimnis offenlegen

Hat man nach reiflicher Überlegung entschieden: »Ich sag's«, gilt es, günstige Rahmenbedingungen für das anstehende Gespräch zu schaffen. So sollten nach Möglichkeit schmerzliche Enthüllungen in einem Rahmen offenbart werden, der allen Beteiligten Schutz und Geborgenheit bietet. Das heißt, die Beziehungen zu den Menschen, die man an seinem Geheimnis teilhaben lassen will, sollten von Vertrauen und Loyalität sowie durch gegenseitige Verpflichtung geprägt sein. Wer ein Geheimnis preisgeben will, muss sicher sein, dass die Zeugen seiner Wahrheitsliebe das neue Wissen nicht gegen ihn verwenden.

Wichtig ist auch, im Vorfeld zu prüfen, ob die Beziehungen, die vom Geheimnis betroffen sind, grundsätzlich eine Zukunft haben. Wenn beispielsweise eine Partnerschaft schon so brüchig geworden ist, dass ihre Auflösung eine reale Möglichkeit darstellt, dann ist es wenig ratsam, ein lange gehütetes Geheimnis zu lüften – außer, man möchte mit der Offenbarung den anderen bewusst verletzen, um auf diese Weise eine endgültige Trennung und Klärung zu beschleunigen.

Wenn Kinder betroffen sind, muss man auf ihr Alter und ihren Entwicklungsstand Rücksicht nehmen. Und schließlich sollte man sich keine Illusionen machen. Die Hoffnung, dass sich die mit dem Geheimnis bislang verbundenen Probleme allein durch die Offenlegung in Schall und Rauch auflösen, wird mit hundertprozentiger Sicherheit enttäuscht werden. Zwar mag eine momentane Erleichterung spürbar sein, denn endlich liegt auf dem Tisch, was den einen bedrückt und der andere vielleicht längst geahnt hat. Aber mit der Enthüllung des Geheimnisses entstehen neue Probleme, die unter Umständen für die betroffenen Personen eine harte Zerreißprobe mit sich bringen. *Michael* durchlebt gerade eine solche Zerreißprobe:

 **Beispiel:** Ich bin seit 21 Jahren mit Anna verheiratet. Es ist für beide die zweite Ehe. Jeder von uns hat zwei Kinder aus der ersten Ehe. Ein gemeinsames Kind haben wir nicht. Meine Frau hätte sich eines gewünscht, aber ich wollte nicht. Das war nicht die einzige Meinungsverschiedenheit zwischen uns. Anna warf mir immer vor, dass wir in zwei verschiedenen Welten leben und sie immer das Gefühl hätte, sie wüsste nicht wirklich, wer ich bin. Damit hatte sie durchaus Recht. Nur konnte ich ihr nicht sagen, woran es lag: Ich bin bisexuell. Schon in meiner ersten Ehe traf ich mich regelmäßig mit Männern in einschlägigen Clubs. Meine erste Ehe ist gescheitert, aber meine damalige Frau hat nichts von meiner Veranlagung erfahren. In meiner zweiten Ehe aber wurde das Doppelleben für mich immer unerträglicher. Ich liebe Anna, aber ich brauche auch den Kontakt zu Männern. Eines Abends, ich kam mal wieder aus einem Homoclub, gerieten wir in Streit. Und da sagte ich es. Ich redete und redete wie ein Wasserfall. Ich konnte gar nicht mehr aufhören. Es war richtig erleichternd, mir endlich alles von der Seele reden zu können. Doch was danach kam, war die Hölle. Anna brach zusammen. Sie musste ärztlich betreut werden und nahm dann lange Zeit starke Beruhigungsmittel. Um das Ganze zu bewältigen, gingen wir gemeinsam und getrennt in Therapie. Sie las Bücher über Homosexualität und versuchte, mich zu verstehen. Beide magerten wir ab. Aber für eine Trennung, so stellten wir fest, gab es zu viel Verbindendes zwischen uns. Im Moment herrscht so etwas wie Waffenstillstand. Aber ob und wie es weitergehen wird, weiß ich nicht.

Die Entscheidung »Lüfte ich mein Geheimnis oder nicht?« gehört mit zu den schwierigsten Fragen, die ein Mensch für sich beantworten muss. Wenn er sich offenbart, muss er es aushalten, von den betroffenen anderen als Lügner und Betrüger betrachtet zu werden. Er muss ihre Enttäuschung, ihre Wut, ihre Verzweiflung ertragen. Und er verliert seine ganz private Nische, die er sich mithilfe seines Geheimnisses erschaffen hat. Er verliert sein »zweites Leben«. Umgekehrt müssen die nun eingeweihten Personen mit der Tatsache leben lernen, dass es dieses zweite Leben für den anderen gegeben hat. Eine Erkenntnis, die meist mit Kränkungen und Enttäuschungen verbunden ist. Diese Gefühle wiederum muss auch der Geständige aushalten und versuchen, sich durch entsprechendes Verhalten das Vertrauen des Partners oder Freundes neu zu erarbeiten.

So erleichternd es sein mag, die Wahrheit zu sagen, so hoch ist der Preis. Deshalb hat der Psychotherapeut John Bradshaw sicher Recht, wenn er schreibt: »Niemand kann dir einen besseren Rat geben als du selbst.« Die Entscheidung »Enthüllen oder schweigen?« ist immer eine einsame Entscheidung. Es gibt keinen allgemein gültigen Weg. »Niemand behauptet, sicher zu wissen, wann, wo, wie und wem Geheimnisse erzählt werden sollten. Das Beste, was wir tun können, ist, die Verantwortung für unsere eigenen dunklen Geheimnisse und für diejenigen zu übernehmen, von denen wir wissen.«

## Sind Mitwisser Hüter des Geheimnisses?

Mit der Bemerkung, dass auch diejenigen Verantwortung übernehmen müssen, die vom Geheimnis eines anderen wissen, spricht Bradshaw einen heiklen Punkt an: Nicht nur die Betroffenen selbst plagen sich mit der Gewissensfrage herum, ob sie andere einweihen sollen oder nicht. Oft geraten auch Personen, die Mitwisser eines Geheimnisses sind, in Gewissensnöte und fragen sich, ob sie das, was sie erfahren haben, offenlegen sollten.

Anders als bei der Frage, ob der Geheimnisträger die Wahrheit sagen soll oder nicht, gibt es hier keinerlei Zweifel: Der Eingeweihte sollte noch nicht einmal darüber nachdenken, über das Geheimnis zu sprechen. Denn: Niemand ist befugt, ein Geheimnis, das einem anderen gehört, zu lüften. Auch noch so viel – wirkliche oder vorgebliche – Wahrheitsliebe rechtfertigt es nicht, einen anderen bloßzustellen. Wer von einem Kollegen weiß, dass dieser schwul ist, aber nicht geoutet werden will, muss schweigen. Wer von der außerehelichen Affäre der Freundin weiß, muss schweigen. Wer einen Kollegen mit einer Frau, die nicht seine angetraute ist, in zärtlicher Stimmung in einem Lokal beobachtet, muss schweigen. Niemand darf sich in selbstgerechter Weise als Hüter der Wahrheit aufschwingen, und niemand darf sich zum Richter über die Angelegenheiten eines anderen ernennen – selbst dann nicht, wenn dessen Verhalten gegen die eigenen moralischen Wertvorstellungen verstößt. Die Ausnahme von der Regel tritt nur dann in Kraft, wenn es sich um reale Übertretungen von Recht und Anstand handelt: Missbrauch, Gewalttätigkeiten, kriminelle Handlungen, selbst- und fremdzerstörerisches Verhalten verlangen danach, dass jemand, der davon weiß, Verantwortung übernimmt und sich mit der gebotenen Vorsicht und Rücksicht einmischt.

In allen anderen Fällen aber haben Mitwisser kein Recht, ein fremdes Geheimnis zu offenbaren. Der Respekt vor den Geheimnissen anderer ist unabdingbar. Wenn Mitwisser diesen Respekt nicht (mehr) aufbringen wollen oder können, sollten sie genau prüfen, ob sie das fremde Geheimnis nicht aus reiner Selbstgerechtigkeit, Wichtigtuerei oder auch aus Rachsucht lüften wollen. *Enzos* Mutter hat diese Überlegungen nicht angestellt, was den heute 62-Jährigen noch heute in Rage bringen kann:

*Beispiel:* Ich war etwa sechs Jahre alt, als diese Episode passierte.  Meine Mutter hatte beim Saubermachen unter dem Ehebett eine Pralinenschachtel gefunden. Dass dies ein Geburtstagsgeschenk meines Vaters für sie war, daran bestand für sie kein Zweifel. Schließlich stand ihr Wiegenfest kurz bevor. Doch statt das gelüftete Geheimnis schnell wieder zu vergessen und dem Ehemann die Freude nicht zu vermiesen, aß sie still und heimlich Tag für Tag ein paar Pralinen. Die leere Schachtel verpackte sie wieder sorgfältig und schob sie in ihr ursprüngliches Versteck. Ahnungslos überreichte ihr mein Vater an ihrem Geburtstag das – damals – wertvolle Geschenk. Pralinen waren im Nachkriegsdeutschland ein Luxus. Mutter öffnete gespielt neugierig das Geschenk und tat scheinheilig verblüfft, als sie die leere Schachtel sah. Mein Vater schwankte zwischen Scham und Ärger, denn er meinte, vom Pralinengeschäft betrogen worden zu sein. Doch dann klärte ihn meine Mutter auf. Er wurde ganz bleich im Gesicht, daran kann ich mich noch heute erinnern. Ich erschrak fürchterlich, denn für einen Moment dachte ich: »Jetzt bringt er Mama um!« Doch er beherrschte sich und ließ sogar noch ihre Rechtfertigungsrede schweigend über sich ergehen. Meine Mutter hielt ihm eine regelrechte Predigt: An der Pralinenschachtel könne er sehen, dass er nichts vor ihr geheim halten könne. Und sie fühle sich auch in ihrer Hausfrauenehre gekränkt. Denn offensichtlich hätte er ja nicht damit gerechnet, dass sie unter dem Bett sauber macht. Das solle ihm eine Lehre sein. Unnötig zu erwähnen, dass dieses Ereignis die Verbundenheit meiner Eltern nicht stärkte.

Dieser Fall zeigt deutlich, dass rücksichtsvolles Schweigen eine Art soziales Schmiermittel ist. Wenn wir die kleinen oder großen Geheimnisse anderer Menschen immer schonungslos aufdecken, wenn wir immer den Finger auf ihre Blößen legen, wenn wir nicht höflich einmal

wegschauen und weghören würden, dann käme das einem Zusammen-
bruch des sozialen Miteinanders gleich. So wie wir wollen, dass unsere
ganz privaten Bereiche von anderen respektiert und geachtet werden, so
müssen auch wir akzeptieren, dass so manches, was für einen anderen
Menschen wichtig ist, für uns mit dem unsichtbaren Schild »Zugang
verboten« unzugänglich bleibt. Wenn wir zufällig und uneingeladen
Zugang dazu bekommen, müssen wir diskret schweigen.

Welche langfristigen Folgen es haben kann, wenn man derartige
Verbotsschilder übersieht, thematisiert Bernard Mac Laverty in seiner Erzählung *Geheimnisse*:

**✗** **Beispiel:** Der Großneffe ist nachhause gekommen, um sich von seiner
Großtante Mary zu verabschieden, die im Sterben liegt. An ihrem
Bett erinnert er sich an eine Begebenheit, die stattgefunden hatte,
als er noch kleiner war. Und er fragt sich mit quälenden Gewissens-
bissen, ob sie ihm wohl je verziehen hat ...

Großtante Mary schenkte ihm immer Briefmarken, die er unter
Wasserdampf von ihren Ansichtskarten lösen durfte. Er betrachtete
die Ansichten auf den Karten, für den Text darauf interessierte er
sich kaum. Doch eines Tages fiel ihm ein Name auf, der immer wieder auf den Karten auftauchte: Bruder Benignus. Neugierig fragte er
seine Tante, wer das sei. Die reagierte abweisend und ausweichend.
Benignus sei ein Freund von ihr gewesen. Neben den Karten gab es
noch ein Bündel Briefe. Als er sich diesen neugierig zuwandte, tadelte
ihn Großtante Mary scharf: »Finger weg!«

Nun aber war seine Neugierde geweckt. Bei der nächsten unbe-
wachten Gelegenheit konnte er der Versuchung nicht widerstehen. Er
holte das Bündel Briefe aus dem Sekretär seiner Tante und begann
einen Brief zu lesen. Darin war von Liebe die Rede und vom Krieg.
»Meine Liebe«, »meine Liebste«, »Ich liebe dich« – er las mit wach-
sender Spannung einen Brief nach dem anderen – da hörte er seine
Großtante kommen und versuchte, die Briefe schnell wieder im Sekretär zu verstauen. Was ihm aber nicht gelang. Sofort sah die Tante,
was er getan hatte, wurde wütend, gab ihm eine Ohrfeige und ver-

wies ihn des Zimmers. Bevor er aus ihrem Gesichtsfeld verschwand, hörte er noch, wie sie ihn einen »Dreckskerl« nannte und dass sie ihm dieses Vergehen niemals verzeihen würde.

Der Großneffe hatte mit seiner Neugierde eine unsichtbare Grenze überschritten, er ist eingedrungen in einen Lebensbereich seiner Großtante, der für andere Menschen Sperrbezirk war. Bis zuletzt hatte sie ihm seine Zudringlichkeit nicht verziehen.

Wer ohne Einwilligung des Betroffenen ein Geheimnis lüftet, greift in unzulässiger Weise in dessen Privatsphäre ein und verletzt sein Vertrauen aufs Schlimmste. In welche Turbulenzen ein Mensch dadurch geraten kann, zeigt der Fall von Charles Lindbergh, in dem es unter anderem auch um Briefe geht. Lindbergh schrieb an seine langjährige Geliebte Brigitte Hesshaimer, die Mutter seiner drei unehelichen Kinder. Diese Briefe, so berichtet der Journalist Rudolf Schröck in seinem Buch über diesen Fall, hat Tochter Astrid gefunden und heimlich der Mutter entwendet. Als diese davon erfährt, ist sie völlig verzweifelt. »Ich will unter keinen Umständen, dass die Briefe in falsche Hände kommen oder veröffentlicht werden. Sie sind mein ganz persönliches Eigentum«, flehte sie. »Die Briefe sind ein Teil meines Lebens und meiner Liebe.«

Nicht nur zufällig entdeckte oder gehörte Geheimnisse anderer sind unbedingt schützenswert. Auch und in ganz besonderem Maße sind das Mitteilungen, die im Vertrauen erzählt werden. So fällt denn auch die Antwort des Ethikexperten Rainer Erlinger auf folgende Frage einer Münchnerin eindeutig aus.

»Meine beste Freundin betrügt ihren Freund – das erzählte sie mir unter dem Siegel der Verschwiegenheit. Nun gerate ich jedes Mal, wenn ich ihren Lebensgefährten sehe, in einen fürchterlichen Zwiespalt. Soll ich ihm etwas andeuten oder sogar den Betrug deutlich ansprechen? Dann habe ich in der Rolle der besten Freundin versagt (und würde meine Freundin wohl verlieren), aber ich könnte mir selbst und ihrem Freund wieder in die Augen blicken. Oder soll ich den Mund halten, so wie sie es erwartet.«

Ja, und nochmals ja: Sie muss ihren Mund halten, schreibt Rainer Erlinger und wird mehr als deutlich: »Sie gehören in den Moralknast, falls Sie den Freund informieren, denn es geht hier um Vertrauen und dessen Bruch ist strafwürdig!« Die »beste Freundin«, so meint Erlinger, unterliegt wie der Arzt, der Rechtsanwalt, der Therapeut, der Psychologe und viele andere Berufe der Schweigepflicht. Wird den Mitgliedern dieser Berufsgruppen ein Geheimnis anvertraut, so müssen sie es wahren. Halten sie die Schweigepflicht nicht ein, dann sieht das das Gesetz als »Verletzung von Privatgeheimnissen« an und ahndet dieses Vergehen mit Freiheitsstrafe bis zu einem Jahr oder mit Geldstrafe. Die Freundin darf also nicht ausplaudern, was sie weiß. Sie hat kein Recht, den ahnungslosen Betrogenen aufzuklären, nur weil sie sich besser fühlen will. »Freundschaft dient nicht nur dem persönlichen Vergnügen, sie ist ein eigener moralischer Wert und deshalb verpflichtet sie auch«, schließt Erlinger sein Plädoyer für Geheimniswahrung.

Welch tiefe Wunden es reißen kann, wenn ein nahestehender Mensch ein ihm anvertrautes Geheimnis veröffentlicht, zeigt der Bericht von *Hilde*. Sie musste gleich mehrfach erleben, dass Freundinnen ihre homosexuelle Orientierung ohne ihre Einwilligung ausplauderten:

**X** *Beispiel:* Ich bin 35 Jahre alt und lebe seit 15 Jahren offen homosexuell. Natürlich dauerte es lange (etwas fünf Jahre), bis ich zu meiner eigenen Wahrheit, der Tatsache, dass ich homosexuell bin, stehen konnte. Ich outete mich schließlich vor einigen Freunden – einige davon wandten sich daraufhin von mir ab. Meinen Eltern und Geschwistern und auch neuen Bekannten und Freunden verriet ich mein Geheimnis nicht – nicht zuletzt aus Angst, sie könnten sich auch von mir abwenden. Und auch am Arbeitsplatz, ich absolvierte eine Ausbildung zur Polizeibeamtin, musste ich meine sexuelle Orientierung verheimlichen.

Durch einen von mir verursachten Autounfall änderte sich alles schlagartig. Ich hatte angetrunken im Beisein meiner volltrunkenen

Partnerin, einer Kollegin, ein parkendes Auto touchiert und war geflüchtet. Am nächsten Tag informierte meine Partnerin ohne mein Wissen die Polizei und meinen Vorgesetzten. Diesem verriet sie nicht nur mein Verkehrsdelikt, sondern auch, dass sie und ich ein Liebespaar waren. Der wiederum hatte nichts Besseres zu tun, als meine Eltern zu informieren. Wegen des Verkehrsdelikts wurde ich fristlos entlassen und musste zu meinen tief enttäuschten Eltern zurückkehren. Das Vertrauensverhältnis zu meinen Eltern war zerstört. Sie fühlten sich von mir hintergangen und belogen. Doch meine Lüge war eine Lüge aus Selbstschutz. Den Zeitpunkt meines Outings hätte ich gerne selbst gewählt. Ich fühlte mich von meiner damaligen Partnerin aufs Übelste verraten.

Ein gutes Jahr nach dem Unfall lernte ich erneut eine Frau kennen. Wir zogen zusammen, als ich 23 Jahre alt war und gerade eine neue Anstellung als Angestellte in der Justiz bekommen hatte. Eines Tages – ich war etwa vier oder fünf Monate befristet in dem Angestelltenverhältnis tätig und hatte mich *nicht* geoutet – brachte meine Freundin mich vor den Augen von Kollegen in eine kompromittierende Situation, indem sie mich auf den Mund küsste. Wieder brach eine Welt für mich zusammen, denn ich hatte erneut nicht die Chance bekommen, meine Wahrheit den Kollegen gegenüber zu einem Zeitpunkt preiszugeben, den ich für den richtigen hielt. Wieder war ich verraten worden. Meine Homosexualität begann an meinem Arbeitsplatz gegen meinen Willen die Runde zu machen. Zwar wurde ich nie direkt darauf angesprochen, doch wurde mir im Laufe der Zeit mehr und mehr klar, dass es nun nicht mehr mein Geheimnis, sondern für viele Kolleginnen und Kollegen ein offenes Geheimnis und eine Attraktion war. Das Bedürfnis, es alle Welt wissen zu lassen, existierte in mir damals nicht. Ich hatte Angst vor Diskriminierung oder gar Entlassung. Wahrheit oder Lüge? Das Leben vieler homosexueller Frauen ist geprägt von permanentem Abwägen und Entscheiden über diese Fragen. Ich wünsche mir für mich und alle Gleichgesinnten ein Leben, in dem jede für sich selbst entscheiden kann und darf, wann sie wem welches Geheimnis anvertraut.

Dieses Beispiel zeigt: Wer vom Geheimnis eines anderen Menschen weiß, trägt eine große Verantwortung. Nicht jeder ist dieser Verantwortung gewachsen. Deshalb sollte, wer ein wie auch immer geartetes Geheimnis jemandem mitteilen will, sehr genau prüfen, ob der ausgewählte Kandidat auch wirklich vertrauenswürdig ist. So groß das Verlangen auch sein mag, sich Entlastung durch einen Mitwisser oder eine Mitwisserin zu verschaffen, der Schaden, der dadurch angerichtet werden kann, ist unter Umständen noch größer. Schon Friedrich Nietzsche warnte: »Es wird wenige geben, welche, wenn sie um Stoff zur Unterhaltung verlegen sind, nicht die geheimeren Angelegenheiten ihrer Freunde preisgeben.« Einsamkeit ist daher ein unausweichliches Nebenprodukt eines Geheimnisses. Wer etwas für sich behalten will oder muss, der muss auch bereit sein, die damit verbundene Isolation auszuhalten.

Unerträglich allerdings kann diese Isolation werden, wenn das Wissen, das man für sich behalten muss, eines ist, das einem aufgezwungen wurde. Es ist dann kein eigenes Geheimnis, es ist aber auch keines, das man aus einer sicheren Distanz heraus betrachten und bewahren kann. Aufgezwungene Geheimnisse sind ein schwieriger Balanceakt zwischen der Verpflichtung, das Geheimnis des anderen zu wahren, und dem Recht auf Selbstbestimmung.

*Elena* leidet unter einem solchen Geheimnis. Sie ist die Geliebte eines verheirateten Mannes, der sich auch nach fast acht Jahren außerehelicher Beziehung nicht von seiner Frau trennen will. Auf keinen Fall möchte er, dass seine Liebesbeziehung zu *Elena* öffentlich wird. Er kann es sich aufgrund seiner beruflichen Position nicht leisten, und er möchte auch seine Frau und seine Familie nicht verlassen. *Elena* hat nur die Wahl, sein Geheimnis mit ihm zu wahren oder sich darüber hinwegzusetzen und den Geliebten zu verlieren. Sie schrieb auf die Anzeige »Geheimnisse gesucht« einen vielseitigen Brief, der deutlich macht, unter welchem Druck sie steht. Ein Auszug aus diesem Schreiben:

*Beispiel:* Als ich Ihre Anzeige las, wurde ich ganz aufgeregt. Ich hatte ✗
den Eindruck, Sie meinten direkt mich! Eine Welle der Erleichterung
ging durch meinen Körper. Endlich, endlich konnte ich jemandem
etwas erzählen, was ich viele Jahre lang ganz alleine mit mir herum-
trage. Ich bin seit fast acht Jahren die Geliebte eines verheirateten
Mannes. Er hat mir von Anfang an gesagt, dass er seine Frau niemals
verlassen wird – ich wusste also, woran ich war. Dennoch hoffte ich
natürlich auf die Kraft meiner Liebe ... vergebens. Die ersten Jahre
kam ich noch ganz gut damit zurecht. Ich redete mir ein, dass ich
meine Freiheit über alles liebte, dass meine Freunde den fehlenden
Partner ersetzen und so weiter. Doch jetzt muss ich gestehen: Das
Leid wird immer größer. Ich fühle mich einsam, ich fürchte das Alter.
Ich bin jetzt Mitte 50 und frage mich, ob ich wirklich auf diese Weise
alt werden will. Manchmal, vor allem nachts, wenn ich nicht schlafen
kann, kommen die Gespenster. Dann sehe ich mich alt, krank und allein in einem Pflegeheim dahinsiechen. Natürlich weiß ich, da ist eine
gehörige Portion Selbstmitleid im Spiel. Aber die Angst ist da und sie
ist real. Schlimm ist auch: Ich kann mit niemandem darüber reden,
nicht mal mit meinen Freundinnen. Denn mein Geliebter ist ein stadt-
bekannter Mann. Manchmal bin ich sehr in Versuchung, seine Frau
anzurufen und alles auffliegen zu lassen. Doch meine Schweigever-
pflichtung ihm gegenüber hält mich immer wieder davon ab. Und
was hätte ich davon? Ich würde ihn verlieren. Ich weiß, dass mir
als einziger Ausweg bleibt, die Beziehung zu beenden. Doch das ist
leichter gesagt als getan. Acht Jahre! Da entsteht eine enge Bindung,
die nicht einfach zu kappen ist.

*Elenas* Beispiel zeigt, dass der Umgang mit geheimem Wissen alles
andere als leicht ist. Und es zeigt auch noch etwas anderes: Ein Geheimnis, das einem anderen Menschen aufgezwungen wird, kann
nicht »gut« sein. Zwar könnte man argumentieren, dass Elena ihren
Geliebtenstatus frei gewählt hat. Sie wusste, dass der Geliebte verheiratet ist und war mit dem geheimen Arrangement einverstanden.
Aber in ihrer Verliebtheit war ihr nicht klar, auf was sie sich einließ.

*Sie* musste die Beziehung nicht geheim halten, sie tat es ihm zuliebe. Er hat ihr das Geheimnis aufgedrückt. Es ist also nicht ihres, sondern seines. Wer aber gezwungen wird, ein fremdes Geheimnis zu akzeptieren und zu wahren, der muss akzeptieren, dass sein Leben durch ein fremdes Geheimnis gesteuert wird. Die eigene Selbstbestimmung wird dann dem Selbstbestimmungsrecht des anderen untergeordnet. Das aber kann auf Dauer nicht gutgehen, wie jeder weiß, der schon einmal über längere Zeit eine Beziehung nur deshalb im Geheimen gelebt hat, weil der andere es so wollte.

## Enthüllen oder schweigen – ein Entscheidungsmodell

Wem es sehr schwerfällt, eine Antwort auf die Frage »Enthüllen oder schweigen?« zu finden, dem kann vielleicht folgendes Entscheidungsmodell eine Hilfestellung geben. Es wurde von der Psychologin Anita E. Kelly entwickelt und leitet in sechs Schritten durch den Entscheidungsprozess.

**Erster Schritt:** Zu Beginn des Entscheidungsprozesses sollte geklärt werden, ob die Person, der man glaubt, das Geheimnis sagen zu müssen, überhaupt ein Recht auf diese Information hat. Ist es für die Beziehung wichtig, dass ihr das geheime Wissen anvertraut wird? Informationen, die keine wesentliche Bedeutung für eine Beziehung haben, müssen nicht mitgeteilt werden: Dazu gehören zum Beispiel Informationen über die eigene Vergangenheit, die für die aktuelle Beziehung nicht wirklich relevant sind. Fragt ein Mann seine Freundin beispielsweise »Mit wie vielen Männern hast du vor mir geschlafen?«, so hat er auf eine wahrhaftige Antwort nicht unbedingt ein Anrecht. Die Gefragte kann entscheiden, ob und wie ausführlich sie ihm antwortet, verpflichtet zur Wahrheit ist sie nicht. Grundsätzlich sollten Liebespaare nicht allzu mitteilungsfreudig sein, was ihre Vergangen-

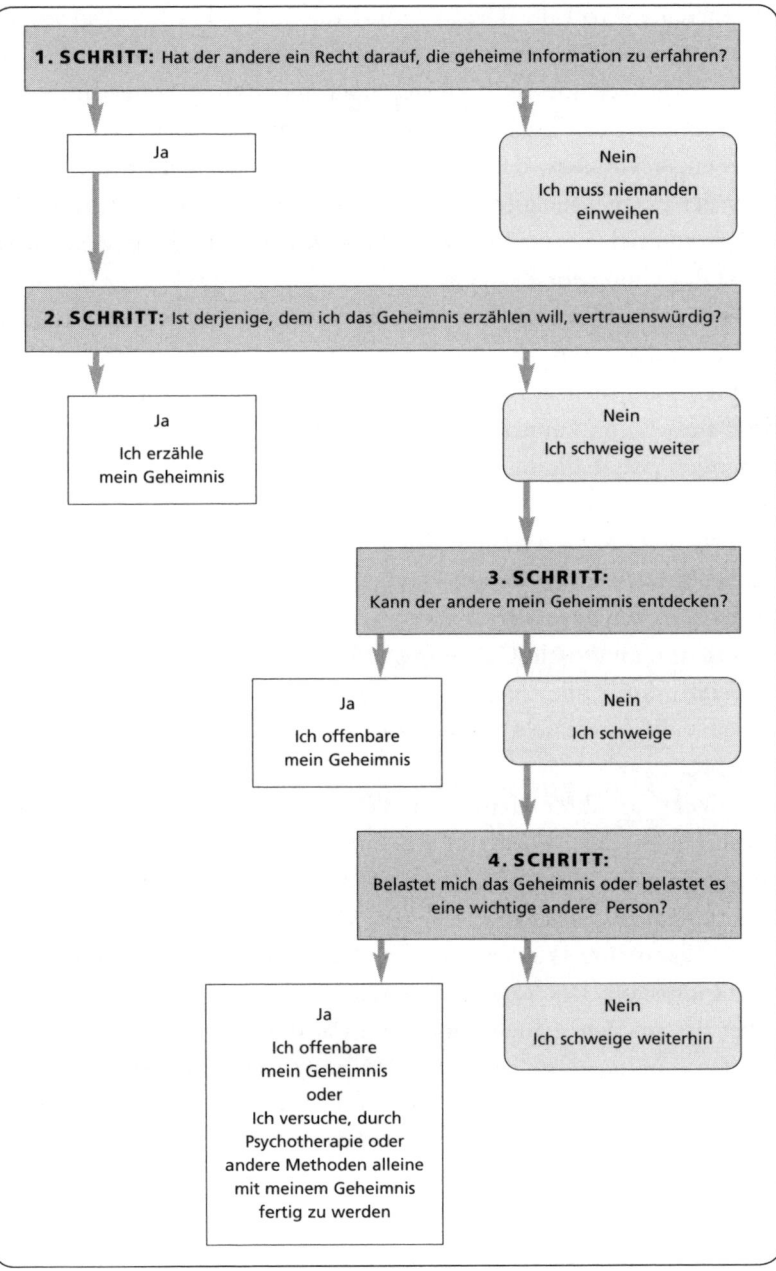

**1. SCHRITT:** Hat der andere ein Recht darauf, die geheime Information zu erfahren?

Ja

Nein
Ich muss niemanden einweihen

**2. SCHRITT:** Ist derjenige, dem ich das Geheimnis erzählen will, vertrauenswürdig?

Ja
Ich erzähle mein Geheimnis

Nein
Ich schweige weiter

**3. SCHRITT:**
Kann der andere mein Geheimnis entdecken?

Ja
Ich offenbare mein Geheimnis

Nein
Ich schweige

**4. SCHRITT:**
Belastet mich das Geheimnis oder belastet es eine wichtige andere Person?

Ja
Ich offenbare mein Geheimnis
oder
Ich versuche, durch Psychotherapie oder andere Methoden alleine mit meinem Geheimnis fertig zu werden

Nein
Ich schweige weiterhin

heit angeht, warnt die Therapeutin Evan Imber-Black: »Anders, als in der populären Lebenshilfeliteratur behauptet wird, führt die Mitteilung von Geheimnissen an sich noch nicht zu größerer Intimität. Im Gegenteil, der Zwang, Episoden aus dem eigenen Leben preiszugeben, bevor man dazu bereit ist, vertieft eher die Kluft. Wenn einer der Partner neugierig herumschnüffelt, statt zu warten, bis der andere von sich aus erzählt, schleicht sich von Anfang an Misstrauen in die Beziehung ein.«

Aber auch, wenn der andere nicht »herumschnüffelt«, sollte man sorgfältig überlegen, ehe man Dinge von sich preisgibt, die den Partner nichts angehen. Zu viel freiwillige Offenheit, vor allem zu Beginn einer Beziehung, kann zum gefährlichen Bumerang werden, wie die folgenden zwei Fälle zeigen:

**Beispiel:** 1. Eine Frau gesteht ihrem neuen Freund, dass sie während der Studienzeit lesbische Beziehungen gehabt hat, dass dies aber nur ein Experiment gewesen sei. Er dankt ihr für ihre Offenheit, ist froh, dass sie ihn an diesem Geheimnis teilhaben lässt. Doch nach einigen Jahren Zusammenlebens, als sie aufgrund beruflicher Überarbeitung das sexuelle Interesse an ihm verliert, beschuldigt er sie, eine Lesbe zu sein.

2. Kurz vor ihrer Heirat hat die Verlobte das starke Bedürfnis, ihrem zukünftigen Ehemann von einer Abtreibung zu erzählen, die sie als Teenager vornehmen ließ. Sie glaubt, dass diese Information wichtig für die zukünftige Ehe ist. Also erzählt sie ihm alles, jedes Detail, auch ihre Qualen und Schuldgefühle. Zunächst reagiert er verständnisvoll. Doch nach zwei Wochen löst er die Verlobung und bittet sie, aus dem gemeinsamen Haus auszuziehen. Sie ist geschockt und kann monatelang nur mit Beruhigungsmitteln leben.

War die Abtreibung eine wichtige Information für die Ehe? Hatte der zukünftige Ehemann ein Recht auf diese Information? Hat er wirklich erwartet, dass seine Verlobte ihm ihre gesamte Vergangenheit offenbart? Hätte sie sich diese Fragen vorher gestellt, dann wäre sie möglicherweise zu dem Ergebnis gekommen, dass die Abtreibung zwar in ihrem Leben ein wichtiges Ereignis war, dass aber ihr zukünftiger Ehemann damit nicht behelligt werden muss.

*Zweiter Schritt:* Stellt man im ersten Schritt fest: Der andere hat ein prinzipielles Recht, das Geheimnis zu erfahren, dann muss sorgfältig geprüft werden, ob er auch ausreichend vertrauenswürdig ist. Ist er oder sie diskret, nicht wertend? Wie wird er oder sie reagieren – ablehnend, strafend, verständnisvoll? Kann er oder sie zu neuen Einsichten verhelfen? Ist er oder sie ein geeigneter Gesprächspartner? Diese Entscheidung ist ebenfalls schwierig, da man ja nie so genau wissen kann, wie der andere reagieren wird. Man kann sich nur auf bisher gemachte Erfahrungen verlassen: Wie hat sich der andere, dem man ein Geheimnis anvertrauen will, in der Vergangenheit verhalten? Wie geht die Person, der man sich anvertrauen möchte, mit den Geheimnissen anderer Menschen um? Wird sie von anderen für vertrauenswürdig gehalten? Welche Einstellung hat sie zum Thema des Geheimnisses? Welche Werte vertritt sie?

Wer über eine Abtreibung sprechen will, sollte sich vielleicht nicht einem strengkatholischen Menschen anvertrauen. Eine andere Möglichkeit, der Reaktion des Gesprächspartners auf die Spur zu kommen, ist es, eine Art »Testballon« loszulassen. So kann ein untreuer Ehemann beispielsweise seiner Frau zunächst erzählen »Stell dir vor, X hat eine Affäre mit Y« und ihre Reaktion abwarten, ehe er seine eigene Affäre beichtet. Oder ein Kind, das geklaut hat, fragt seine Mutter, was wohl einem Kind passiert, das im Laden einen Kaugummi hat mitgehen lassen. Wenn auch die Reaktion auf eine hypothetische Frage oder Geschichte anders ausfallen wird als auf eine reale – eine Tendenz lässt sich daraus durchaus ablesen.

Kommt man nach eingehender Prüfung zu dem Schluss: Es besteht die Gefahr, dass der andere das Geheimnis verurteilt, es ausplaudert oder gar die Beziehung beendet, sollte man sein Wissen vielleicht lieber doch für sich behalten – oder das Geheimnis jemand anderem anvertrauen.

*Dritter Schritt:* Besteht die Gefahr, dass der andere das Geheimnis selbst entdeckt? Oder hat man sich schon fast selbst verraten? Hat ein Freund einen ertappt und wird sein Wissen ausplaudern? Wenn ein anderer vom Geheimnis weiß und Kontakt zu einer wichtigen Beziehungsperson hat, muss man davon ausgehen, dass das Geheimnis gelüftet wird. In solchen Fällen ist eine Vorwärtsstrategie ratsam: lieber das Geheimnis selbst lüften, als damit konfrontiert zu werden.

Wenn nur der Geheimnisträger vom Geheimnis weiß, besteht keine Gefahr der Aufdeckung durch einen anderen. Wenn kein Leidensdruck besteht und man im ersten Schritt zu dem Schluss gekommen ist, dass andere Personen kein Anrecht auf die Wahrheit haben, kann man weiterhin schweigen.

*Vierter Schritt:* Besteht keine Gefahr, dass der Partner das Geheimnis entdeckt, muss dennoch geprüft werden, ob das Geheimnis den Geheimnisträger oder die Beziehung unangemessen stark belastet. Lebt man in der ständigen Angst, das Geheimnis könnte auffliegen? Leidet man unter psychosomatischen Beschwerden wie Kopfschmerzen oder Magenproblemen? Kann man nicht mehr in den Spiegel schauen, weil einen Schuldgefühle plagen? Hat man das Gefühl, der andere quält sich, weil er spürt, dass etwas nicht in Ordnung ist? Wenn das Geheimnis auf den Geheimnisträger und seine Umwelt zerstörerisch wirkt, dann handelt unverantwortlich, wer es weiter mit sich herumträgt. Eine Beendigung der geheimen Situation oder eine Offenlegung des Geheimnisses ist dann angebracht.

Doch ein Geheimnis ist nicht notwendigerweise belastend. Es gibt geheimes Wissen, das man sehr gut in sein Leben integrieren kann, ohne dass man selbst oder jemand anderer Schaden nimmt. Solche Geheimnisse müssen nicht enthüllt werden, man kann sie unter Umständen mit ins Grab nehmen.

Wenn man sich für eine Enthüllung entscheidet, dann sollte man darauf achten, wie und in welcher Form man den Beziehungspartner in das Geheimnis einweiht. Es wird für den Zuhörenden in jedem

Fall schwer sein, die Wahrheit zu verdauen. Er wird enttäuscht und verletzt reagieren. Der »Beichtende« kann den Schaden aber begrenzen, wenn er nur das Thema das Geheimnisses benennt, auf Details aber verzichtet. Ein Beispiel: Ein konservativ eingestellter Mann fragt seine neue Freundin: »Wie viele Sexualpartner hast du vor mir gehabt?« Sie weiß, es sind 60, aber sie fürchtet, dass diese Zahl seine Toleranz stark auf die Probe stellen könnte. Also sagt sie: »Genaue Zahlen kann ich dir nicht nennen, aber ich war schon ziemlich aktiv, als ich jünger war.« Die Konzentration auf das Thema kann dem Geheimnisträger helfen, ehrlich zu sein, aber die Stigmatisierung und die Verletzung, die oft mit dem Offenlegen der Details verbunden sind, zu vermeiden. So hätte im obigen Beispiel die Verlobte ihrem zukünftigen Ehemann von ihrer früheren Schwangerschaft erzählen können, ohne ihm genau zu erzählen, auf welche Art sie das Kind verloren hat.

Wenn man sich dazu entschließt, einen anderen Menschen in sein Geheimnis einzuweihen, dann reicht es aus, das Thema des Geheimnisses zu lüften. Details können nicht nur mehr Schaden anrichten, sie können auch zu heftiger Ablehnung des Geheimnisträgers führen und seine Privatsphäre wie auch seinen Ruf zerstören.

Was aber tun, wenn man gerne über das Geheimnis reden will, aber überzeugt davon ist, dass derjenige, vor dem man das Geheimnis hütet, nicht der richtige Adressat dafür ist? Wenn man fürchtet, er würde das Geständnis nicht verkraften, er würde zusammenbrechen, er würde alles zerstören, dann sollte man noch mal abbremsen, ehe man mit der Offenbarung loslegt. In solchen Fällen kann es hilfreicher sein, mit einer guten Freundin oder einem Therapeuten über das Geheimnis und die damit verbundenen Gefühle zu sprechen. Mithilfe eines neutralen Dritten kann man neue Einsichten in die geheime Situation gewinnen und möglicherweise einen neuen Umgang damit entdecken. Wissenschaftliche Studien zeigen, dass neue Einsichten oftmals für den Geheimnisträger hilfreicher sind als jedes noch so verständnisvolle Gespräch über das geheim gehaltene Wissen.

## Die Alternative: neue Einsichten gewinnen

Die meisten Menschen, die überlegen, ob sie ihr Geheimnis offenbaren sollen, erhoffen sich davon vor allem Erleichterung und Entlastung. Wenn es sich um ein belastendes Geheimnis handelt, dann glauben sie nach dem Motto »Geteiltes Leid ist halbes Leid« besser damit zurechtzukommen. Ist das Geheimnis ein schönes, positives, dann möchten die Betroffenen ihre Freude mit jemandem teilen, eine andere Person teilhaben lassen an ihren Erfahrungen. So oder so wird die Hoffnung auf Entlastung mit hoher Wahrscheinlichkeit enttäuscht werden. Die Offenbarung eines Geheimnisses verbessert häufig nicht die Gefühlslage, im Gegenteil: Viele Geheimnisträger fühlen sich nach einem Gespräch über ihr Geheimnis nicht unbedingt geläutert oder gereinigt. Wer sich allerdings gezielt mit seinem Geheimnis beschäftigt, kann durchaus einen positiven Effekt erzielen: Wenn es gelingt, neue Einsichten in die Situation zu gewinnen, kann eine Enthüllung sinnvoll sein.

Das belegt eine Untersuchung der amerikanischen Wissenschaftlerin Anita E. Kelly. Den 130 Teilnehmern wurde ein Fragebogen vorgelegt mit folgender Instruktion:

»Jeder Mensch hat Geheimnisse oder hält persönliche Informationen über sich vor anderen verborgen. Das heißt, es gibt Informationen über uns, die wir vor anderen geheim halten. Bitte überlegen Sie, wann Sie ein Geheimnis mit jemandem geteilt haben. Wählen Sie ein wirklich wichtiges persönliches Geheimnis.«

Dann sollten die Teilnehmer mithilfe des Fragebogens einschätzen, wie hilfreich die Offenbarung ihres Geheimnisses gewesen ist. Konkret wollte die Wissenschaftlerin wissen, welche Gefühle die Befragten hatten, als sie das Geheimnis mit der anderen Person teilten, also ob es zu kathartischen Effekten gekommen war. Unter anderem hatten sie die Möglichkeit, folgende Aussagen als »richtig« oder »falsch« anzukreuzen:

- »Ich konnte loslassen und meine Seele erleichtern.«
- »Ich spürte, dass die Anspannung nachließ oder unangenehme Gefühle verschwanden.«

Andere Fragen betrafen die Frage, ob das Reden über das Geheimnis zu neuen Erkenntnissen verholfen hatte. Konnten die Geheimnisträger einen Gewinn aus der Enthüllung ziehen? Wieder hatten die Teilnehmer die Auswahl unter verschiedenen Antwortmöglichkeiten, zum Beispiel:

- »Mir wurden die Motive und Gründe für mein Verhalten klarer.«
- »Ich gewann neue Ideen, wie ich mit dem Problem umgehen kann.«

Zusätzlich wurden die Teilnehmer gefragt, ob die Einschätzung ihres Geheimnisses vor der Offenlegung eine andere war als danach. Was hatte sich durch die Enthüllung verändert?

Das Ergebnis: Wer Einsicht gewonnen hatte, dachte nach der Enthüllung positiver über sein Geheimnis und fühlte sich besser. Jene, die über kathartische Effekte berichteten, dachten dagegen negativer über ihr Geheimnis. Es scheint sich also nicht unbedingt positiv auf das eigene Wohlbefinden auszuwirken, wenn man mit anderen Personen über sein Geheimnis spricht. Die unmittelbar erlebte Entspannung und Entlastung macht langfristig negativen Empfindungen Platz.

In einer zweiten Studie wurde das Vorgehen leicht abgewandelt: Die Teilnehmer wurden nun gebeten, sich an ein Geheimnis zu erinnern, dass sie niemandem oder nur ganz wenigen Leuten erzählt hatten. Sie sollten dieses Geheimnis und ihre damit verbundenen Gefühle schriftlich beschreiben, ohne ins Detail zu gehen. Danach wurden die Teilnehmer in drei Gruppen eingeteilt, die jeweils unterschiedliche Instruktionen erhielten:

- Gruppe 1 sollte sich damit beschäftigen, einen Sinn in ihrem Geheimnis zu sehen. Sie sollte versuchen, eine neue Sichtweise auf ihr Geheimnis zu entwickeln und ihre Gedanken darüber zu verändern.
- Gruppe 2 wurde aufgefordert, sich ganz mit den Gefühlen auseinanderzusetzen, die mit dem Geheimnis verbunden sind. Die Teilnehmer sollten ihre Gefühle aufschreiben, ohne sie zu werten.

Es wurde ihnen mitgeteilt: »Zweck der Übung ist es, dass Sie Ihr Herz erleichtern.«

- Gruppe 3 fungierte als Kontrollgruppe. Die Teilnehmer schrieben über ein beliebiges Ereignis des vergangenen Tages.

Danach wurden die Teilnehmer noch mal zu ihren Gefühlen das Geheimnis betreffend gefragt. Und wieder profitierten jene Teilnehmer mehr, die neue Einsichten gewinnen konnten. Sie empfanden es als hilfreich, sich über das Geheimnis Gedanken zu machen und es niederzuschreiben. Die Personen aber, die sich ausschließlich mit ihren Gefühlen beschäftigen sollten, berichteten über keinerlei positive Veränderungen.

Die Schlussfolgerung, die sich aus diesen Studien ziehen lässt, ist vor allem für all jene Geheimnisträger wichtig, die ihr Wissen als Belastung empfinden und sich am liebsten jemandem anvertrauen würden. Wenn sie sich davon eine Erleichterung erhoffen, sollten sie vorsichtig sein. Dieser Effekt wird, wenn überhaupt, eher kurzfristig ausfallen. Wollen sie dagegen neue Einsichten gewinnen, neue Perspektiven entwickeln, dann kann eine gezielte, sachliche Beschäftigung mit dem Thema hilfreich sein. Dass dafür nicht unbedingt eine andere Person eingeweiht werden muss, zeigt die zweite beschriebene Studie. Es reicht oft schon aus, sich schriftlich mit dem Geheimnis zu beschäftigen, um besser damit umgehen zu können.

Das belegen übrigens auch zahlreiche Studien, die der amerikanische Psychologe James Pennebaker durchgeführt hat. Er bat beispielsweise seine Versuchspersonen, ihr Geheimnis aufzuschreiben. Das schriftliche Material wurde in den meisten Fällen nicht ausgewertet – dennoch traten positive Effekte auf. Im Schreiben und Formulieren wurden Worte gefunden für das vorher im Schweigen vergrabene Wissen. Die damit verbundenen Gefühle wurden in eine Struktur gebracht und machten den Stoff zugänglich für eine rationale Analyse. Weil das, was vorher lange Zeit im Kopf rumort hat, schriftlich in Worte übersetzt worden ist, konnte es auf neue

Weise begriffen werden: Plötzlich waren Einsichten möglich, die eine andere Sichtweise des Geheimnisses ermöglichten.

### Soll man ein Geheimnis lüften oder für immer in sich verschließen?

Die Antwort auf diese Frage fällt nicht leicht. Denn kein Geheimnis gleicht einem anderen. Im Falle von destruktiven, dunklen Geheimnissen, die vor allem in Familien über Generationen hinweg geheim gehalten werden und unheilvolle Wirkung zeigen, ist die Sache noch eindeutig: Sie müssen auf den Tisch. Aber schon die Entscheidung, welches Geheimnis wirklich destruktiv ist, kann schwerfallen. Wichtig ist, dass Geheimnisträger gründlich ihre Motivation prüfen (Warum will ich das Geheimnis lüften? Und warum gerade jetzt?) und sorgfältig überlegen, ob ihre Ehrlichkeit überhaupt erwünscht ist und was sie damit im Leben anderer unter Umständen anrichten.

# ... und was ist mit den Opfern?

Dies ist ein einseitiges Buch. Sein Schwerpunkt liegt auf den konstruktiven Geheimnissen und auf der Perspektive der Geheimnisträger. Fast ausschließlich kommen Personen zu Wort, die ein Geheimnis wahren und dieses für so wichtig halten, dass dies für sie rechtfertigt, es sogar vor den wichtigsten Menschen in ihrem Leben zu verbergen. Sie alle stimmen mit jenem Mann überein, der über sein Geheimnis sagt: »Ich habe etwas, was mir zu 100 Prozent alleine gehört. Es hat für mich eine große Bedeutung.«

Doch was ist mit der anderen Seite? Was ist mit den Personen, die zu irgendeinem Zeitpunkt vom Geheimnis eines wichtigen Mitmenschen erfahren haben? Was ist mit denen, die wissen oder ahnen, dass es da ein Geheimnis gibt, die aber keinen Zugang dazu haben? Was ist mit jenen, denen ein fremdes Geheimnis aufgezwungen wird?

Menschen, die unter dem Geheimnis eines anderen leiden, werden sich in den vorangegangenen Seiten kaum wiedergefunden haben. Die Opferperspektive kam – aufgrund der Themensetzung – zu kurz. Das hat so manchem Betroffenen die Lektüre sicherlich sehr schwer gemacht. Aus der eigenen Betroffenheit heraus wird er nur wenig Verständnis aufbringen können für die These, dass Geheimnisse lebensnotwendig sind – für jeden Einzelnen von uns. Opfer von Geheimnissen können ihnen keine positive Seite abgewinnen und empfinden sicherlich Ärger und Wut, wenn sie Erklärungen lesen, die ihnen wie eine Rechtfertigung unmoralischen Verhaltens vorkommen müssen:

- Wer sich durch das Geheimnis des anderen verletzt und gekränkt fühlt, wird wohl kaum dem anderen das Recht auf Lüge zugestehen können.
- Wer sich betrogen fühlt, wird nicht verstehen können, dass dem Partner möglicherweise in seinem ersten Leben die Luft zu dünn geworden ist und er deshalb ein zweites Leben im Geheimen begonnen hat.
- Wer plötzlich bislang unbekannte Seiten an einem geliebten Menschen entdeckt, wird nur schwer die Kraft aufbringen können, die Geheimhaltung als notwendig für die seelische Entwicklung des anderen anzusehen.
- Wer Opfer eines Geheimnisses ist, hält es für zynisch, etwas als positiv zu bezeichnen, was im eigenen Leben nur Unheil anrichtet.

Wenn man auf das Geheimnis eines nahestehenden Menschen stößt und feststellen muss, dass der andere nicht der ist, für den man ihn – oft viele Jahre lang – gehalten hat, verliert man den Boden unter den Füßen. Ein Mensch, der erleben muss, dass ein nahestehender anderer unter Umständen lange Zeit in einer geheimen Welt lebt oder gelebt hat, ist zutiefst verstört, gekränkt und verletzt. »Eine Zeitlang sind wir auf eine ungeschützt ins Leere ragende Klippe zurückgeworfen, in ein von Flammenwänden zerrissenes, von Regenwänden erdrücktes Dunkel – in eine Welt, in der es noch keine Blutsbande, keine Namen und keine Zärtlichkeit gibt; wir sind der Formlosigkeit nahe«, beschreibt die Dichterin Adrienne Rich den Gefühlszustand eines Menschen, der sich betrogen und belogen fühlt. In diesem Ausnahmezustand versteht man die Welt nicht mehr, weiß nicht, was Vertrauen eigentlich ist und wem man es in Zukunft – wenn überhaupt – noch schenken darf. Denn schließlich hat man vertraut! Doch dieses Vertrauen wurde missbraucht. Kann man sich da jemals wieder auf seinen Instinkt verlassen? Kann man jemals wieder einem anderen vorbehaltlos vertrauen?

Wenn wir das Geheimnis eines anderen entdecken, dann zeigt uns das nicht nur, dass wir den anderen nicht in dem Ausmaße kennen, wie wir bislang glaubten. Es zeigt auch, so schreibt der Philosophieprofessor Harry G. Frankfurt, »dass unser eigenes Wesen unzuverlässig ist, da es uns dazu veranlasst hat, uns auf jemanden zu verlassen, dem wir nicht hätten vertrauen sollen. Es zeigt uns, dass wir nicht realistisch auf unsere Fähigkeit vertrauen können, Wahrheit von Unwahrheit zu unterscheiden – auf unsere Fähigkeit, anders gesagt, den Unterschied zwischen dem, was real ist, und dem, was nicht real ist, zu erkennen. Wenn jemand mit Erfolg einen Freund täuscht, dann beinhaltet das selbstverständlich einen Mangel bei dem, der lügt. Es zeigt jedoch gleichzeitig, dass es dem Opfer der Täuschung ebenfalls an etwas mangelt. Der Lügner verrät ihn, aber er wird auch von seinen eigenen Gefühlen verraten.«

Die Entdeckung eines Geheimnisses verstört also auf zweierlei Weise: Erschüttert wird das Vertrauen, das man in den anderen gesetzt hat. Und erschüttert wird auch das Vertrauen, das man in sich selbst gesetzt hat. Wer auf diese Weise durch das Geheimnis eines anderen aufgerüttelt wird, gerät aus dem seelischen Gleichgewicht. Wie schreibt doch Friedrich Nietzsche: »Nicht dass du mich belogst, sondern dass ich dir nicht mehr glaube, hat mich erschüttert.« Die Entdeckung, dass eine wichtige Bezugsperson ein Eigenleben hat, von dem man unter Umständen lange Zeit nichts ahnte, bringt den Boden, auf dem man bisher fest zu stehen meinte, in gefährliches Wanken. Die damit verbundenen Schmerzen und Nöte sind schrecklich. Das gilt vor allem dann, wenn es sich bei dem aufgedeckten Geheimnis um ein destruktives handelt, aber auch, wenn das konkrete Geheimnis nicht zu den dunklen gehört. Sieht man von den »süßen« Geheimnissen mal ab, wird wohl jedes zurückgehaltene Wissen Irritationen hervorrufen, wenn es entdeckt wird.

Grundsätzlich muss man wohl davon ausgehen, dass derjenige, der auf ein Geheimnis stößt, dieses auf jeden Fall zunächst als destruktiv und schädlich empfindet. Die tiefe Verunsicherung, die bittere Erkenntnis, getäuscht worden zu sein, ist für den Getäuschten zweifellos schwer zu ertragen. Aber: Auch wenn der Inhalt eines Geheimnisses den davon Betroffenen wohl nie gefällt, das Geheimnis selbst muss deshalb noch lange nicht verdammenswert sein.

## Der Grad der Kränkung – eine Frage der Einstellung?

Die Kränkung, die mit der Entdeckung eines Geheimnisses verbunden ist, wird nicht allein durch die Tatsache, dass der andere etwas Wichtiges vor einem verborgen hat, verursacht. Möglicherweise entsteht ein großer Teil der Verletzung auch durch die Einstellung, die wir allgemein Geheimnissen gegenüber haben. Wer grundsätzlich davon ausgeht, dass Geheimhaltung etwas Verwerfliches ist, dass Lüge und Geheimes auf keinen Fall eine Existenzberechtigung im Leben eines Menschen haben, der wird durch die Entdeckung eines Geheimnisses vermutlich tiefer erschüttert als ein Mensch, der anderen selbstverständlich ein geheimes Eigenleben zugesteht. Wer glaubt, dass Vertrautheit zwischen Menschen nur dann entstehen kann, wenn man immer weiß, was der andere denkt oder was er im Sinn hat, fällt tief, wenn er auf ein Geheimnis stößt.

Doch entsteht Vertrautheit wirklich nur dann, wenn man alles vom anderen weiß? Kann man nicht auch dann mit einem Menschen sehr vertraut sein, wenn er einem in gewisser Hinsicht immer ein wenig fremd bleibt? Wie die Ausführungen in diesem Buch zeigen, kann die Anerkennung der Fremdheit, das Zugeständnis von geheimen Nischen in Beziehungen, auch und vor allem in Liebesbeziehungen, ein ganz besonderes Bindungselement sein. Dieser Meinung war offensichtlich auch Shakespeare, der sich in einem seiner Sonette für die Lüge in der Liebe ausspricht:

*Wenn sie mir schwört, sie sei die Wahrheit selbst,*
*So glaub ich ihr, obgleich ich weiß, sie lügt,*
*Damit sie in mir einen grünen Jungen sieht,*

*Der mit der Welt Finessen nicht vertraut.*
*Indem ich wähn', dass sie für jung mich hält,*
*Wiewohl sie weiß, was hinter mir schon liegt,*
*Glaub' einfach ihrer falschen Zunge ich:*
*So leidet schlichte Wahrheit beiderseits.*
*Warum verhehlt sie aber, dass sie lügt?*
*Und warum sag ich nicht, dass ich alt bin?*
*Der Liebe bestes Teil ist Scheinvertrau'n,*
*Und Liebe weiß nichts von der Jahre Zahl.*
*Darum lüg ich sie an und sie mich auch,*
*Und lügend schmeicheln unsern Fehler wir.*

Es gibt sicher Schlimmeres, als den Partner über sein wahres Alter hinwegzutäuschen. Doch das »Scheinvertrau'n«, von dem Shakespeare meint, es sei »der Liebe bestes Teil«, ist in Beziehungen möglicherweise auch dann die bessere Wahl als die absolute Wahrheit, wenn es um ernsthaftere Angelegenheiten geht.

Wem es gelingt, dem anderen so zu vertrauen, dass er eben nicht alles von ihm wissen muss, der wird in seinem Selbst auch nicht so tief erschüttert, wenn er ein Geheimnis des anderen entdeckt. Besitzt er von vornherein ein »Scheinvertrau'n«, dann gibt ihm das vielleicht sogar den Spielraum, ein für ihn schlimmes, schmerzliches Geheimnis (wie etwa eine Affäre) nach dem ersten Schock mit anderen Augen zu betrachten. Er fühlt sich dann nicht so getäuscht und in seinem Selbstwert verletzt wie ein anderer, für den absolute Wahrheit in einer Beziehung unabdingbar ist. Wer grundsätzlich davon ausgeht, dass er den anderen niemals wirklich kennt, begegnet aufgedeckten Geheimnissen möglicherweise gelassener. Und das wiederum kann ihm helfen, das Geheimnis des Partners nicht zum Sargnagel der eigenen Beziehung werden zu lassen.

Dass es dabei natürlich Grenzen gibt, die der Geheimnisträger einzuhalten hat, liegt auf der Hand. Die Bereitschaft, dem anderen zu vertrauen, auch wenn man nicht alles von ihm weiß, ist nur dann gerechtfertigt, wenn alle Beteiligten wissen, dass das geheime Leben niemals ausartet. Wer ein Geheimnis wahrt, hat zugleich die Pflicht, damit verantwortungsbewusst und moralisch (wenn auch nicht unbedingt im Sinne der konservativen Moral) umzugehen. Der Kantsche Imperativ: »Handle nur nach derjenigen Maxime, durch die du zugleich wollen kannst, dass sie allgemeines Gesetz werde« oder einfacher ausgedrückt: »Was du nicht willst, dass man dir tu, das füg auch keinem andern zu« sollte auch für Geheimnisträger eine Richtschnur sein. Wer für sich ein Recht auf Geheimnis reklamiert, muss dieses Recht selbstverständlich auch anderen Menschen zugestehen. Und er muss dafür sorgen, dass durch sein Geheimnis nicht das Leben eines anderen Menschen zerstört wird. Er muss das Selbstbestimmungsrecht des anderen achten. Dinge, die für dessen weitere Lebensgestaltung existenziell wichtig sind, dürfen nicht auf Dauer vor ihm geheim gehalten werden.

Wer trotz all der Argumente, die für »gute« Geheimnisse hier ins Feld geführt wurden, ein vehementer Befürworter der Wahrheit bleibt, sollte nicht aus den Augen verlieren, dass die Sache mit der Wahrheit auch nicht so ganz einfach ist. Wie im Kapitel *Du darfst nicht lügen – oder doch?* gezeigt wird, kann Wahrheit manchmal grausamer sein als eine Lüge.

Zudem: Was ist Wahrheit überhaupt? »Wahrheit ist ... ein Entwicklungsprozess«, meint die Psychologin Harriet G. Lerner. »Wahrheiten werden nicht ›gesagt‹, sondern im Lauf der Zeit entwickelt und ausdifferenziert. Wahrhaftigkeit ist wie ein Langstreckenlauf – sie erfordert viel Ausdauer.« Und nicht nur das: Wer wahrhaftig sein möchte, muss »Weisheit und Intuition« entwickeln, um zu wissen, wann die Wahrheit angebracht ist und wann er lieber schweigen sollte. So gesehen kann es zwischen Menschen durchaus Wahrheiten geben (die *eine* Wahrheit existiert ohnehin nicht) und zugleich aber auch Geheimnisse. Aus den Geheimnissen können sich dann wiederum ganz neue Wahrheiten entwickeln.

Adrienne Rich, eigentlich eine Verfechterin der Wahrheit, ist klug genug, dem Geheimnis im Prozess der Wahrheit einen Platz einzuräumen, wenn sie schreibt: »Ich vertraue darauf, dass du mir Dinge mitteilst, die zu wissen für mich wichtig sind, und dass du keine Tatsachen vor mir verschweigst, um mir oder dir selbst Schmerzen zu ersparen. – Oder dass du zumindest sagst: ›Es gibt Dinge, die ich dir nicht sage.‹«

# Literatur

Ernst Aranus: *Lieben ohne Reue. Lust und Leid der Liebe*. Schmitz, München 1959

Julian Barnes: *Der Zitronentisch*. Kiepenheuer & Witsch, Köln 2005

Sissela Bok: *Secrets. On the Ethics of Concealment and Revelation*. Pantheon Books, New York 1982

John Bradshaw: *Familiengeheimnisse*. Mosaik Verlag, München 1999

Jeremy Campbell: *Die Lust an der Lüge. Eine Geschichte der Unwahrheit*. Bastei Lübbe, Bergisch Gladbach 2003

Ulrich Clement: *Systemische Sexualtherapie*. Klett-Cotta, Stuttgart 2004

Bella DePaulo u.a.: »Truth and Investment. Lies Are Told to Those Who Care«. In: *Journal of Personality and Social Psychology*, Bd. 71/4, 1996

Bella DePaulo u.a: »Lying in Everyday Life«. In: *Journal of Personality and Social Psychology*, Bd. 70/5, 1996

Bella DePaulo u.a.: »Everyday Lies in Close and Casual Relationships«. In: *Journal of Personality and Social Psychology*, Bd. 74/1, 1998

Simone Dietz: *Die Kunst des Lügens. Eine sprachliche Fähigkeit und ihr moralischer Wert*. Rowohlt, Reinbek 2003

Fjodor M. Dostojewski: *Aufzeichnungen aus dem Untergrund*. Piper, München 1977/1980

Rainer Erlinger: *Gewissensfragen*. Süddeutsche Zeitung Edition, München 2005

Klaus Fiedler, Jeannette Schmid: »Wahrheitsattribution: Ein neuer theoretischer und methodischer Ansatz zur Lügenforschung«. In: Albert Spitznagel, a.a.O.

Herbert Fingarette: *Self-Deception*. University of California Press, London 2000

Craig A. Foster, W. Keith Campell: »The Adversity of Secret Relationships«. In: *Personal Relationships*, 12/2005

Harry G. Frankfurt: *Über die Wahrheit*. Hanser, München 2006

Erving Goffman: *Wir alle spielen Theater*. Piper, München 2001

Colin Goldner: »Meiser, Fliege und Co: Ersatztherapeuten ohne Ethik«. In: *Psychologie Heute*, 6/1996

Daniel Goleman: *Lebenslügen und einfache Wahrheiten. Warum wir uns selbst täuschen*. Beltz, Weinheim 1987

Robert Hettlage (Hg.): *Verleugnen, vertuschen, verdrehen. Leben in der Lügengesellschaft*. UVK Verlagsgesellschaft, Konstanz 2003

Evan Imber-Black (Hg.): *Geheimnisse und Tabus in Familie und Familientherapie*. Lambertus, Freiburg 1995

Evan Imber-Black: *Die Macht des Schweigens*. Klett Cotta, Stuttgart 1999

Peter Kaiser: »Familiengeheimnisse«. In: Albert Spitznagel, a.a.O.

Immanuel Kant: »Über ein vermeintliches Recht aus Menschenliebe zu lügen«. In: *Werke in 6 Bänden*, Studienausgabe (Hg. Wilhelm Weischedel), Bd. 4 (3. Auflage). Darmstadt 1970

Deborah A. Kashy, Bella M. De Paulo: »Who Lies?«. In: *Journal of Personality and Social Psychology*, Bd. 70/5, 1996

Anita E. Kelly: *The Psychology of Secrets*. Kluwer Academic/Plenu Publishers, New York 2002

Anita E. Kelly, Jonathan J. Yip: »Is Keeping a Secret or Being a Secretive Person Linked to Psychological Symptoms?«. In: *Journal of Personality*, 10/2006

Christiane Kraft Alsop: »Objekt-Geheimnisse in Paarbeziehungen«. In: Albert Spitznagel, a.a.O.

Julie D. Lane, Daniel M. Wegner: »The Cognitive Consequences of Secrecy«. In: *Journal of Personality and Social Psychology*, Bd. 69/2, 1995

Annette Lawson: *Adultery. An Analysis of Love and Betrayal*. Basic Books, New York 1988

Kurt Lenz: »Täuschungen in Zweierbeziehungen. Zur Normalität einer sozialen Praxis«. In: Robert Hettlage, a.a.O.

Harriet G. Lerner: *Was Frauen verschweigen*. Fischer TB, Frankfurt a. M. 1996

Kurt Lewin: *Die Lösung sozialer Konflikte*. Christian Verlag, Bad Nauheim 1953

Michael Lewis, Carolyn Saarni: *Lying and Deception in Everyday Life*. The Guilford Press, New York 1993

Catharina Lohmann: *Frauen lügen anders*. Fischer TB, Frankfurt a. M. 2000

Niklas Luhmann, Peter Fuchs: *Reden und Schweigen*. Suhrkamp TB, Frankfurt a. M. 1989

Bernard Mac Laverty: *Geheimnisse und andere Erzählungen*. Diogenes, Zürich 1990

Ludwig Marcuse: *Das Märchen von der Sicherheit oder Die unverschämte Vernunft.* Diogenes, Zürich 1981

Maurice T. Maschino: »Die Lüge ist eine Form der Liebe«. In: *Psychologie Heute, 2/1997*

Pascal Mercier: *Nachtzug nach Lissabon.* BTB, München 2006

Sandra Metts: »An Exploratory Investigation of Deception in Close Relationships«. In: *Journal of Social and Personal Relationships, 6/1989*

Robert W. Mitchell, Nicholas S. Thompson: *Deception. Perspectives on Human and Nonhuman Deceit.* State University of New York Press, Albany 1986

Paul J. Möbius: *Über den physiologischen Schwachsinn des Weibes.* Bechtermünz Verlag, München 2001

Michel de Montaigne: *Essais.* Erste moderne Gesamtübersetzung von Hans Stilett. Eichborn Verlag, Frankfurt a. M. 1998

Margriet de Moor: *Erst grau dann weiß dann blau.* DTV, München 2001

Patricia Neal: *As I Am,* New York 1988, zit. nach David Nyberg, a.a.O.

Susan Nolen-Hoeksema: *Warum Frauen zu viel denken. Wege aus der Grübelfalle.* Eichborn, Frankfurt a. M. 2004

Ursula Nuber: »Kindheit ohne Kinderspiele«. In: *Psychologie Heute, 6/2006*

Ursula Nuber: *Depression. Die verkannte Krankheit.* DTV, München 2006

Ursula Nuber: *Was Paare wissen müssen. 10 Grundregeln für das Leben zu zweit.* Krüger, Frankfurt a. M. 2005

Ursula Nuber: *Die neue Leichtigkeit des Seins. Wege aus dem Alltagsblues.* Fischer TB, Frankfurt a. M. 2005

David Nyberg: *Lob der Halbwahrheit. Warum wir so manches verschweigen.* Junius, Hamburg 1994

George Orwell: *1984.* Ullstein, Berlin 2004

Susan Page: *Jetzt mache ich uns glücklich.* Fischer, Frankfurt a. M. 2000

James Pennebaker: *Opening Up. The Healing Power of Confiding in Others.* New York 1990

Adrienne Rich: *Um die Freiheit schreiben: Beiträge zur Frauenbewegung.* Suhrkamp, Frankfurt a. M. 1990

Gisela Runte: »Nimm zwei!«. In: *Psychologie Heute, 6/2003*

Gail Saltz: *Anatomy of a Secret Live.* Morgan Road Books, New York 2006

Jeannette Schmid: *Lügen im Alltag – Zustandekommen und Bewertung kommunikativer Täuschungen.* LIT-Verlag, Münster, Hamburg, London 2000

Wolfgang Schmidbauer: *Die heimliche Liebe.* Rowohlt, Reinbek 1999

Arthur Schopenhauer: *Preisschrift über die Grundlage der Moral.* Sämtliche Werke, Band III, Suhrkamp TB, Frankfurt a. M. 1986

Arthur Schopenhauer: *Parerga und Paralipomena* (1). Sämtliche Werke, Band IV, Suhrkamp TB, Frankfurt a. M. 1986

Rudolf Schröck u. a.: *Das Doppelleben des Charles A. Lindbergh.* Heyne, München 2005

Martin E. P. Seligman: *Erlernte Hilflosigkeit.* Beltz TB, Weinheim 2000

Georg Simmel: *Soziologie. Untersuchungen über die Formen der Vergesellschaftung.* Duncker & Humblot, Leipzig 1908

Adam Soboczynski: *Versuch über Kleist.* Matthes & Seitz, Berlin 2007

Volker Sommer: *Lob der Lüge. Täuschung und Selbstbetrug bei Tier und Mensch.* Beck, München 1992

Albert Spitznagel (Hg.): *Geheimnis und Geheimhaltung.* Hogrefe, Göttingen 1998

Albert Spitznagel, Karin Miess: »Einstellungen zur Geheimhaltung von Geheimnissen: Zur Konstruktion und Validierung eines neuen Konstrukts«. In: Albert Spitznagel, a.a.O.

Reinhard Tausch: »Jemanden zum Reden haben«. In: *Psychologie Heute,* 1/1998

Shelley E. Taylor: *Mit Zuversicht. Warum positive Illusionen für uns so wichtig sind.* Rowohlt TB, Reinbek 1995

Serge Tisseron: *Die verbotene Tür. Familiengeheimnisse und wie man mit ihnen umgeht.* Kunstmann, München 1998

Sherry Turkle: *Die Wunschmaschine. Der Computer als zweites Ich.* Rowohlt, Reinbek 1986

Renate Valtin, Alan Watson, Elisabeth Flitner: »›Was ich nur meinem Freund, nicht meiner Mutter erzähle‹ – Zur Entwicklung und Bedeutung des Geheimnisses bei Kindern«. In: Albert Spitznagel, a.a.O.

Judith Viorst, zit. nach: Annette Lawson: *Adultery.* Basic Books, New York 1988 (Übersetzung: Ursula Nuber)

Daniel M. Wegner, Julie D. Lane, Sara Dimitri: »The Allure of Secret Relationships«. In: *Journal of Personality and Social Psychology,* Bd. 66/2, 1994

Daniel M. Wegner, Daniel B. Gold: »Fanning Old Flames: Emotional and Cognitive Effects of Suppressing Thoughts of a Past Relationship«. In: *Journal of Personality and Social Psychology,* Bd. 68/5, 1995

Otto Weininger: *Geschlecht und Charakter.* Matthes & Seitz, München 1980

Rosmarie Welter-Enderlin: *Deine Liebe ist nicht meine Liebe.* Herder, Freiburg 2000

Lucy Fontaine Werth, Jenny Flaherty: »A Phenomenological Approach to Human Deception«. In: Robert W. Mitchell, Nicholas S. Thomson, a.a.O.

Tom Wolfe: *Fegefeuer der Eitelkeiten.* Kindler, München 1988

Robert L. Wolk, Arthur Henley: *The Right to Lie. A Psychological Guide to the Uses of Deceit in Everyday Life*. Peter H. Wyden Publisher, New York 1970

Stefan Zweig: *Brennendes Geheimnis*. Fischer TB, Frankfurt a. M. 1988

Virginia Woolf: *Ein Zimmer für sich allein*. Fischer TB, Frankfurt a. M. 2001

# Register